Thomas Straubhaar
Die Stunde der Optimisten

Thomas Straubhaar

Die Stunde der Optimisten

So funktioniert die Wirtschaft der Zukunft

Bibliografische Information der Deutschen Nationalbibliothek

Die Deutsche Nationalbibliothek verzeichnet diese Publikation
in der Deutschen Nationalbibliografie; detaillierte bibliografische
Daten sind im Internet unter http://dnb.d-nb.de abrufbar.

© Edition Körber, Hamburg 2019

Umschlag: Groothuis. www.groothuis.de
Coverillustration: istockphoto.com
Herstellung: Das Herstellungsbüro, Hamburg |
www.buch-herstellungsbuero.de
Druck und Bindung: CPI – Clausen & Bosse, Leck
Printed in Germany

ISBN 978-3-89684-271-8

www.edition-koerber.de

Inhalt

Warum Crashpropheten falschliegen

Im Übergang zu einem neuen Jahrzehnt prägt Zukunftspessimismus die Stimmung. Crashpropheten haben Zulauf.[1] Nicht mehr ob, sondern nur noch wann eine Rezession ausbreche oder gar ein Absturz erfolge, interessiert
viele Konjunkturexperten.[2] Nach einer der längsten Phasen des ungebrochenen ökonomischen Aufschwungs verschlechtern sich für Deutschland die wirtschaftlichen Perspektiven. Jahrelang haben die Zentralbanken die Märkte
mit Liquidität geflutet, nun beginnen sie mit einer Ent-
ziehungskur. Die amerikanische Notenbank hat die Leit-
zinsen bereits mehrfach erhöht, weitere Zinsschritte nach
oben sind angekündigt. Auch in Europa dürfte die Europäische Zentralbank (EZB) zu Beginn der nächsten Dekade
einen Kurswechsel vollziehen und vom lange praktizierten
Expansionspfad abrücken. Die mit billigem Geld finanzierte Party der 2010er Jahre ist dann vorbei. Was folgt danach?

Die Erwartungen kippen. Schlechte Nachrichten machen mehr und mehr Optimisten mürbe. Auf breiter Front
werden die Wachstumsprognosen für das Bruttoinlandsprodukt (BIP) teilweise massiv nach unten korrigiert. Vielen scheint es nur noch eine Frage der Zeit zu sein, bis
erst der Euro, danach die Europäische Union (EU) ausein-

anderbrechen. Negative kurzfristige Aussichten werden durch langfristige Trends des Klimawandels, der Umweltbelastungen und drohender militärischer Konflikte vor der europäischen Haustür zusätzlich getrübt.

Im Kampf um die geopolitische Vorherrschaft zwischen »America first« und »China 2025« drohen europäische Interessen zerrieben zu werden. Das Machtstreben national(istisch)er Autokraten in Russland, der Türkei und im Nahen Osten erzeugt ein explosives Spannungsfeld. Religionskriege und Terror tun ein Weiteres. Zusammen befeuern die weltpolitischen Brennpunkte eine pessimistische Endzeitstimmung, wie sie vor hundert Jahren schon einmal Europa befiel, als Oswald Spengler den »Untergang des Abendlandes« beschrieb.[3]

»Was können wir vernünftigerweise erwarten, auf welchem Niveau der Wohlstand in hundert Jahren liegen wird? Was sind die wirtschaftlichen Möglichkeiten für unsere Enkelkinder?«, fragte 1930 in Zeiten großer ökonomischer wie politischer Not und grassierender Zukunftsängste kein Geringerer als John Maynard Keynes, einer der renommiertesten Ökonomen des letzten Jahrhunderts.[4] In seinem Ausblick auf die wirtschaftlichen Chancen und Risiken für nachfolgende Generationen sah sich Keynes – angesichts der damaligen Krise nicht wirklich überraschend – einer skeptischen Perspektive seiner Zeitgenossen gegenüber: »Wir leiden gerade jetzt unter einer bösartigen Attacke des ökonomischen Pessimismus. Überall ist zu hören, dass die Epoche des enormen wirtschaftlichen Fortschritts, der das vergangene Jahrhundert kennzeichnete, vorbei sei; dass die rasche Verbesserung des Lebensstandards sich fortan verlangsamen werde; dass in dem vor uns liegenden Jahrzehnt ein Rückgang des Wohlstands wahrscheinlicher sei als eine Verbesserung.«[5] Es ist, als hätte Keynes vor fast hundert Jahren nicht allein seine Gegenwart von damals, sondern bereits die Ängste der Gesellschaft von heute im Auge gehabt.

Wie damals in der Zeit nach einem verheerenden Weltkrieg und während einer dramatischen Weltwirtschaftskrise steht die Menschheit im 21. Jahrhundert erneut vor großen Umbrüchen. Erderwärmung und ein Anstieg des Meeresspiegels, eine Übernutzung natürlicher Ressourcen, Hitzewellen und Dürreperioden, Massenarmut und Hungersnöte, Gewalt und Terror, Flüchtlingswellen und ein Aufeinanderprallen der Kulturen werden vorausgesagt.

Dazu kommen demografische Entwicklungen, die in der nördlichen Hemisphäre komplett anders als andernorts verlaufen. Während in westlichen Gesellschaften die geringen Geburtenzahlen zu eher schrumpfenden und demografisch alternden Bevölkerungen führen, werden in Afrika, Asien und Lateinamerika die Bevölkerungsgrößen weiter zunehmen – teilweise beträchtlich.[6] Was wird aus der Erde, wenn auf ihr in wenigen Jahrzehnten acht, neun oder gar zehn Milliarden Menschen leben werden?

Zwar wurden in Paris 2015 oder Ende 2018 in Kattowitz weitreichende Klimaziele vereinbart. Die Erderwärmung soll auf 1,5 Grad im Vergleich zum Beginn der Industrialisierung beschränkt werden. Aber in der Praxis ist man meilenweit davon entfernt, umzusetzen, was im Prinzip beschlossen wurde. Ähnliche Gräben zwischen dem, was an sich zu tun wäre, und dem, was tatsächlich getan wird, klaffen bei vielen Themen, die weltweit gemeinsam anzugehen wären. Eher macht sich das Gegenteil breit, globales Vorgehen scheitert an nationalen Interessen. Grassierender Populismus und autoritäre Tendenzen provozieren das freiheitliche, offene und demokratische Gesellschaftsmodell Westeuropas. Protektionismus und Handelskonflikte verunsichern die Wirtschaft. Aus unterschiedlichen Gründen um Asyl Suchende verursachen vielfältige Spannungen – gerade auch innerhalb der Aufnahmegesellschaften in Europa und in Deutschland.

Künstliche Intelligenz und kluge Algorithmen eröffnen neue Perspektiven jenseits menschlicher Vorstellungskraft. Werden Roboter Arbeitskräfte unterstützen, ergänzen oder verdrängen? Ein »Ende der Arbeit« ist für Teile der Gesellschaft eher Fluch denn Segen. Viele fürchten gar, dass selbst lernende digitale Systeme und virtuelle Netzwerke gerade dabei sind, komplett unabhängige und unkontrollierbare künstliche Wesen zu schaffen, die dereinst die Menschheit nicht nur besiegen, sondern zum Untergang verdammen werden.[7]

In rasendem Tempo stellen neue Technologien lange gültige Weisheiten und alte Glaubenssätze in Frage. Lebenswirklichkeit und Alltag verändern sich in fundamentaler Weise und mit enormer Dynamik. Die sich nur schemenhaft abzeichnenden Veränderungen bleiben diffus. Gerade die extreme Unsicherheit darüber, was sein wird, löst bei vielen Menschen starke Befürchtungen aus. Klar ist lediglich, dass wenig bleibt, wie es ist. Vertrautes und Bekanntes wird verloren gehen. Was jedoch als Neues folgen wird, ist kaum erkennbar und bleibt unbekannt.

Keine Zweifel bestehen jedoch, dass die Menschheit in der Tat vor existenziellen Herausforderungen steht. Dabei verfügt sie über Mittel, alles mit Bravour und Erfolg zu bewältigen oder aber alles zu zerstören und die Apokalypse herbeizuführen. Und es ist nicht auszuschließen, dass morgen schon vieles schlechter wird – noch bevor das vorliegende Buch gedruckt, ausgeliefert und der Öffentlichkeit vorgestellt worden ist, kann manches schiefgehen. Vieles wäre dann Makulatur, aber – und das ist entscheidend – nicht alles. Denn selbst wenn das Bisherige zusammenbricht, ist das nicht der Weltuntergang. Es würde weitergehen, vielleicht völlig neu und komplett anders, möglicherweise zunächst schlechter. Aber selbst das wäre nicht das Ende, sondern böte Chancen für einen Neuanfang. So wie das nach früheren Krisen und Katastrophen, politischen Umstürzen, wirtschaftlichen Kollapsen und gesellschaftlichen Umbrüchen nicht anders war.

Die Stunde der Optimisten schlägt jetzt

In Zeiten größter Not, nach Volksaufständen, Revolutionen und Kriegen oder Weltwirtschaftskrisen hat immer schon die Stunde null geschlagen. Deshalb beginnt jetzt die Stunde der Optimisten. Gerade die Erinnerung daran, dass der Zukunftspessimismus nichts Neues ist, hilft weiter.

Seit der Vertreibung aus dem Paradies plagte die Menschen immer schon die Sorge, dass über ihnen der Himmel einstürzt, die Sintflut alles mitreißt und die Apokalypse all das zerstört, was über Jahrtausende aufgebaut worden war. Aber die Welt ist nicht untergegangen. Weder Naturkatastrophen noch Hungersnöte und Versorgungskrisen, weder Seuchen und Epidemien wie die Pest noch Weltkriege, weder das Waldsterben noch das Ozonloch haben die Menschheit auf ihrem langen Weg zu stetig verbesserten Lebensbedingungen wirklich aufhalten können.[8]

Allerdings sind einzelne Kulturen und Gesellschaften im Laufe der Weltgeschichte zusammengebrochen und verschwunden, wie es der US-amerikanische Physiologe und Evolutionsbiologe Jared Diamond in seinem Buch »Kollaps« eindrücklich beschreibt.[9] Und der interdisziplinär forschende Wirtschaftswissenschaftler Mancur Olson hat in seinem »Aufstieg und Niedergang von Nationen«

gezeigt, wie mikroökonomische Profitmaximierung Einzelner zu makroökonomischem Scheitern ganzer Volkswirtschaften führen kann – aber eben nur für einzelne Gesellschaften, nicht jedoch für die Welt insgesamt.[10]

Offenbar gab es für die Menschheit insgesamt bisher immer wieder Überlebensstrategien, die es Bevölkerungen ermöglichten, Existenzkrisen mit unglaublichem Erfolg zu bewältigen. Alles in allem jedoch ist die Geschichte der Menschheit eine Erfolgsgeschichte – zumindest wenn man sich bewusst macht, dass bei allem Auf und Ab im Laufe der Jahrtausende immer mehr Menschen immer länger, gesünder und materiell besser ausgestattet leben als ihre Vorfahren.[11] Wieso sollte es ausgerechnet im 21. Jahrhundert der Menschheit erstmals in der Geschichte nicht gelingen, den Kindeskindern eine bessere Welt zu hinterlassen? So viel Pessimismus und die Hoffnungslosigkeit, dass die besten Jahre vorbei sind und nicht noch kommen werden, haben kommende Generationen nicht verdient.

Das Gespenst des Endes des Wohlstands ist immer wieder aus dem Sarg der Geschichte geholt worden. Bisher jedoch immer zu Unrecht. Wenn Zeiten schlechter wurden, wie in der Zwischenkriegszeit des letzten Jahrhunderts oder nach dem Wirtschaftswunder der Nachkriegszeit, sorgten Basisinnovationen wie Containerschiffe oder das Internet für neuen Schwung. Die Digitalisierung ist die Basisinnovation der Gegenwart. Sie wird in Zukunft für eine Dynamik sorgen, deren Dimensionen mit den herkömmlichen Messverfahren heute nicht einmal ansatzweise erfasst werden können. Damit einher gehen – bei allen Risiken – gute Chancen auf ein besseres Leben für kommende Generationen.

Für die positive Erwartung der Optimisten und gegen die negative der Pessimisten spricht schlicht die Empirie.

Bis heute liefert die lange Evolutionsgeschichte einen klaren Beleg zugunsten der optimistischen Sicht.[12] Es geht der Menschheit heute materiell besser als jeder Generation früherer Zeiten, und zwar überall, nicht etwa nur in Europa. Nahezu weltweit ist die Kindersterblichkeit niedriger, ist die Lebenserwartung höher und haben mehr Menschen mehr Wohlstand, als es für ihre Vorfahren der Fall war: »Schritt für Schritt, Jahr für Jahr wird die Welt besser. Nicht nach jedem einzelnen Maßstab in jedem einzelnen Jahr, aber in der Regel trifft es zu. Auch wenn wir vor riesigen Herausforderungen stehen: Wir haben enorme Fortschritte gemacht. Das ist die faktengestützte Weltsicht« – so ist es in einem rundum überzeugend dokumentierten Bestseller des zu Ende gehenden Jahrzehnts zu lesen, in »Factfulness«, geschrieben vom schwedischen Arzt, Statistiker und Professor für Gesundheitswissenschaften Hans Rosling, gemeinsam mit seiner Schwiegertochter und seinem Sohn.[13]

Dass die besten Jahre nicht vorbei sind, sondern erst noch kommen werden, soll die zentrale Botschaft dieses Buches sein. Ziel der folgenden Darlegungen ist es, eine optimistische Alternative zu pessimistischen Untergangsszenarien anzubieten. Das geschieht durchaus im Bewusstsein, dass schwergewichtige Risiken und eine Vielzahl von Gefahren die Menschheit bedrohen und eine existenzielle Krise verursachen können – aber eben nicht zwangsläufig müssen.

Völlig unstrittig ist, dass Unsicherheit und Unschärfe der zu erwartenden Entwicklungen bestenfalls schemenhaft erkennen lassen, was kommen könnte und sein wird. Deshalb kann es kein vernünftiges Ziel sein, alles und jedes beschreiben, erklären und bewerten zu wollen, was sich in künftigen Zeiten verändern und ergeben wird. Vielmehr ist es die Absicht des Verfassers, aus einer europäischen Perspektive aufzuzeigen, wie Ökonomie und Ökonomik in Zukunft funktionieren und wie westliche Gesellschaften auf die kommenden Herausforderungen reagieren sollten, um den Wohlstand ihrer Kindeskinder zu mehren. Dabei steht Deutschland im Zentrum. Die Interessen der Nachbarn werden vergleichsweise vernachlässigt. Das gilt ganz besonders für die Hoffnungen und Erwartungen, Nöte und Sorgen von Gesellschaften außerhalb Europas.

Das Buch will für Deutschlands Politik, Gesellschaft und Wirtschaft angemessene Reaktionen auf die großen Herausforderungen des 21. Jahrhunderts aufdecken. Weil viele Veränderungen alles andere als scharf erkennbar sind, plädiert es für schrittweise graduelle Anpassungsverfahren und weniger für konkrete Handlungsanweisungen. Es soll ein Kompass geliefert und nicht die Marschrichtung vorgegeben werden. Es geht um allgemeine Orientierung und nicht um das Aufzeigen großer Würfe und konkreter Wege oder gar eine Umsetzung alles umfassender Masterpläne mit detaillierten Maßnahmenkatalogen.

Auch wenn momentan der Wohlstand in mancher Hinsicht gefährdet scheint, sodass Optimismus schwerfällt, wird – gerade deswegen – im Folgenden ganz bewusst Partei ergriffen für die klar normative Position, dass die deutsche Gesellschaft es in ihren eigenen Händen hat, kommende Anforderungen bewältigen zu können. Wegweisend ist dabei die Überzeugung, dass der erste Schritt zu einer erfolgreichen Problemlösung darin besteht, zu begreifen, was sich – bei aller durchaus immensen Unsicherheit, die natürlich auch für eine optimistische Vorausschau zu beachten ist – an künftigen Herausforderungen dennoch bereits heute erkennen lässt. Verstehen, wie sich die Wirtschaft in Zukunft ändert, beraubt viele Ängste ihrer Grundlagen.

In einem zweiten Schritt können danach Chancen und Risiken abgeleitet werden, die sich aus den prognostizierten Veränderungen ergeben. Ein besseres Verständnis der Ökonomie ermöglicht und erzwingt eine neue Ökonomik. Damit ist die Wissenschaft gemeint, die analysiert, wie die Wirtschaft der Zukunft funktioniert. Daraus lassen sich in einem dritten Schritt erst eher allgemeine Erfolg versprechende Überlebensstrategien erarbeiten, die dann in einem vierten Schritt für Deutschland weiter zu analysieren sind.

Quintessenz der folgenden Gedankengänge ist, dass die Erfolgschancen dafür, dass es in Deutschland den Kindeskindern besser und nicht schlechter als ihren Eltern gehen wird, nicht gottgegeben sind. Sie sind das Ergebnis einer von Menschen gemachten Politik. Und mehr Wohlstand für alle muss nicht Utopie bleiben. Ein besseres Leben für kommende Generationen kann – ja, muss! – realistisches und realisierbares Ziel für Deutschlands Gesellschaft, Wirtschaft und Politik sein. Bedingung für eine gut gelingende Zukunft ist jedoch, dass die Stunde der Optimisten schlägt. Und zwar jetzt.

I. Was wird anders?
Die 3 D als neue Herausforderungen

Digitalisierung, Daten und Demografie sind die fundamentalen Herausforderungen kommender Dekaden. Die 3 D stellen Bisheriges und Altbekanntes ganz grundsätzlich in Frage – und zwar nicht etwa nur in der Wirtschaft, sondern ebenfalls in Gesellschaft und Politik.

Digitalisierung wird das Zusammenleben im Kleinen wie im Großen komplett verändern. Der entscheidende Unterschied zu früheren Basisinnovationen ist dabei, dass Digitalisierung weit mehr als eine technologische Innovation ist, die in der Wirtschaft und dort insbesondere in der Arbeitswelt alles umkrempeln und den Strukturwandel beschleunigen wird. Digitalisierung ist eine kulturelle Revolution. Sie wird ganz grundsätzlich die Art und Weise prägen, wie Menschen (zusammen)leben, wohnen, arbeiten, sozial und politisch aktiv werden (oder auch nicht). Sie wird alte Werturteile, Hierarchien und Verhaltensmuster des Miteinanders hinterfragen, verdrängen und durch neue Spielregeln und Vorgehensweisen ersetzen. Sie wird generell Breite und Tiefe des ökonomischen, gesellschaftlichen und kulturellen Wandels noch einmal zusätzlich erweitern.

Daten sind die Antriebskraft des Digitalisierungszeitalters. Sie liefern den Rohstoff, den Algorithmen zu höherwertiger Information verdichten und veredeln. Künstliche Intelligenz und autonome Netzwerke von Maschinen und Robotern tun dann ein Weiteres, um Mehrwerte zu schaffen. Der Datentransfer wird den Warenhandel ergänzen und es ermöglichen, Wertschöpfungsketten neu und anders zu gliedern. So können mit Daten gefütterte dreidimensionale Drucker an Ort und Stelle der Kunden maßgeschneiderte und damit passgenaue Individuallösungen fertigen. Dezentralisierung der Herstellung von Gütern und Dienstleistungen und eine Rückkehr des Lokalen werden (wieder) attraktiv(er).

Mit Big Data wird aber auch Big Business einhergehen.[14] Wem gehören welche Daten, wer kontrolliert, was damit gemacht wird, und wie lassen sich globale Großkonzerne der Datenökonomie – wie Alphabet, Amazon, Facebook oder Microsoft – in die Pflicht nehmen, nationale Regulierungen und Vorschriften einzuhalten und ihre Gewinne dort zu versteuern, wo sie entstehen? Ebenso realistisch wird, dass ein staatlicher »Big Brother« über alles Bescheid weiß, was Kund(inne)en und Bürger(innen) so treiben. Eine permanente Überwachung des Privaten rückt näher. Was in China heute schon an staatlicher Kontrolle gang und gäbe ist, kann auch in Deutschland möglich werden.

Demografie wird in zweifacher Weise eine zentrale Rolle bei sozioökonomischen Veränderungen spielen. Erstens verstärken neue Technologien eine in Deutschland ohnehin bereits zunehmende Individualisierung der Lebensformen. Soziale Medien ermöglichen neue Netzwerke jenseits bisheriger Kontakte. Das hat immense Rückwirkungen auf Zusammengehörigkeitsgefühle, Solidargemeinschaften und das für eine Gesellschaft so wichtige Sozialkapital.[15] Wer kümmert sich noch vor Ort um das große Ganze, wenn viele in aller Welt unterwegs sind?

Zweitens altert die deutsche Bevölkerung demografisch. Die Anzahl der Senior(inn)en wird hierzulande weiter stärker anwachsen als die Anzahl der Jüngeren. Entsprechend gewichtiger werden Ältere im politischen Machtgefüge. Sie werden das Sagen haben – und die Jungen werden mehr und mehr zu befolgen haben, was Ältere beschließen. Das wird weitreichende Rückwirkungen auf die gesellschaftliche und politische Akzeptanz dessen haben, was technologisch durch künstliche Intelligenz und Big Data alles möglich werden wird.

Die 3 D werden Alltag und Lebenswirklichkeit komplett verändern. Digitalisierung und Daten sind nur die Technik, die den Alltag der demografisch älter werdenden Bevölkerung auf den Kopf stellen werden. Wirklich entscheidend für Wirtschaft, Gesellschaft und Politik ist jedoch, wie neue Technologien dazu führen, dass Menschen Dinge anders als zuvor erkennen, bewerten und gestalten und dass sie ihr Verhalten überdenken, anpassen und neu ausrichten. Deshalb sind Digitalisierung und Daten eine Voraussetzung, Demografie aber ebenso eine Notwendigkeit, dass aus einer technischen eine kulturelle Umwälzung wird.

Wie die neue Welt aussehen wird, bleibt in weiten Teilen momentan noch unbekannt. Anderes lässt sich heutzutage erst unscharf erkennen. Sicher aber ist, dass ein *business as usual* und ein »Weiter so wie bisher« nicht genügen werden, um allen zu erwartenden neuen Möglichkeiten, Risiken und Chancen neuer Technologien, demografisch alternder Gesellschaften und den sozioökonomischen Veränderungen auch nur annähernd gerecht zu werden. Neue Antworten sind unverzichtbar.

1. Digitalisierung ist ein Game Changer

Science-Fiction wird Realität. So lässt sich am besten veranschaulichen, was die Digitalisierung für die Welt im 21. Jahrhundert bedeuten wird. Legende sind bereits Filme wie »Blade Runner«, »Matrix«, »2001: Odyssee im Weltraum«, »A.I. – Künstliche Intelligenz« und »I, Robot«, in denen Androiden, Replikanten, Kunstwesen und Roboter das Kommando über den Menschen zu übernehmen versuchen. In »Her« verliebt sich ein beruflicher Briefeschreiber in die weibliche Stimme seines mit künstlicher Intelligenz ausgestatteten Betriebssystems, in »Passengers« wandern Passagiere an Bord eines gigantischen Raumschiffs aus, um außerirdische Kolonien zu erschließen und der Menschheit auch außerhalb der Erde ein Überleben zu ermöglichen – ein Szenario, das auch der Astrophysiker Stephen W. Hawking als möglich, nötig, wenn nicht sogar unverzichtbar einschätzte.[16] Das Kino nimmt prägnant und eingängig vorweg, was die Gesellschaft in der Wirklichkeit der Zukunft erwarten könnte, wohl sogar erwarten wird.

Die digitale Revolution wird den Lebensalltag des 21. Jahrhunderts so prägen wie gegen Ende des 18. Jahrhunderts die industrielle Revolution den Übergang in die Neuzeit. Sie ist nach Dampfmaschine, Stromgenerator und Druckerpresse die vierte Allzwecktechnologie mit der Fähigkeit, flächendeckend die Produktivität gleichermaßen in allen Sektoren und Branchen zu steigern.[17] Erst mit Kohle befeuerte Dampfmaschinen und danach mit Strom betriebene Fabrikanlagen waren die Antriebskräfte der Industrialisierung. Die durch Druckmaschinen möglich werdende Vervielfältigung von Information und Wissen sorgte für eine dynamische Verbreitung von Modernisierung und Fortschritt. Daten und Algorithmen sind der Motor des Digitalisierungszeitalters.

Unzählige Analysen, Studien und Prognosen liegen vor, die aus nahezu jeder Perspektive detailliert beschreiben und vermeintlich präzise voraussagen, wie neue Technologien den Alltag, das Zusammenleben, Wirtschaft, Gesellschaft und Politik komplett verändern werden.[18] Meist ist es gar nicht mehr die Frage, »ob«, sondern nur noch, »wann« alles, was vorstellbar ist – und noch viel mehr, auch was momentan noch nicht einmal ansatzweise erkennbar ist –, möglich werden wird. Nahezu nichts dürfte bleiben, wie es heute ist.

Roboter werden dem Menschen die Arbeit erleichtern, aber auch abnehmen. Künstliche Intelligenz wird das menschliche Gehirn ergänzen, vielleicht verbessern, teilweise ersetzen. Kluge Algorithmen rechnen in jeder Situation und Lebenslage alle denk- und verfügbaren Optionen verschiedener Alternativen durch, prüfen und bewerten von alleine die Folgen. Autonome Mobile befördern anstelle der Automobile Personen sowie Güter.

Integrale Datennetzwerke werden dem Menschen ein zielführendes Verhalten nicht nur vorschlagen, sondern immer öfter auch vorgeben und gleich ohne Zustimmung anderer ausführen. Denn mehr und mehr werden digitale Assistenzsysteme gleich selber entscheiden und umsetzen, was sie als »richtig« berechnet haben – möglicherweise vermehrt sogar gegen den eigenen Willen der Betroffenen. Autonome Systeme werden in Produktion, Be- und Vertrieb oder Wartung, aber auch bei der Mobilität und im Verkehr oder bei der Pflege komplexe Arbeitsvorgänge bis hin zu Diagnose und Therapie übernehmen. Implantierte Sensoren, vernetzt mit alles umfassenden Datenbanken, werden in der Lage sein, jederzeit und überall das

Verhalten und den Gesundheitszustand zu kontrollieren und gegebenenfalls auch zu korrigieren. Sachgerechte Maßnahmen oder passgenaue medizinische Reaktionen können ohne zeitlichen Verzug eingeleitet und auch ohne menschliches Tun vollzogen werden. Das Krankenhaus bereitet alles für eine Notoperation vor, bevor dem Patienten auch nur ansatzweise bewusst ist, dass er akut lebensbedrohlich erkrankt ist.

Digitalisierung ist mehr kulturelle als technologische Revolution
Bei allem Neuen ist eines entscheidend: Digitalisierung ist zwar durchaus eine Angelegenheit von Technik, Glasfaserkabeln, autonomen Mobilen, selbst fliegenden Drohnen und eigenständigen Robotern. Weit mehr aber als eine technologische ist sie eine kulturelle Revolution. Die neue Lebenswirklichkeit ist nicht nur die alte Welt mit Internetanschluss.[19]

Sie ist komplexer, vielfältiger und damit vollständig anders als die bisherige. Deshalb sind Forderungen nach einer modernen digitalen Infrastruktur oder einer elektronischen Onlineverwaltung zwar völlig richtig, aber bei Weitem nicht ausreichend. Mehr und schnellere Breitbandversorgung oder flächendeckende Hochgeschwindigkeitsnetze für die Datenwirtschaft sind nur eine notwendige, jedoch keine hinreichende Voraussetzung, um als Gesellschaft im Digitalisierungszeitalter erfolgreich mithalten zu können. Mehr und anderes jenseits von Technik ist ebenso unverzichtbar.

Weit über das hinaus, was technologisch machbar sein wird, verändert Digitalisierung in fundamentaler Weise die bisher gültigen sozioökonomischen Spielregeln. Sie wird bestimmen, wie Menschen miteinander umgehen und kommunizieren, Neuigkeiten und Wissen austauschen, soziale Kontakte pflegen, Nachrichten sammeln, bewerten und austauschen, Ein- und Verkäufe tätigen.

Vor allem aber wird Digitalisierung die Geschwindigkeit der Kommunikations- und Informationsflüsse erhöhen, die Möglichkeiten zu Flexibilität und Mobilität erweitern, damit traditionelle Bindungen und Beziehungsnetze schwächen und die Individualisierung vorantreiben. Andererseits wird sie Abhängigkeiten von Daten und Datennetzwerken schaffen, die Pflege bestehender Kontakte, die Schaffung neuer Kontakte zu neuen Bezugspersonen und sozialen Netzwerken erleichtern und völlig neue Formen von Interaktion und Zusammenleben ermöglichen.

Digitalisierung ist somit für Wirtschaft, Gesellschaft und Politik ein *Game Changer* in nahezu allen Lebensbereichen. Sie setzt alte Spielregeln im Kleinen wie gültige Gesetzmäßigkeiten im Großen außer Kraft. Sie ermöglicht und erlaubt in vielfacher Weise völlig neue mikro- oder makroökonomische Reaktionen und Verhaltensweisen. Sie verändert fundamental, wie Menschen wohnen, arbeiten und ihre Zeit verbringen werden, wie und wo Firmen was produzieren und wie das Zusammenleben innerhalb und zwischen Gesellschaften organisiert sein wird.

Smartphone als Beispiel eines Game Changers

Das Beispiel des Smartphones und seiner sozioökonomischen Folgeeffekte veranschaulicht, wie revolutionär und flächendeckend die Digitalisierung Alltag, Beruf und Freizeit verändert. Niemand hätte sich vor einer Generation auch nur annähernd vorstellen können, wie das Smartphone mit seinen Apps mit atemraubender Geschwindig-

keit nahezu alles in Wirtschaft und Gesellschaft durch-
dringt und Kommunikation und Verhalten komplett auf
neue Wege führt. Was am 9. Januar 2007 mit der Vorstellung des ersten iPhones auf der Macworld-Konferenz in San
Francisco begann, hat in weniger als einer Dekade weltweit die Art und Weise der Datenübermittlung und -verar-
beitung auf den Kopf gestellt. Heute halten mehr als vier
Milliarden Menschen mehr Rechenleistung in ihrer Hand,
als die NASA vor wenigen Jahren benötigte, um Menschen
auf dem Mond landen zu lassen.[20]

Das Smartphone mit seinen unzähligen Apps ist allge-
genwärtig geworden. Für viele bestimmt es Lebensgefühl
und Tagesrhythmus. Es ist das Erste, was sie morgens, und
das Letzte, was sie abends interessiert. Immer wieder, oft
schon manisch, wird das Smartphone zur Hand genommen, um auch wirklich nichts zu verpassen, was irgendwo
passiert und irgendwie von Belang sein könnte. Nachrichten sind ständig und überall verfügbar. Eine Erreichbarkeit
ist jederzeit möglich. Raum und Zeit schrumpfen, Privates
und Berufliches verschmelzen. Die ganze Welt reduziert
sich auf einen berührungsaktiven Bildschirm, der in jeder
Hosentasche Platz findet.

Das iPhone war der Pionier. Die Smartphones von
Samsung, LG, Motorola, Xiaomi, Huawei und vielen anderen Herstellern waren die Nachahmer. Zusammen sorgten
sie seit dem Januar 2007 dafür, dass die Digitalisierung in
einer Tiefe und Breite und mit einer Intensität das alltägliche Leben zu bestimmen begann, wie es vorher niemand
auch nur annähernd erwartet hätte. Ursprünglich war das
iPhone als mobiler Zugang zum Internet gedacht. Es sollte
einen voll leistungsfähigen Internetanschluss im Hand-
taschenformat für unterwegs ermöglichen. Entsprechend
ging es zunächst vor allem darum, einseitig Inhalte wie

Dokumente, Musik, Bilder, Videos oder Landkarten herunterzuladen. Dann wurde eher unerwartet als geplant viel mehr daraus.

iPhone-Käufer emanzipierten sich von passiven Informationsempfängern zu interaktiven Nutzern. Sie tauschten wechselseitig mit- und untereinander Informationen aus. Waren es erst Texte, wurden über die mit immer leistungsfähigeren Kameras ausgestatteten Smartphones zunehmend Bilder und Videos verschickt. Damit veränderte sich die Kommunikationskultur fundamental.

Der Onlinechat wurde wichtiger als persönliche Gespräche. Anstatt miteinander zu reden, werden Nachrichten über das Smartphone ausgetauscht. Snapchat ersetzt den Anruf. Mit Bildern und Videos illustrierte WhatsApp-Botschaften verdrängen die dröge SMS. Soziale Netzwerke treten an die Stelle von Mitgliedschaften in Sportvereinen, kulturellen oder kommunalen Vereinigungen. Sie bieten rasch und umfassend Rat und Hilfe, Verständnis und Akzeptanz in allen Lebenslagen und für alle Alltagsprobleme.

Mit den Smartphones wurde eine durch Verkürzungen und Emoji-Piktogramme geprägte informelle Sprache gesellschaftsfähig. Nicht nur Private nutzen kurze Tweets, um auf sich und ihre Meinung aufmerksam zu machen. Mittlerweile sind elektronische Häppchen zur schnellsten und wichtigsten Nachrichtenquelle auch in Politik und Gesellschaft geworden. Liebte Barack Obama noch sein Blackberry, regiert sein Nachfolger Donald Trump die USA per Twitter. Mit weniger als 140 Zeichen langen Botschaften hält er die Welt in Aufregung, sorgt für Unmut und Ängste bei den einen, Zustimmung und Unterstützung bei den anderen.

Videos schauen statt Bücher lesen

Smartphones, Apps und soziale Medien prägen auch eine neue Art und Weise des Denkens, Entscheidens und Handelns. Vor allem bei Jugendlichen verändert das Smartphone die Informationsaufnahme. Buchstaben werden durch (bewegte) Bilder erst ergänzt, dann zunehmend abgelöst. Anstatt lange Texte zu lesen, schauen sich Schüler(innen) und Studierende lieber kurze erklärende Videos oder Dokumentarfilme an. Werden auch unsere Kindeskinder noch lesen oder mehr und mehr nur noch bewegte Bilder als Quelle der Inspiration und des neuen Wissens nutzen? Werden also Lehrfilme und Lernvideos das Lehrbuch ersetzen oder ergänzen?

Einfach zugängliche Internetangebote wie Wikipedia und Google werden zu allgemein anerkannten Informationsquellen. Kostenlose Onlineangebote ersetzen gedruckte Nachrichtenmagazine, Zeitungen und Zeitschriften. Auch wenn Hirnforscher und Pädagogen mit Verve und guten Gründen gegen die Eroberung von Klassenzimmern und Hörsälen durch digitale Medien protestieren und auf schwerwiegende Mängel wie Lern- und Leseschwächen hinweisen, dürfte der Widerstand nicht wirklich erfolgreich sein.

Mit rasender Geschwindigkeit hat nämlich in den letzten Jahren so oder so die Digitalisierung die Welt des Studiums bereits komplett verändert. Neue Informations- und Kommunikationstechnologien bieten heute unvorstellbare Möglichkeiten, orts- und zeitunabhängig in Sekundenschnelle universitäre Lehrprogramme, Studiengänge und akademische Bildungsangebote zu nutzen. Perfekt durchstrukturierte Onlinevorlesungen, elektronisch verfügbare Lehrvideos in Topqualität, Foliensätze, Übungsaufgaben und Prüffragen mit Musterantworten sind mühelos und kostengünstig oft sogar gratis abrufbar. Cross- und multimediale Zusatzangebote aus Mediatheken, Hintergrundmaterialien, Zugriff auf Datenbanken, Quellen und weiterführende Literatur gehören genauso dazu wie bestens passende Fallstudien aus der Praxis, Anwendungsbeispiele, Chatrooms, Netzwerke, interaktive Foren, Seminare und Tutorien. Das »Studium virtuale« ermöglicht täglich, werk- und feiertags, rund um die Uhr dann, wenn es passt, Zugang zum Wissen der klügsten Gelehrten und deren feinsten und besten Ideen.

Wer braucht bei so exzellenten Onlinestudienbedingungen noch Lehrangebote, die zu fixen Zeiten an festen Orten vorgetragen oder im schlechtesten Fall vorgelesen werden von Professor(inn)en, deren Interesse an der Lehre nachrangig ist oder deren pädagogische Fähigkeiten niemals wirklich gefördert wurden? Wieso sollen Studierende noch in (überfüllten) Hörsälen und »Universitäten wie Müllhalden«[21] sitzen, wenn sie von zu Hause aus oder von wo und wann auch immer Vorlesungen der weltweit qualifiziertesten, hoch motivierten und didaktisch bestens geschulten Professor(inn)en besuchen können, dargeboten mit den modernsten Hilfsmitteln? Wie von einer Flutwelle angetrieben wird in den kommenden Jahren die Lehre aus dem Hörsaal herausgeschwemmt und hinein ins Internet gespült werden.

Das Smartphone ermöglicht Mitsprache für alle

Neben den Rückwirkungen auf Alltag, Schule und Ausbildung hat die Digitalisierung auch fundamentale Auswirkungen politischer und gesellschaftlicher Art. Smartphones geben Menschen eine Stimme, die sie vorher nicht hatten, und zerstören somit Informationsmonopole. Sie sorgen für eine breite Informationsteilhabe – vor allem natürlich in jenen Weltregionen, die in früheren Zeiten von Nachrichten abgeschnitten waren. Sei es, weil Staaten nicht über die notwendige Technologie verfügten, oder aber, weil Feudalherrscher nicht wollten, dass die Bevölkerung Bescheid weiß.

Wer etwas weiß, muss neuer Medien wegen damit rechnen, dass andere bald auch Bescheid wissen. Auch deshalb fühlen viele einen ständigen Drang, rasch das Smartphone zur Suche nach Neuigkeiten zu nutzen, um ja nicht zu spät aktuelle Informationen zu erhalten. Wissensvorsprünge haben eine immer kürzere Haltbarkeit. Wer über neueste Entwicklungen nicht rechtzeitig im Bilde ist, kann sich ebenso rasch blamieren. Das gilt nicht nur für Geschäftliches, sondern genauso für Privates.

Um Informationsmonopole zu knacken, bedarf es nicht einmal *leaks* oder illegaler Hacker. Oft liefern Suchmaschinen rasch die erwünschten Informationen, was (scheinbar) Tatsache ist, wer mit wem was vereinbart hat oder wo was zu welchen Preisen zu haben ist. Entsprechend können die gewonnenen Erkenntnisse genutzt werden, um klügere Entscheidungen zu treffen, günstiger einzukaufen oder rascher ans Ziel zu kommen. Das spart Kosten.

Genauso wenig können Informationsvorsprünge in Zeiten des Smartphones noch als Herrschaftswissen missbraucht werden. Wer etwas behauptet, wird postwendend mit den tatsächlichen Gegebenheiten konfrontiert. Deshalb ist auch die ganze Aufregung über das postfaktische Zeitalter aufgebläht. Es gab immer Aufschneider, Lügner und Fantasten. Smartphones machen es heutzutage nur in Sekundenschnelle für alle und alles möglich, falsche Fakten rasch aufzudecken und Ignoranten in flagranti zu entlarven.

Smartphone ist Anfang, nicht Ende des gläsernen Menschen

Die Geschichte der Smartphones liefert besten Anschauungsunterricht dafür, wie rasch und gewichtig neue Angebote neue Nachfrage schaffen können. Praktisch aus dem Nichts heraus entstand nicht nur eine riesige Nachfrage nach neuen Mobilfunkgeräten – die mittlerweile zu rund anderthalb Milliarden verkauften iPhones und mehr als zweieinhalb Milliarden Nutzern von Smartphones führte.[22] Ebenso gigantisch war die Welle an Anwendungssoftware, die Hand in Hand mit den neuen Möglichkeiten der Smartphones alte Geschäftsmodelle und traditionelle Verhaltensweisen überrollte.

Millionen von Apps haben in den letzten Jahren alles verändert, was Menschen sich vorstellen können. Nichts, was nicht durch spezielle Onlineprogramme organisiert, verkauft, betrieben, reguliert, abgerechnet und dokumentiert werden könnte. Im Ergebnis werden Abläufe, Transport- und Mobilitätskonzepte optimiert, Dienstleistungen kundenfreundlicher, Ressourcen geschont, Fahrzeuge und Wohnungen gemeinsam genutzt. Dank effizienterer Information und Kommunikation kann mit weniger Aufwand ein größerer Ertrag erwirtschaftet werden. Das ist gelebte Nachhaltigkeit. Sie sorgt gleichzeitig für Milliardenumsätze und Millionen neuer Arbeitsplätze.

Wer glaubt, dass die Smartphone-Euphorie den Höhepunkt überschritten habe, dürfte bald eines Besseren belehrt werden. Der Siegeszug der Smartphones ist nicht am Ende, er ist gerade am Ende seines Anfangs angekommen. Was mit dem iPhone begann, wird mit dem gläsernen Menschen enden.

Noch bremsen Datenschutz und fehlende flächendeckende Verbindungsnetzwerke den nächsten Digitalisierungsschub. Aber es ist nur eine Frage der Zeit, bis Algorithmen und künstliche Intelligenz von der Wiege bis zur Bahre nahezu sämtliche persönlichen und beruflichen Daten zu individuellen Verhaltens- und Bewegungsprofilen verdichten werden.

Das Beispiel der Smartphones, der Apps und der damit verbundenen sozioökonomischen Anpassungen an neue Möglichkeiten und Verhaltensweisen veranschaulicht, dass Digitalisierung tatsächlich die Lebenswirklichkeit der Massen komplett verändert. Fast zwangsläufig hat die digitale Revolution eine gesellschaftliche und ebenso eine kulturelle Revolution zur Folge. Digitalisierung ist eben weit mehr als *business as usual* und dass man im Beruflichen Hierarchien abbaut, sich duzt und nicht mehr siezt.

Digitalisierung erzwingt ein neues Denken: »Digitalisierung kann man nicht verordnen. Da gibt es keine Roadmap, die mit der Management-Software nach Schema F abgearbeitet werden kann. Mit Kick-off, Kreativ-Workshop und Abschlusszertifikat an der Wand. Digitalisierung ist eine Geisteshaltung«, so Frank Schmiechen, Chefredakteur des Onlinemagazins *Gründerszene*.[23] Notwendig sind eben auch die gesellschaftliche Akzeptanz, der politische Wille und die ökonomische Überzeugung, Altbewährtes und Bisheriges zu hinterfragen, zu überprüfen und gegebenenfalls anzupassen.

2. Daten: wertvollster Rohstoff des Digitalisierungszeitalters

»Daten sind die wertvollste Ressource«, daran lässt die britische Wochenzeitschrift *The Economist* nicht die geringsten Zweifel.[24] Öl und Gas waren die Energie des Industriezeitalters; Daten sind der Rohstoff der Digitalisierung. Sie sind der Treiber für beides: direktes Wirtschaftswachstum und indirekte (Verhaltens-)Veränderungen, die sich in Wirtschaft, Gesellschaft und Politik gegenseitig verstärken. Neue Geschäftsmodelle entstehen, wie Amazon, Airbnb oder Uber, die als digitale Plattformen alte Platzhirsche vom Markt verdrängen – beispielsweise Kaufhausketten und Einzelhändler.

Daten ersetzen Güter. So erübrigt Wikipedia als kostenloses Onlineangebot das gedruckte Lexikon. Das ist mehr als nur ein ökonomischer Umbruch; es ist eine gesellschaftliche Umwälzung. Social Media verändert, wie Menschen Informationen erhalten, filtern, bewerten, teilen und wie sie darauf reagieren. Hinter dem gedruckten Lexikon, der klassischen Zeitung oder der Wochenzeitschrift standen Hundertschaften von Journalist(inn)en, Lektor(inn)en, Redaktionen, Herausgeber(innen)gremien und Verlagen. Am Ende konnte in jedem Impressum nachgeschlagen werden, wer wofür verantwortlich war.

Twitter-Nachrichten, Hashtags, Bilder und Videos von Influencern auf einschlägigen Kanälen stehen einfach da, viele bleiben ungeprüft. Meist geben die Äußerungen und News Einzelmeinungen und persönliche Ansichten wieder. Sie werden gar nicht mit der Absicht in den sozialen Medien verbreitet, ab- und ausgewogen nach Objektivität zu suchen. Weit mehr geht es um Aufmerksamkeit und Einfluss. Der schnelle Klick, die Likes und Links und nicht die nachhaltige, unabhängige Information sind das Ziel.

Daten verlangen nach neuer Ökonomik

Die Datenökonomie unterscheidet sich fundamental von der Ökonomik der Güterwirtschaft. Denn obwohl Daten so wertvoll sind, folgen sie nicht den traditionellen Angebots-Nachfrage-Mechanismen, die für Lebensmittel, Textilien, Möbel oder Autos gang und gäbe sind. Daten kosten nahezu nichts. Wenn die Fixkosten für Netzinfrastruktur, Hard- und Software einmal entstanden sind, können Daten mit sehr geringen Grenzkosten, also nahezu ohne Zusatzkosten, von vielen anderen verarbeitet, verbreitet und weiterverwendet werden. Dabei gibt es – wiederum anders als bei Gütern – keine Abnutzung. Daten werden durch Gebrauch nicht verbraucht, sie werden nicht schlechter oder weniger. Somit besteht zwischen verschiedenen Nutzungszwecken von Daten kein Konflikt. Dass Filme von Netflix oder Musik von Spotify von mehreren Personen oft sogar gleichzeitig angesehen und gehört werden, verringert die Qualität von Bildern und Tönen in keiner Weise. Genauso können Millionen von Menschen zur selben Zeit die gleichen Homepages ansehen oder elektronische Nachrichtenportale besuchen, ohne dass Informationsgehalt, Seh- oder Lesegenuss geschmälert wird.

Es schränkt den Nutzen anderer nicht ein, wenn Daten mehrfach anderweitig von Drittpersonen genutzt werden. Daten sind nahezu ohne Grenzkosten nutzbar, und zwar für alle und auch gleichzeitig. Das heißt, die Nutzung von Daten durch eine weitere Person verursacht zunächst keine zusätzlichen Kosten, wenn die Daten erst einmal vorliegen. »Nur, weil jemand bestimmte Daten nutzt, schließt dies – anders als eben beim Öl – nicht die parallele oder sequenzielle Nutzung derselben Daten durch andere aus.«[25] Im Gegenteil: Gerade die Weiterverwendung, die Verknüpfung und Mehrfachnutzung von Daten erzeugt positive Netzwerkeffekte und macht deren Gebrauch für alle Beteiligten eher noch wertvoller.

Die gravierenden Unterschiede zwischen Güter- und Datenökonomie machen es so verwunderlich bis fragwürdig, wenn einfach alte Konzepte der Statistik und der wirtschaftswissenschaftlichen Analyse mit bestenfalls rudimentären Korrekturen verwendet werden, um das Wesen von Big Data zu messen und zu verstehen. Eigentlich würde die Digitalisierung in vielerlei Hinsicht ein neues Grundverständnis dessen erforderlich machen, was in der Ökonomie abläuft.

Die Ökonomik findet ihre statistischen Grundlagen in der Agrarwirtschaft und ihre Weiterentwicklung im Zeitalter der Industrialisierung. Sie hat sich bereits mit Dienstleistungswirtschaft und Wissensgesellschaft schwergetan. Beide entzogen sich gängigen (statistischen) Verfahren der Messung, des Zählens und Bewertens, wie sie in der Güterwirtschaft mit ihren haptischen, physisch fassbaren Produkten charakteristisch sind. Gleiches und noch viel mehr anderes gilt in besonderem Maße für die Datenwirtschaft mit ihren nicht greifbaren, in virtuellen Räumen fließenden Bits und Bytes.

Die Datenwirtschaft verlangt ein radikales Umdenken in nahezu allen Dimensionen ökonomischen Denkens, das sich stark an physischen Gütern orientiert, mit abnehmendem Grenznutzen beim Konsum und steigenden Grenzkosten bei der Herstellung. Big Data ist »riesig, rasend, erschöpfend, gleichzeitig vielfältig wie ganzheitlich und beliebig skalierbar«.[26] Daten sind unsichtbar. Das macht es für die Statistik so schwierig, sie zu erfassen. Deshalb tun sich herkömmliche Verfahren zur Messung ökonomischer Aktivitäten so schwer. Daten wabern virtuell und »undinglich«, losgelöst von Standorten, In- und Ausland, durch Internet und Orbit. Eine geografische Abgrenzung von Herkunft, Verarbeitung, Vermarktung und Nutzung wird dadurch nahezu vollständig unmöglich gemacht. Information und Kommunikation beruflicher Art, aber auch innerhalb sozialer Netzwerke, lassen sich nur schwerlich an nationalen Grenzen aufhalten, auch nicht, wenn Zollstationen errichtet oder Schutzmauern verstärkt werden.

Daten sind wie Dienstleistungen und Wissen nicht dinglicher Natur. Aber es gibt einen entscheidenden Unterschied. Dienstleistungen sind entweder an Güter oder Personen gebunden, Daten hingegen nicht. Bevor Schall und Töne gegen Ende des 19. Jahrhunderts durch technische Erfindungen erst in elektrischen Strom, Druck und Schwingungen umgewandelt, aufgezeichnet und gespeichert und danach anderswo wiedergegeben werden konnten, musste, wer Musik hören wollte, unmittelbar und direkt an Ort und Stelle der Musiker sein.

Schallplatten, Tonbänder, CDs und Musikvideos machten im 20. Jahrhundert eine Dienstleistung zunächst zur Ware, die gehandelt, gelagert und losgelöst vom Ort der Herstellung, des Konzerts oder Tonstudios, genossen werden konnte. Anfang des 21. Jahrhunderts verlor als Folge neuer digitaler Technologien Musik in beträchtlichem, wenn auch nicht vollständigem Ausmaß ihre ursprüngliche Bindung zu Personen (also den Musikern) oder Gütern (also Tonträgern). Lediglich noch bei Live-Events findet eine örtliche und zeitliche Bindung zwischen Herstellung und Nutzung statt. Ansonsten speisen Musiker virtuelle Clouds mit digitalen Daten, die weltweit und gleichzeitig von Massen abgerufen werden können, ohne dass die Hörenden sich gegenseitig stören oder durch gleichzeitiges Abspielen der Musik Qualitätsminderungen verursacht werden.

Qualität, nicht Quantität zählt

Der Wert von Daten ist nicht so sehr eine Frage der Quantität. Im Gegenteil: Die Masse der an sich verfügbaren Daten ist heute so gigantisch groß, dass zunächst viel Aufwand zu betreiben ist, um sie zu bewerten, zu filtern, zu verdichten, zu veredeln und sach-, kunden- oder nutzergerecht aufzuarbeiten. Sie sind damit gleichzeitig für den einen Vorleistung und für die anderen Endprodukt. Aber: Obwohl viele Personen die gleichen Daten gleichzeitig auf verschiedene Art und Weise nutzen, wird die Qualität der aus Daten gewonnenen Informationen und Einsichten nicht schlechter, sondern vielleicht sogar besser. Wer Daten teilt, hat nicht weniger, sondern mehr davon. Aus der gemeinsamen Datennutzung kann ein Mehrwert für alle entstehen – etwa, wenn aus einer Vielzahl unterschiedlicher Blogeinträge ein Allgemeinwissen darüber entsteht, wie Alltagsprobleme – etwa die Entfernung von Kleiderflecken – einfach behoben werden können.

Daten sind also eher ein öffentliches als ein privates Gut. Ein Ausschluss von Nutzern durch Bezahlschranken hat wenig mit technischen Kapazitätsgrenzen, Abnutzungseffekten oder gegenseitiger Beeinträchtigung zu tun. Sie erfolgt aus kommerziellen Gründen, um die Hersteller für ihren Aufwand zu entschädigen. Aber nur für einen Bruchteil der Datentransfers kommen Bezahlsysteme zur Anwendung. Der Großteil der Daten ist mehr oder weniger frei verfügbar, so wie Allgemeinwissen auch allen ohne direkte Gegenleistung zugänglich ist.

Daten sind um Dimensionen rascher hin und her zu bewegen als Güter, aber auch als Dienstleistungen, bei denen sich entweder Patienten in die Praxis oder Ärzte zu Hausbesuchen bewegen müssen. Bei Onlinebehandlungen erfolgt eine Beratung aus der Ferne. Telemedizin erlaubt, Operationen durchzuführen, bei denen die Chirurgin Tausende von Kilometern weit entfernt vom Patienten das Skalpell fernsteuert. Künftig werden implantierte Sensoren verbunden mit Datenbanken und mit Hilfe von Algorithmen dafür sorgen, dass Herzschrittmacher, Insulinpumpen, Blutdruckregler und vieles andere mehr automatisch und ohne Zutun Dritter von alleine das auslösen, was medizinisch geboten scheint. Dass sich damit eine Reihe von juristischen Verantwortlichkeits- und Haftungsfragen völlig neu stellen, ist offensichtlich.

Rückkehr der Dezentralisierung

»Digitalisierung« und »Daten« werden auch eine längst verloren geglaubte Dezentralität wieder ermöglichen. Industrialisierung ging in weiten Teilen mit Zentralisierung einher. Die Fixkosten der Güterproduktion – also die hohen Kosten der Produktionsanlagen, Fertigungsstraßen und Maschinen – verlangten nach Fabriken, in denen Massen von Beschäftigten aktiv tätig waren. Von einem Standort aus wurden dann möglichst hohe Stückzahlen hergestellt. So ließen sich Durchschnittskosten senken.

Mit der Zentralisierung ging eine Spezialisierung einher. Die Glieder der industriellen Wertschöpfungskette wurden in immer kleinere Teile zerlegt. So lohnte es sich für jedes einzelne Glied, spezielle Facharbeiter auszubilden und ebenso spezielle maschinelle Fabrikationshilfen anzuschaffen. Je größer die Stückzahlen waren, umso stärker konnten die Spezialisierungsvorteile – also besseres Wissen und leistungsfähigere Maschinen – ausgenutzt und umso breiter die Spezialisierungsinvestitionen (für Anschaffung von Wissen und Maschinen) umgelegt werden. Als Folge davon sanken die durchschnittlichen Kosten pro Stück weiter. Des Weiteren erlaubten massiv sinkende Transportkosten als Folge immer engerer Verkehrsnetze und größerer Containerschiffe oder Frachtflugzeuge sowie der Wegfall von Handelshemmnissen, die einzelnen Glieder der Wertschöpfungskette dorthin zu verlagern, wo sie am billigsten hergestellt werden konnten. Alles schien möglich, die Erde wurde zur flachen Scheibe erklärt. Große Entfernungen und die Kosten, weite Distanzen zu überwinden, spielten in der neuen ökonomischen Geografie der internationalen Arbeitsteilung und Spezialisierung kaum mehr eine Rolle.

Die Digitalisierung ermöglicht, das Rad der Geschichte zurückzudrehen – zumindest teilweise. Sie erlaubt eine Dezentralisierung der Leistungserbringung. Datenproduktion, -verarbeitung und -bewertung, Diagnosen und Therapien, Information und Kommunikation können heutzutage losgelöst von fixen Standorten, Unternehmensbüros oder Fabrikgeländen irgendwo dezentral erfolgen. Spezialisierte Datenfirmen sind in der Lage, von kleinen (Heim-)-Büros aus, räumlich voneinander unabhängig, aber global vernetzt, standortunabhängig weltweit aktiv zu sein – durchaus auch mehr oder weniger gleichzeitig für unterschiedliche Auftraggeber. Dadurch verlieren Raum und Territorialität an Bedeutung. Ebenso weichen trennscharfe Abgrenzungen zwischen Standorten und Firmen auf.

Daten machen die Welt zum Dorf und Fabriken zu hybriden Gebilden. Alles und jedes ist in Echtzeit überall bekannt und verfügbar. Staatsgrenzen verschwimmen, und

Unternehmensgrenzen verschwinden, digitale Firmen ent-stehen. Noch sind digitale Staaten Utopie, aber vielleicht bald schon können sie Wirklichkeit werden.

Es kommt zu einer Entdinglichung, Entstaatlichung und Entterritorialisierung der Wirtschaft. Auch die Gren-zen zwischen privat und öffentlich werden schwieriger zu ziehen sein, wenn die Transparenz größer und die Men-schen gläserner werden. Das kann Big Brother auf den Plan rufen, der eine möglich werdende Allwissenheit über das Tun und Lassen der Bevölkerung gegen den Willen Be-troffener zu nutzen und ein »gutes« Verhalten einzufor-dern in der Lage ist.

Die Datenökonomie verlangt nach einer neuen Daten-ökonomik, die helfen soll, besser zu verstehen, was sich alles ändert und welche Chancen und Risiken sich daraus ableiten lassen. Der Datenkapitalismus bedarf neuer Re-gulierungen, um möglichst viel Freiraum für digitale In-novationen zu eröffnen, aber gleichzeitig sicherzustellen, dass daraus mehr Wohlstand für alle und nicht nur mehr Gewinne für das Big Business des Big-Data-Zeitalters ge-schaffen wird.

3. Demografie: Alterung, Individualisierung, Vielfalt

Es ist paradox: Deutschlands Bevölkerung wird gleich-zeitig grauer und bunter. Sie wird grauer, weil mehr und mehr weißhaarige Ältere länger denn je leben werden. Sie wird bunter, weil gerade »Digitalisierung« und »Daten« den ohnehin feststellbaren Trend zu mehr Vielfalt in der Gesellschaft verstärken. Damit ist gemeint, dass aus vielen Gründen die Lebensformen und Verhaltensweisen der in Deutschland lebenden Menschen sich mehr und mehr voneinander unterscheiden. Das »Zeitalter des eigenen Lebens«, wie es der Soziologe Ulrich Beck beschrieben hatte[27], führt dazu, dass Menschen eher als Einzelfälle und weniger als standardisierte Durchschnittsfälle verstanden werden sollten. Der sogenannte Durchschnittsdeutsche wird immer weniger repräsentativ einen allgemeingültigen Prototyp vertreten. Einen deutschen Normalfall wird es immer weniger geben.

Digitale Technologien und neue soziale Medien sorgen dafür, dass die Kosten, um Raum und Zeit zu überwinden, weiter sinken. Dadurch eröffnen sich für das Zusammenleben und die Zusammenarbeit völlig neue Dimensionen. Eine gesellschaftlich mehr und mehr akzeptierte Individualisierung wird möglich. Sie erlaubt und erleichtert es mehr und mehr Menschen, das Leben nach eigenen Vorstellungen gestalten zu können, und ohne Rücksicht auf Familienangehörige alles, was gewünscht ist, zu tun, frei zu sein und Träume zu verwirklichen. Dazu passen Blogs und Hashtags wie *#regretmotherhood*, die zum Thema haben, wie sehr man es bereue, sich mit Kindern und festen Partnerschaften ein Leben lang binden zu müssen.

Was privat bei Ehe und Familie erkennbar wird, findet auch in der Gesellschaft insgesamt eine Entsprechung. Traditionelle gesellschaftliche Bindungen werden schwächer, berufliche und private Neuorientierungen erzwingen häufigere Wechsel von Wohnsitz und Arbeitsplatz. Des Öfteren brechen Partnerschaften, Familien, Freundschaften und Kontakte auseinander. Eher bilden sich kleine, voneinander unabhängige Gruppen von Menschen mit ähnlichen Interessen und Werten. Die Gesellschaft zersplittert in relativ abgeschlossene Zirkel, und diese neuen

Gruppen ergänzen und ersetzen traditionelle Formen der Zusammengehörigkeit in immer stärkerem Maße. Damit aber schwinden die Kräfte, die eine Gesellschaft bis heute zusammengehalten und für das Bewusstsein einer gemeinsamen Zugehörigkeit gesorgt haben.

Dominanz der Senior(inn)en

Der Individualisierungstrend wird durch den demografischen Alterungsprozess überlagert. Deutschlands Gesellschaft altert.[28] Damit ist gemeint, dass das Medianalter der Bevölkerung stetig ansteigt.[29] Je höher das Medianalter ist und je älter folglich der Medianwähler werden wird, desto mehr werden die Senior(inn)en sich politisch durchsetzen können und desto weniger werden die Jüngeren zu sagen haben. Als Folge dürfte es wahrscheinlicher werden, dass Pflegeheime anstatt Kindergärten gebaut oder die Renten und nicht die Bildungsausgaben erhöht werden – eine Entwicklung, die sich ja bereits in der aktuellen Priorisierung bei den Staatsausgaben erkennen lässt.

Die demografische Alterung trägt den Keim einer gesellschaftlichen Spaltung in sich. Die jüngere Generation wird den kommenden Herausforderungen mit ganz anderen Verhaltensweisen entgegentreten als ihre Eltern. Nirgendwo lässt sich das besser veranschaulichen als in der Wahrnehmung der durch »Digitalisierung« und »Daten« möglich werdenden neuen Optionen.

Die Behauptung ist zwar übertrieben, trägt aber doch ein Korn Wahrheit in sich, dass in den Schulen die Möglichkeiten der Digitalisierung weniger im Klassenraum, sondern hauptsächlich auf dem Pausenhof genutzt werden. Genauso zu harsch, aber eben doch nicht völlig realitätsfremd ist der Vorwurf, dass sich in Kinderzimmern mehr digitale Kompetenz als auf den Chefetagen der Wirtschaft findet. Aber vor allem mittelständische Unternehmen scheinen gefährdet zu sein, Tempo und Intensität des digitalen Wandels zu unterschätzen. So offenbaren aktuelle Untersuchungen, »dass in deutschen Vorständen und gerade auch in Aufsichtsräten zu wenig Digitalkompetenz vorhanden ist, um Herausforderungen durch die Digitalisierung kompletter Geschäftsmodelle zu bewältigen«, so das Urteil von Thorsten Grenz, Präsident der Financial Experts Association e.V. (FEA).[30]

Digitale Spaltung innerhalb der Betriebe

Teile des deutschen Mittelstandes drohen in die Digitalisierungsfalle zu tappen. Älteren fehlt das Wissen und das Gespür, digitale Geschäftsmodelle zu erkennen und zügig umzusetzen. Jüngere, die online mit Smartphones, Apps und sozialen Netzwerken aufgewachsen sind, tun sich innerbetrieblich schwer, Widerstände gegen die Digitalisierung zu überwinden. An zu vielen Stellen fehlt es auf der strategischen Führungsebene an Kompetenz. Es braucht gerade für junge Nachwuchskräfte Mut, gegen den Strom und gegen eingespielte Verfahren zu schwimmen. Wer zu forsch und damit scheinbar zu frech eine Digitalisierungsstrategie fordert, provoziert und stellt alte Hierarchien und Unternehmensphilosophien in Frage. Die Energie, die im Innern gegen Widerstände aufgewendet werden muss, fehlt dann oft für die eigentlich wichtigen Zukunftsaufgaben.

Besonders dramatisch für deutsche Unternehmen wird die demografisch verursachte digitale Kompetenzlücke, wenn jüngere Führungskräfte der zweiten oder dritten Ebene die Chancen neuer Technologien für neue Geschäftsmodelle (er)kennen und nutzen möchten, die Altvorderen jedoch von einer Digitalisierungsoffensive wenig halten. Für Patriarchen, langjährige Firmenchefs oder altgediente Aufsichtsräte bedeutet die Digitalisierung ja auch einen Frontalangriff auf die eigene Person. Neue Technologien entwerten altes Herrschaftswissen. Erfahrung und Bewährtes tritt in den Hintergrund. Auch deshalb dürften Alter der Führungskräfte und Geschwindigkeit von Digitalisierungsstrategien negativ korrelieren: Je älter die Mitglieder der Chefetagen sind, umso geringer dürfte das Tempo sein, mit dem digitale Geschäftsmodelle angepackt werden.

Individualisierung und Alterung werden dazu führen, dass die deutsche Bevölkerung vielfältiger werden wird. Sie wird sich wandeln und verändern und immer weniger den traditionellen Mustern, Verhaltensweisen und Wertvorstellungen der Vergangenheit folgen. Für Alte und Junge, Gesunde und Gebrechliche, Gebildete und Unqualifizierte, Familien mit und ohne Kinder, Stadt- und Landbevölkerung wird der größte gemeinsame Nenner immer kleiner werden.

Wenn es keine eindeutigen Mehrheiten, sondern nur noch viele Minderheiten gibt, wird es nicht einfacher, einen gesellschaftlichen Konsens über wichtige Zukunftsfragen oder einen politischen Kompromiss zur Lösung kommender Herausforderungen zu erreichen. Ohne einen Durchschnitt, der für die Gesamtheit repräsentativ ist, wird es immer schwieriger werden, einen allgemein akzeptierten Kompass zu finden, in welche Richtung sich Deutschland im Zeitalter der Digitalisierung weiterentwickeln und was die Gesellschaft zusammenhalten soll.

4. Warum es anders ist!

Großstädte leiden dramatisch unter den negativen Auswirkungen urbaner Mobilität: »Lange Wartezeiten, täglicher
Stau, eine stetig ansteigende Anzahl von Verkehrstoten,
nur schwer erträglicher Gestank und giftige Abgase gefährden Umwelt und Gesundheit. Gleichzeitig wird heftig
darüber gestritten, ob es moralisch korrekt sei, angesichts
von Hungersnöten anderswo, Lebensmittel statt auf die
Teller der Armen als Energielieferant für Straßenwagen
zu nutzen. In New York fand bereits die erste internationale Stadtplanungskonferenz zu urbanen Mobilitätspro-
blemen statt. Sie endete ergebnislos und hinterließ komplette Ratlosigkeit und deprimierende Prognosen darüber,
wie das Verkehrschaos in Metropolen bewältigt werden
könne.«[31]

Die hier beschriebenen großstädtischen Mobilitätspro-
bleme beziehen sich zwar auf New York, sind aber nicht
etwa neu. Sie sind uralt. Sie betrafen die Ostküstenmetro-
pole am Ende des 19. Jahrhunderts. Und wohlverstanden
galt die Klage nicht dem Automobil, sondern dem Pferd.
Pferde, nicht Autos (die es noch gar nicht gab) waren der
bedrohliche Belastungsfaktor der Großstädte. Urbane Mobilität bedeutete damals nämlich, dass Personen und Lasten, Waren und Baustoffe, Polizei und Feuerwehr von Pfer-
den transportiert wurden. Anfang des 20. Jahrhunderts gab
es in New York 200 000 Pferde – bei einer Bevölkerung von
dreieinhalb Millionen Menschen. Täglich fielen mehrere
Tonnen Pferdemist an, die gelagert und entsorgt werden
mussten. Sie führten im Sommer zu fürchterlichem Gestank und brachten Milliarden von krankheitsübertragen-
den Insekten und Millionen von Ratten mit sich. Das Auto
sorgte danach rasend rasch für wirkungsvolle Abhilfe. Es

ersetzte die von Zugtieren gezogenen Kutschen vollständig. Das Problem des Pferdemists erledigte sich vollständig
und ganz von allein. Alle Horrorszenarien erwiesen sich
als falscher Alarm.

Ähnlich in die Irre könnten somit auch zu Beginn des
21. Jahrhunderts all die Prognosen führen, die voraussagen, wie sich die Herausforderungen der 3 D – also Digitalisierung, Datenökonomie und demografischer Wandel – auf Wirtschaft, Gesellschaft und Politik auswirken
werden. Wenn in Zukunft alles anders werden wird als in
der Vergangenheit, ist nämlich gerade das überhaupt nicht
wirklich anders als früher. Dass neue Technologien wie
das Auto alte Gesetzmäßigkeiten der Pferdewirtschaft außer Kraft setzen, ist in der Geschichte der Menschheit an
sich gar nichts Besonderes. Es ist die Regel. Es gehört zum
Wesen des technologischen Fortschritts, dass Neues Altes,
Modernes Überholtes und Maschinen Menschen ersetzen.
Genauso ist es eine Konstante, dass sich Gesellschaften
Ängste und Sorgen machen, wie all das Unbekannte sich
auf Beschäftigung und Lebensbedingungen auswirke.

Falsche Wahrnehmungen

Wie sich in der Vergangenheit immer wieder zeigte, werden in der Tendenz die Risiken des Strukturwandels über-
und dessen Chancen unterschätzt. Neues erzeugt bei vielen eher Ängste als Freude. Menschen lieben in der Regel
eher, was sie aus der Vergangenheit kennen, und weniger,
was ihnen für die Zukunft an heute noch Unbekanntem
versprochen wird – ein Phänomen, das selbst dann zu einer Bevorzugung des Status quo gegenüber Neuerungen
provoziert, wenn eigentlich eine nüchterne Abwägung von
Vor- und Nachteilen für das Neue sprechen würde.[32]

Der menschliche Bewertungsfehler bei Veränderungseffekten lässt sich sehr gut damit erklären, dass Neuerungen in der Regel asymmetrisch wirken. Zunächst wird es schlechter, bevor es später besser wird. Zuerst gehen durch den strukturellen Wandel und seine Innovationen bestehende Verhältnisse in die Brüche, geht Bekanntes verloren, wird altes Wissen abgewertet. Erst nach einer Weile machen sich die Vorteile des Neuen bemerkbar, lernt man damit zu leben und umzugehen und kann das Neue zum eigenen Vorteil nutzbar machen. Da aber Menschen kurzfristige Verschlechterungen stärker negativ bewerten als spätere Verbesserungen, kommt es zu einer verzerrten Wahrnehmung von Vor- und Nachteilen, die sich auch bei der Abschätzung der Folgen neuer Technologien zeigt. »Wir neigen dazu, Effekte einer neuen Technologie kurzfristig zu überschätzen und langfristig zu unterschätzen«, so hat Roy Amara, ein amerikanischer Zukunftsforscher, diese Gesetzmäßigkeit menschlicher Bewertungsfehler beschrieben.[33]

Der arbeitssparende Strukturwandel war eine Konstante der wirtschaftlichen Fortentwicklung von der Agrarwirtschaft zur Industrialisierung, zur Dienstleistungs- und schließlich zur Wissensgesellschaft. Damit einher ging ein stetiger Anstieg der Löhne – wenn zunächst auch nur für jene Beschäftigte, deren Arbeit durch den Fortschritt nicht obsolet wurde. Denn der Einsatz von Kapital, also von Maschinen, Fahrzeugen, Apparaten und Geräten trieb die Arbeitsproduktivität (also die von Arbeitern pro Werktag erbrachte Leistung) weiter nach oben. Wenige(r) besser bezahlte Menschen wurden mit mehr Kapital vernetzt und erzeugten mit weniger Aufwand mehr Wertschöpfung. Die Verlagerung von Arbeit zu Kapital, die damit verbundene höhere Kapitalintensität und steigende Arbeitsproduktivität waren und sind die Treiber des Fortschritts und der allgemein verbesserten Lebensbedingungen.

Es ist eben gerade anders als vielfach behauptet. Früher Maschinen und heute Roboter nehmen dem Menschen die Arbeit nicht weg, sondern ab. Sie verdrängen ihn nicht. Sie entlasten ihn. Im Gegenteil: Kapital – also Maschinen oder Roboter – macht Menschen leistungsfähiger und damit ökonomisch wertvoller, weil es die Arbeitsproduktivität erhöht. Eigentlich müsste es somit zwischen Proletariern und Kapitalisten keinen Gegensatz geben, sondern eine Symbiose. Wobei sich dann eben der Streit an der Verteilung des Mehrwerts aus der Verbindung von Maschine und Menschen entzündet und es aus vielen Gründen der Fall sein kann, dass sich Fortschritte in der Arbeitsproduktivität nicht in einem entsprechenden Anstieg der Löhne widerspiegeln.

Trotz arbeitssparendem technologischem Fortschritt ging der Menschheit die Arbeit bis heute nicht aus. Alle Prognosen über das »Ende der Arbeit« erwiesen sich immer wieder als falsch.[34] »In den letzten zwei Jahrhunderten gab es regelmäßig Warnungen, dass die Automatisierung und neue Technologien eine große Anzahl von Jobs in der Mittelklasse auslöschen würden. Das bekannteste frühe Beispiel ist der Maschinensturm des frühen 19. Jahrhunderts, in der eine Gruppe englischer Textilhandwerker gegen die Automatisierung der Textilproduktion protestierte, indem sie einige Maschinen zerstören wollte.«[35] Aber in der Summe ist das Gegenteil eingetreten, Maschinen haben Menschen nicht ersetzt, sondern ergänzt.

Der beschleunigte Strukturwandel

Tätigkeiten verschwanden, andere entstanden. Die manchmal raschere, manchmal langsamere Adaption an den durch neue Technologien ausgelösten Strukturwandel sorgte immer wieder dafür, dass neue Jobs entstanden, um überflüssig gewordene Beschäftigungen zu ersetzen. Sosehr das Rad den Wagen und die Dampfmaschine die Industrialisierung vorantrieb, der Strom statt Kerzen für Licht und die Elektrizität statt des Kaminholzes für Wärme sorgten, das Auto die Pferdekutschen verdrängte und der Computer die Schreibmaschine ersetzte, sosehr erfolgten die Veränderungen graduell und schrittweise über längere Zeitläufe.

Wenn auch nicht reibungslos und ohne soziale Verwerfungen oder politische Turbulenzen, konnten sich im Laufe der Zeit wirtschaftliche Abläufe den neuen technologischen Gegebenheiten anpassen. So wechselten die in der Agrarwirtschaft freigesetzten Arbeitskräfte in Massen an die Fließbänder des produzierenden Gewerbes. Später wurden Industriearbeiter zu Dienstleistern umgeschult. Was durch eine Innovation in der Werkstatt von Tüftlern begann, erst in kleinen Manufakturen und auf Hinterhöfen erprobt und verfeinert wurde, bevor es von großen Unternehmen zu einer breitflächig genutzten Technologie gemacht wurde, erwirkte Anpassungen zunächst gesellschaftlicher Natur, danach auch politischer Art.

Das Ende des Zweiten Weltkriegs löste einen Modernisierungsschub aus, wie es ihn rascher und grundlegender niemals zuvor in der Menschheitsgeschichte gegeben hat.[36] Die Maschinen und Produktionsanlagen wurden leistungsfähiger, die Transportmittel größer, die Kommunikationssysteme schneller, die Automation umfassender. Damit einher gingen ein weiterer Anstieg der Arbeitsproduktivität und Lohnsteigerungen und eine Verbesserung der Lebensbedingungen.

Waren Fernreisen früher teuer und lediglich einer elitären Minderheit möglich, sind sie heute ein teilweise mehrfach pro Jahr konsumierbares Allgemeingut geworden. Kostete ein transatlantisches Telefongespräch noch in den 1960er Jahren ein Vermögen, sind die Menschen heute weltweit über Internet in Echtzeit nahezu kostenlos miteinander vernetzt.

Nationale Märkte wurden aufgebrochen, internationale Spezialisierung und Arbeitsteilung schritten weiter voran. Neben den technischen Innovationen sorgten politische Prozesse (wie die multilateralen Vereinbarungen der Vereinten Nationen und ihre Unterorganisationen oder die supranationalen Verträge im Rahmen der Europäischen Integrationsprozesse) oder das General Agreement on Tariffs and Trade (GATT) und später die World Trade Organization (WTO) für eine Beschleunigung der Globalisierung, damit des Strukturwandels, und so für mehr Wohlstand für die Massen.

In der Summe hat der arbeitssparende technologische Fortschritt von der Agrar- über die Industrie- in die Dienstleistungsgesellschaft und der damit verbundene zunehmende Einsatz von Maschinen, Automaten und später von Computern und Elektronik nicht dazu geführt, dass dem Menschen die Arbeit ausgegangen wäre. Im Gegenteil: Im Frühjahr 2019 war die Anzahl der Beschäftigten mit 45 Millionen (davon mehr als 33 Millionen sozialversicherungspflichtig beschäftigt) in Deutschland höher als jemals zuvor in der deutschen Geschichte. Und mit 2,3 Millionen Arbeitslosen gab es noch nie weniger Menschen ohne Arbeit im wiedervereinigten Deutschland.[37] Wieso sollten nun ausgerechnet Digitalisierung und Datenwirtschaft bei

der Beschäftigung zu fundamentalen Veränderungen führen?

Tempo und Intensität sind der entscheidende Unterschied

»Is This Time Different?«[38] In der Wissenschaft wird heftig darüber gestritten, ob sich die digitale tatsächlich von
bisherigen und früheren technologischen Revolutionen
unterscheide.[39] Und grob zusammengefasst herrscht die
allgemeine Lehrmeinung vor, dass sich das Zeitalter der
Digitalisierung und der damit einhergehende Wandel wenig von früheren Epochen der Agrarwirtschaft und der Industrialisierung unterscheide.[40] So viel nüchterne intellektuelle Kaltblütigkeit ist bemerkenswert. Was jedoch, wenn
zu erwartende Brüche so abrupt, radikal und allumfassend
sein werden, dass sie alte Gesetzmäßigkeiten komplett aushebeln? Denn alle scheinbar so beruhigenden Prognosen
eines »War schon immer so« basieren darauf, dass sich Geschichte wiederhole und dass die Vergangenheit in irgend-
einer Weise Erkenntnisse für künftige Entwicklungen zu
vermitteln vermöge.

Aber zunehmend ist Vorsicht geboten. Fortschreibungs-
prognosen sind das Ergebnis wissenschaftlicher Analysen,
die mit Methoden arbeiten, die für Agrar- und Industrie-
wirtschaften gut geeignet waren, bereits durch Dienstleistungen fraglich wurden und nun durch Globalisierung
und Digitalisierung jenseits der Grenzen ihrer Aussagekraft gelangen. Somit sind und müssen Voraussagen eines
»Weiter so wie bisher« mehr noch als früher in Zweifel
gezogen werden. Die Zukunft wird weit weniger als früher
durch die Extrapolation der Vergangenheit erkennbar, die
einfach mehr oder weniger fortschreibt, was immer schon

war. Sie ist rundum neu. Somit sind die Prognosen eines *business as usual* – selbst wenn sie in einem wissenschaftlichen Kontext daherkommen – noch spekulativer, als sie es jemals zuvor waren.

Wirklich anders als in der Vergangenheit sind in Zukunft Tempo und Intensität, mit der das Neue das Alte überrollen wird. In der Geschwindigkeit eines flächendeckenden Strukturwandels liegt der entscheidende Unterschied zwischen der industriellen Revolution früherer Tage und der digitalen Revolution von heute. Über Jahrhunderte war der technologische Fortschritt eine Schnecke. Der Strukturwandel erfolgte in gemächlichem Tempo.

»Von den frühesten Zeiten, von denen wir Aufzeichnungen haben – sagen wir von zweitausend Jahren vor Christus bis zum Anfang des achtzehnten Jahrhunderts –, änderte sich der Lebensstandard des durchschnittlichen Menschen, der in den zivilisierten Zentren der Erde lebte, nicht wesentlich. Sicher, es gab ein Auf und Ab. Aber immer wieder kam es zu Heimsuchungen durch Pest, Hungersnot und Krieg. Natürlich finden sich auch goldene Intervalle. Jedoch gab es keine anhaltende, kräftige Veränderung. Bestenfalls während einigen Perioden. Somit war der durchschnittliche Lebensstandard am Ende vielleicht Prozente besser als zu Beginn, also höchstens 100 Prozent besser in den letzten viertausend Jahren, die etwa um 1700 n. Chr. endeten.«[41]

So zutreffend beschreibt John Maynard Keynes, was die langen statistischen Datenreihen des britischen Wirtschaftshistorikers Angus Maddison mehr als nur bestätigen. In seinem Lebenswerk »The World Economy. Eine tausendjährige Perspektive« liefert Maddison die wohl umfassendste Sammlung von Indikatoren zur Entwicklung von Bevölkerungsgrößen und Wohlstand der Menschheit seit Christi Geburt.[42] Die für sich selbst sprechenden Daten zeigen fast durchweg bis zum Ende des 18. Jahrhunderts kaum eine Veränderung, keinen Fortschritt und kaum eine Verbesserung der Lebensbedingungen.

Bis 1820 bestand der Anstieg des Wohlstands für die Massen lediglich in »einem langsamen Krabbeln«, und wirtschaftliches Wachstum diente nahezu ausschließlich dem Bevölkerungswachstum – also dazu, mehr Menschen mit dem Allernötigsten zum kargen Überleben zu versorgen.[43] Mechanisierung und Elektrifizierung gingen zunächst nur schleppend voran. »Während Deutschland und das Vereinigte Königreich relativ schnell die in den USA vorangetriebenen neuen Technologien der Energieerzeugung nutzten, blieb die Verbreitung auf der ganzen Welt relativ gering. 1920 produzierten die Vereinigten Staaten noch immer die Hälfte des weltweiten Stroms.«[44]

Der Fortschritt gewann erst nach zwei verheerenden Weltkriegen ab Mitte des letzten Jahrhunderts so richtig an Fahrt. Die Geschwindigkeit, mit der in den letzten Jahrzehnten Globalisierung und neue Innovationen die Lebenswirklichkeit der Menschen veränderten, war bereits atemberaubend. Die Digitalisierung wird nicht etwa für eine Verlangsamung sorgen. Vielmehr wird der wirtschaftliche, gesellschaftliche, kulturelle und politische Wandel noch einmal beschleunigt und noch mehr Bereiche des Alltags und des Zusammenlebens in noch stärkerer Weise als jemals zuvor einbeziehen. »Im Gegensatz zur Elektrifizierung sind die Arbeitstiere der digitalen Revolution – Computer, Internet und künstliche Intelligenz, die durch elektrische Energie und große Datenmengen unterstützt werden – rasch und weit verbreitet.«[45] »Quantencomputer werden alles verändern. Auch die Biologie des Menschen.«[46]

Das Schneckentempo des Strukturwandels früherer Zeiten weicht in der Ära der Digitalisierung einer immer intensiveren Veränderungsdynamik. Digitale Information und Kommunikation werden nicht nur im ökonomischen Bereich für eine Loslösung der dinglichen Produktion von fixen Standorten, eine Verlagerung der Wertschöpfung aus Fabriken in den raumlosen Orbit virtueller Netzwerke und einen Ersatz menschlicher Arbeit durch selbstregulierte, mit künstlicher Intelligenz ausgestattete Automaten sorgen. Entdinglichung, Entstaatlichung und Entgrenzung werden auch für Gesellschaft und Politik einen rascheren Modernisierungsprozess als jemals zuvor erzwingen.

Leben jenseits von Arbeit ...

Das Tempo, mit dem die Beschäftigten durch neue Technologien entbehrlich werden, ist immens. Die logische Konsequenz: »Arbeitslosigkeit, weil unsere Entdeckung von Mitteln zur Einsparung von Arbeit schneller voranschreitet als unsere Fähigkeit, neue Verwendung für die Arbeit zu finden«, so formulierte es John Maynard Keynes vor fast hundert Jahren.[47] Und fast schon hellseherisch erkannte er: »Das ist aber nur ein vorübergehender Zustand eines Anpassungsmangels. Auf lange Sicht bedeutet es jedoch, dass die Menschheit dabei ist, ihr wirtschaftliches Problem zu lösen«, das darin besteht, die existenziellen Bedürfnisse aller so zu befriedigen, dass es möglich wird, »unsere weiteren Kräfte nicht wirtschaftlichen Zwecken zu widmen«.

»Ich sehe für nicht so sehr ferne Tage den größten Veränderungen entgegen, die sich je für die Menschheit als Ganzes abgezeichnet haben.« Auch wenn Keynes nicht die Digitalisierung meinen konnte, ist seine Analyse der Folgen des technischen Fortschritts zutreffend: Der Mensch wird durch den technologischen Fortschritt vom Zwang der Arbeit als unverzichtbare Notwendigkeit des Überlebens zumindest teilweise befreit. Mit weniger Arbeitsstunden kann ein größerer ökonomischer Mehrwert erwirtschaftet werden.

Technik und Technologie sorgen dafür, dass Menschen Arbeit verlieren, aber Zeit gewinnen. Der Mensch ist nicht mehr aus Existenznot in einen »Kreis der Tätigkeit gesperrt, der ihm aufgedrängt wird, aus dem er nicht heraus kann; er ist Jäger, Fischer oder Hirt oder kritischer Kritiker, und muss es bleiben, wenn er nicht die Mittel zum Leben verlieren will«. Nun wird ihm möglich, »heute dies, morgen jenes zu tun, morgens zu jagen, nachmittags zu fischen, abends Viehzucht zu treiben, nach dem Essen zu kritisieren, wie ich gerade Lust habe; ohne je Jäger, Fischer, Hirt oder Kritiker zu werden« – so formulierte es der junge Karl Marx in der Einleitung zur Deutschen Ideologie.[48] »Eine Dreistundenschicht oder eine Fünfzehnstundenwoche … werden für die meisten von uns genug sein, den alten Adam in uns zufriedenzustellen«, so ergänzte es knapp hundert Jahre später John Maynard Keynes.[49] Noch einmal ein Jahrhundert später bietet sich kommenden Generationen die Chance, eine Utopie Wirklichkeit werden zu lassen.

… ist nicht Gefahr, sondern Ziel

Mit Blick auf die Chance, Arbeitsethos und den Stellenwert der Arbeit neu auszurichten, erweisen sich die Prognosen, dass sich durch die Digitalisierung nicht wirklich fundamental etwas ändern werde, intellektuell als nicht wirklich ehrgeizig. Natürlich ist es vorstellbar, dass man die neue Welt in alte Schranken zwängt, sodass sich wenig oder gar nichts ändern wird. Aber anders gefragt: Sollte nicht alles darangesetzt werden, dass die Zukunft anders wird als die Vergangenheit? Warum sollte es ein politisches, gesellschaftliches oder ökonomisches Ziel sein, dafür zu sorgen, dass vieles bleibt, wie es ist, und nicht alles dafür zu tun, dass es möglich wird, alte Zwänge über Bord zu werfen und für kommende Generationen Voraussetzungen zu schaffen, die ihnen mehr Optionen für ein selbstbestimmtes Leben und mehr Wohlstand für alle eröffnen?

Auch wenn dem Menschen die Arbeit nicht ausgehen wird, ermöglicht das Zeitalter der Digitalisierung, Arbeit in völlig neuem Licht zu sehen. Erstmals in der Menschheitsgeschichte wird realistisch, menschlicher Arbeit einen ganz anderen Stellenwert als in der Vergangenheit zuzuschreiben. Sie ist nicht mehr die absolut unverzichtbare und alternativlose Notwendigkeit, um ein Überleben zu gewährleisten. Für die einen mag das eine beunruhigende Entwicklung sein. Sie mag an Gewohnheiten kratzen und Gewissheiten in Frage stellen. Für die anderen aber bietet die Digitalisierung eine historische Chance, über Sinn, Zweck und Wert der Arbeit neu nachzudenken. Digitalisierung kann der Menschheit ermöglichen – wie von Keynes vorausgesagt –, das »Joch der Arbeit« abzuwerfen und sich vom Zwang zu befreien, arbeiten zu müssen, um überleben zu können. Dabei ist »nicht zu arbeiten« gar nicht der Wunsch vieler. Die meisten wollen sich einbringen. Aber sie wollen anders, besser, selbstbestimmt, ohne ständige Existenzängste, dafür mit Motivation etwas tun, was sie für sinnvoll erachten und das vielleicht sogar Freude und Spaß bereitet.

Polarisierung ist vorgezeichnet

Für alle aber wird sich eine ganz neue Herausforderung stellen: Roboter wirken sich auf das Arbeitsangebot so aus wie die Zuwanderung zusätzlicher Arbeitskräfte. Und künstliche Intelligenz hat den gleichen Effekt wie die Zuwanderung von Fachkräften. Zusammen vergrößern sie das Arbeitsangebot, was zwangsläufig einen Lohndruck nach unten für alle zur Folge hat. Wenn Roboter Menschen und künstliche menschliche Intelligenz ersetzen, verliert Arbeit gegenüber Kapital und Daten (relativ) an Bedeutung. In der Marktwirtschaft von heute beruht die Einkommensverteilung jedoch in wesentlichen Teilen auf dem, was Arbeitskräfte »verdienen«. Wenn Arbeit vergleichsweise weniger knapp und damit weniger wichtig wird, wird sie ökonomisch weniger wertvoll. Zudem verlieren Arbeitskräfte Marktmacht, da sie einfacher als früher durch Automaten oder digitale Lösungen ersetzbar sein werden. Produktivitätsfortschritte dürften dann weniger an Arbeitskräfte und vermehrt an alle anderen an der Wertschöpfung beteiligten Faktoren gehen – also an (die Besitzer der) Roboter und künstliche Intelligenz.

Selbst wenn in Zukunft Millionen heute noch völlig unbekannter Jobs neu entstehen werden, wird ein fundamentaler Unterschied zur Vergangenheit erkennbar. In früheren Zeiten gab es immer noch Menschen, die gezwungen werden konnten, unter misslichen Bedingungen zu kargen Gehältern der Konkurrenz der Maschinen oder billigeren Arbeitskräften aus anderen Produktionsländern standhalten zu müssen. Im Zeitalter von Digitalisierung und Daten sind standardisierte Massentätigkeiten so unwahrscheinlich günstig geworden, dass es mikroökonomisch schlicht keinen Sinn mehr macht, Menschen dafür einzusetzen, es sei denn, man blendet alle heutigen Mindestanforderungen an Bezahlung und Behandlung der Beschäftigten aus, was aber aus normativen Gründen niemand auch nur ernsthaft in Betracht ziehen sollte. Das aber bedeutet in aller Deutlichkeit formuliert, dass für eine riesige Anzahl von Tätigkeiten theoretisch zwar Menschen eingesetzt werden könnten, dass aber das daraus fließende Arbeitseinkommen nicht annähernd genügen würde, mit dem Einkommen der Besserqualifizierten oder der Wertschöpfung von Maschinen, Automaten und künstlicher Intelligenz mithalten zu können.

Damit aber ist vorgezeichnet, dass Digitalisierung zwar eine Gesellschaft insgesamt reicher machen dürfte. Aber da für die Zunahme des Wohlstands eher Daten statt Waren, eher Kapital statt Arbeit, eher Automaten statt Menschen und eher künstliche statt menschliche Intelligenz verantwortlich sind, ist zu erwarten, dass im Zeitalter der Digitalisierung die Polarisierung zunehmen wird. So dürften künftig Verteilungsfragen zunehmend wichtiger werden als Effizienzzugewinne.

5. Die 3 D verlangen eine Neuvermessung der Wirtschaft

Loslösung ist das Wesen von Digitalisierung und Datenwirtschaft. Ökonomische Aktivitäten entbinden und entgrenzen sich gleichzeitig von Dingen, Fabriken, Standorten oder Wirtschaftsräumen. Sie werden »entdinglicht«, wenn Daten statt Güter produziert, gehandelt und verkauft werden – also beispielsweise Musik nicht mehr auf Schallplatten, sondern über Spotify angeboten wird. Sie werden »entterritorialisiert«, wenn mehr und mehr Glieder der

Wertschöpfung in virtuelle Wolken (»Clouds«) des Orbits verlagert werden und beispielsweise Professoren nicht mehr in Hörsälen unterrichten, sondern Studierende die Angebote virtueller Online-Universitäten nutzen. Und sie werden »entstaatlicht«, weil das Internet keine physischen Grenzen und damit auch keine Landesgrenzen, Volkswirtschaften oder gar Nationalökonomien mehr kennt.

Wenn ökonomische Aktivitäten losgelöst von physischen Gütern, Erdboden und Nationalstaaten in der Datenwirtschaft virtueller Netzwelten erfolgen, hat das gewaltige Rückwirkungen auf Ökonomie (Wirtschaft als Objekt, das analysiert wird) und Ökonomik (Wirtschaftswissenschaft als Subjekt, das analysiert). Nahezu alle Strukturen werden in Frage gestellt, die das wirtschaftswissenschaftliche Denken, die statistische Vermessung der Wirtschaft und das wirtschaftspolitische Handeln in den letzten Jahrhunderten bestimmt haben.

Entdinglichung, Entterritorialisierung und Entstaatlichung lassen Begriffe und Orientierungsgrößen wie Volkswirtschaften oder gar Nationalökonomien, Bruttoinlandsprodukt oder Volkseinkommen schlicht alt und verstaubt aussehen. Derartige Begriffe waren zutreffend für die Vergangenheit. Für die Zukunft – in der eines (noch fernen) Tages wohl auch digitale Staaten entstehen werden – sind sie völlig ungeeignet, widerzuspiegeln, wie Digitalisierung, Datenwirtschaft und demografische Entwicklungen die Welt und den Alltag verändern werden.

Es ist somit auch kein Wunder, dass die Dynamik der Folgeeffekte der 3 D höchstens erahnt werden, aber noch nicht wirklich im Bewusstsein der Menschen angekommen sind. Das Ausblenden der Veränderungen hat mit noch nicht geschärfter Wahrnehmung genauso viel zu tun wie mit fehlenden verlässlichen Daten, um aus diffusen

Gefühlen und unbestimmten Ahnungen harte statistische Fakten machen zu können.

Das BIP – als heutzutage in Ökonomie und Ökonomik unverändert mit Abstand wichtigster Maßstab zur Vermessung wirtschaftlicher Aktivitäten – ist auf Volkswirtschaften ausgerichtet, die sich in In- und Ausland trennen lassen. Erfasst werden Raum und Zeit zurechenbare, territorial nach Gemeinden, Regionen oder Staaten abgrenzbare wirtschaftliche Tätigkeiten, die Werte schaffen oder für Einkommen oder Umsätze sorgen. Die Wertschöpfung der Datenökonomie wird nur rudimentär einbezogen. Deshalb sind die Mängel des BIP und seiner Messverfahren bedeutender denn je.[50]

Das Phantom der Stagnation

Mit den rasanten Veränderungen von Datenwirtschaft und Digitalisierung vermag das BIP nicht wirklich mitzuhalten. Deshalb ist es wohl eher symptomatisch als stichhaltig, dass ausgerechnet heute – in Zeiten eines an Tempo und Intensität beschleunigten Strukturwandels – erneut eine Debatte losgetreten wird, die von der pessimistischen Einschätzung eines Rückgangs des Fortschritts ausgeht. Wie bereits vor hundert Jahren beschäftigt besorgte Zeitgenossen, dass die großen Veränderungen die Welt nicht voranbringen, sondern zurückwerfen. Damals sagten führende Intellektuelle der Weltwirtschaft eine »säkulare Stagnation« voraus.[51] Der Menschheit stehe eine lange Phase eines ökonomischen Nullwachstums bevor.

Ähnliche Prognosen eines verlangsamten wirtschaftlichen Fortschritts finden sich heutzutage wieder.[52] So sieht Lawrence Summers, einst US-Finanzminister unter US-Präsident Bill Clinton und später unter dessen Nachfolger

Barack Obama Direktor des National Economic Council, die Welt erneut vor einer langen Phase schwachen ökonomischen Wachstums mit entsprechend negativen Rückwirkungen auf den durchschnittlichen Lebensstandard.[53]

Viele andere Ökonomen teilen das Urteil, dass die besten Jahre hinter uns liegen und es die Enkelkinder schlechter haben werden als die heutige Generation – trotz oder gerade wegen der Digitalisierung und deren Folgen. Einen Beleg für die negativen Zukunftsaussichten liefern scheinbar die Produktivitätsfortschritte. Sie haben sich in den letzten Dekaden stetig verlangsamt. Ein demografisch verursachter Sparüberhang sei hierfür maßgeblich verantwortlich. In den als Folge (zu) geringer Geburtenzahlen erst alternden und dann schrumpfenden westlichen Bevölkerungen würden Sparer niemanden finden, der ihr Geld haben will, um es in innovative Projekte zu stecken, die zu mehr Dynamik führen. Somit gebe es zu viele Ersparnisse und zu wenig Kreditnachfrage. Ein Sparüberhang entstehe, der die Zinsen drücke und damit die Renditen für Innovation verringere. So verlangsamen sich das Innovationstempo, der technologische Fortschritt und am Ende das Wirtschaftswachstum.

Zwei Argumente lassen vermuten, dass die Pessimisten ganz einfach falschliegen. Der erste Einwand hat vor allem mit Deutschland und hier insbesondere mit dem Beschäftigungserfolg der nach Peter Hartz benannten Arbeitsmarktreformen unter dem damaligen Bundeskanzler Gerhard Schröder und seiner rot-grünen Regierung Mitte der letzten Dekade zu tun. Die Politik des »Förderns und Forderns« war darauf ausgerichtet, möglichst viele Personen in Arbeit zu bringen. Arbeit sollte sich mehr lohnen, als arbeitslos zu bleiben. Entsprechend wurde das Anrecht auf staatliche Unterstützung verkürzt und verschärft, und wer arbeitslos war, musste auch vergleichsweise schlechter bezahlte Jobs akzeptieren. Insbesondere wurde die Beweislast gedreht. Nicht mehr die Arbeitsagentur musste nachweisen, dass bestimmte Tätigkeiten zumutbar waren. Vielmehr lag es nun an den Arbeitslosen, zu belegen, wieso ihnen die Annahme eines offenen Stellenangebots unzumutbar sein sollte. Im Ergebnis nahm die Beschäftigung in Deutschland rasant zu, aber bei vergleichsweise nur moderat steigenden Löhnen.

Eine lange Periode der Lohnzurückhaltung – wie sie für eine gewisse Zeit in Deutschland typisch war – muss jedoch nahezu zwangsläufig mit niedrigen Produktivitätszuwächsen einhergehen.[54] Die Logik hinter dieser Erwartung ist simpel: Wenn Arbeit billig(er) ist, unterbleiben betriebswirtschaftliche Anreize, in Maschinen, Roboter und neue digitale Technologien zu investieren. Warum auf teure Automaten setzen, wenn Arbeit so billig ist? Entsprechend unterbleibt ein Modernisierungsschub. Es wird mit billiger Arbeitskraft zu arbeitsintensiv, mit zu viel Arbeit und zu wenig Kapital produziert, was die Arbeitsproduktivität eben nur vergleichsweise langsam ansteigen lässt. Anstatt Roboter werden Menschen beschäftigt, anstatt künstliche Intelligenz einzusetzen, werden Personen beansprucht. Das Ergebnis: viele Jobs, aber wenig Innovation und somit geringe Arbeitsproduktivität und schlechte Bezahlung.[55] Mit »säkularer Stagnation« hat das alles nichts, mit einem falschen Verständnis für den Stellenwert der Arbeit im Zeitalter der Digitalisierung jedoch sehr viel zu tun.

Das zweite Gegenargument zum pessimistischen Argument einer »säkularen Stagnation« sieht das Problem der geringen Produktivität gar nicht so sehr in der realen Wirtschaft, sondern ganz woanders, nämlich in den statistischen Ämtern. Möglicherweise haben westliche Volkswirtschaften nämlich nicht ein Produktivitäts-, sondern ein Messproblem.[56] Weder Entdinglichung, Entterritorialisierung noch Entstaatlichung finden sich in den gängigen Statistiken zur Erfassung wirtschaftlicher Aktivitäten wieder. Dabei sind diese 3 E die unmittelbare Folge der Digitalisierung und der Datenökonomie. Das BIP ist in keiner Weise geeignet, Aktivitäten zu erfassen, die nicht auf Erden im Inland, sondern im Orbit ohne staatliche Grenzen und losgelöst ablaufen. Und noch weniger ist es in der Lage, den zunehmenden Stellenwert der Datenwirtschaft oder digitaler Staatlichkeit abzubilden. Deshalb dürften die BIP-Statistiken die tatsächliche Entwicklung unterschätzen. »We see the influence of the information age everywhere, except in the GDP statistics.«[57]

Unmessbares messbar machen

Wie soll das BIP, das Maß aller statistischen Dinge, das Unmessbare messbar machen? Wenn die Zukunft so anders als die Vergangenheit sein wird, Dinge sich so schnell und so fundamental ändern, wie das mit den durch die 3 D verursachten Veränderungen der Fall sein dürfte, wenn viele Entwicklungen noch unsicher und unsichtbar erfolgen, weil sie sich in den virtuellen Clouds des weltweiten Internets abspielen, oder – und viel banaler – wenn sich Austausch und Handel der statistischen Erfassung entziehen, weil vieles nicht (mehr) über Märkte gekauft, sondern zwischen Haushalten geteilt und getauscht wird, wie es für eine Sharing Economy typisch ist, in der es um die Nutzung und nicht das Besitzen geht, wenn das alles mehr oder weniger gleichzeitig passiert, dann entstehen mit Statistiken und Maßzahlen, die für eine ganz andere Welt vergangener Zeiten entwickelt wurden, echte Messprobleme.[58]

Es war immer schon ein grundsätzliches Problem der Wirtschaftsstatistik, dass sie zunächst nicht in der Lage ist, die Folgeeffekte von Basisinnovationen abzubilden. Wie auch?[59] Für viele mit der von Raum und Material losgelösten Neuerungen der Digitalisierung fehlen schlicht (noch) die gesamtwirtschaftlichen statistischen Maßzahlen. Informationsgüter mit Netzwerkcharakter werden bestenfalls teilweise erfasst. Wenn moderne Apps oder Plattformen wie Uber, Car2Go oder Airbnb eine Sharing Economy und damit eine weitaus effizientere Ausnutzung vorhandener Güter, Autos oder Wohnungen ermöglichen, bildet das BIP, wenn überhaupt, so nur mit rudimentären Näherungen die Auswirkungen ab.[60]

Eine beachtliche Fülle von Konsumgütern wird im Internet nahezu kostenlos zur Verfügung gestellt. Alles, was keine Umsätze erzielt, erscheint jedoch nicht im BIP. Vieles davon ersetzt aber den Kauf alternativer Marktprodukte, die im BIP erfasst waren. Wenn Wikipedia den Zugriff zu einem Onlinelexikon und YouTube das Abspielen von Videos und Filmen ermöglicht oder wenn Nerds ihre selbst entwickelten Spiele, Softwares, Musikvideos oder Fotos für die Allgemeinheit im Netz anbieten, dann erhalten die Nutzer etwas, ohne dafür nennenswert bezahlen zu müssen. Aber obwohl Zufriedenheit oder Wohlbefinden der Menschen steigen, fällt das BIP, weil weniger Lexika oder DVDs gekauft werden. Gleiches gilt, wenn kostenpflichtige Printmedien durch frei zugängliche elektronische Nachrichtenportale ersetzt werden. Dann erhalten Menschen billiger, schneller und einfacher Zugang zu Informationen. Das BIP jedoch sinkt, weil traditionelle Medien wie Zeitungen und Zeitschriften Umsatzeinbußen erleiden, was zu Entlassungen und geringerer Wertschöpfung führt.[61]

Die Wertschöpfung im Internet, der virtuelle Handel mit digitalen Daten sowie die Effekte einer Sharing Economy, in der gerade teure und langlebige Güter – wie Wohnungen, Autos oder Elektrogeräte – gemeinsam genutzt und nicht selbst erworben werden, entziehen sich in beachtlichen Teilen der sächlichen Erfassung, räumlichen Zuordnung und zeitlichen Abgrenzung. Deshalb sind das BIP und seine Messverfahren von geringerer Aussagekraft denn je. Das zu erkennen, ist nicht nur eine minimale Anforderung an die Wissenschaft, die nach neuen und besseren Methoden zu suchen hat. Es muss auch Öffentlichkeit und Medien vermittelt werden, wie unsinnig es geworden ist, sich beim BIP um marginale Schwankungen hinter dem Komma Gedanken zu machen oder gar Sorgen oder Euphorie zu verbreiten, wenn grundsätzliche Probleme das ganze Konzept in Frage stellen.

Ohne fundamentale Anpassung von Statistiken droht der Wirtschaftspolitik zunehmend ein Stochern im Nebel der Unschärfe und Ungenauigkeit. Das wird dann dramatisch, wenn die positiven Folgen neuer Technologien wie beispielsweise der Digitalisierung – da nicht klar erkennbar – unterschätzt und somit Produktivitätsfortschritte als viel zu gering ausgewiesen werden, was wiederum die Reallohnentwicklung negativ beeinflusst. Als Folge davon wird das reale Wirtschaftswachstum unterschätzt, was sich negativ auf Stimmungen und Erwartungen und damit auf Konjunkturprognosen auswirkt. Wenn unvollständig, inkorrekt und irreführend gemessen wird, werden auch Risiken falsch eingeschätzt, Effekte unternehmerischer oder wirtschaftspolitischer Entscheidungen über- oder unterschätzt und bei der Bewertung von Alternativen und deren Vor- und Nachteilen unzutreffende Urteile gefällt. Um Messfehler künftig zu verringern und zu verhindern

und das Wesen einer Wirtschaft der Entdinglichung, Entterritorialisierung und Entstaatlichung abzubilden, sollten Wirtschaft, Politik und Gesellschaft mehr denn je Ab-
schied nehmen vom alten BIP-Konzept. Stattdessen bedarf
es einer Neuvermessung der Wirtschaft und eines Neuver-
ständnisses in Ökonomie und Ökonomik.

II. Was sind die Folgen?
Das Zeitalter der Disruption

Disruption: Kein anderer Begriff vermag kompakter und besser zusammenzufassen, was die Zukunft an Herausforderungen mit sich bringen wird. Das Schlagwort soll treffend wiedergeben, dass radikale und abrupte Veränderungen das Zeitalter von Digitalisierung, Daten und demografischer Individualisierung prägen werden. Kaum vorhersehbare und plötzlich eintretende Brüche werden Linearität und Kontinuität ablösen, die in der Vergangenheit die Regel waren. Die Folgen werden nicht graduell oder marginal (also bescheiden und begrenzt) sein, sondern fundamental und umfassend ausfallen. Alte Maßstäbe, bisherige Orientierungshilfen, Bekanntes und Gewohntes verlieren an Aussagekraft und Erkenntnisgewinn. Eine Fortschreibung des Bisherigen wird vielfach genauso wenig weiterhelfen, wie ein »Weiter wie bisher« kaum das klügste Entscheidungsverfahren sein dürfte.

Disruption ist an sich kein neues Phänomen. Bereits vor über hundert Jahren erkannte der österreichische Ökonom Alois Schumpeter in der »schöpferischen Zerstörung« den Motor des Wirtschaftswachstums. Weil in bestehenden Märkten der Wettbewerb die Gewinne verschwinden lässt, suchen clevere Unternehmer nach neuen Geschäfts-ideen und Kunden, die bereit sind, für bessere Lösungen höhere Preise zu bezahlen. Ein dynamischer Unternehmer strebt somit als Pionier nach einer »Durchsetzung neuer Kombinationen«.[62] Dabei hat er den großen Sprung und nicht die kleine Verbesserung im Auge. Denn »Innovationen sind Änderungen der Produktionsfunktionen, welche nicht in infinitesimale Schritte zerlegt werden können«, so Schumpeter. Oder, als anschauliches Beispiel: »Man mag noch so viele Postkutschen hintereinanderstellen – und man wird doch nie eine Eisenbahn erhalten.«[63]

Genau diese Sprunghaftigkeit, dass das Neue das Alte komplett verdrängt, wie das Auto oder die Eisenbahn die Postkutsche oder der Computer die Schreibmaschine, macht Disruption so besonders. Sie zerstört traditionelle Geschäftsmodelle und bestehende Wertschöpfungsketten. »Disruption bedeutet, dass derjenige, der seit Jahren, vielleicht gar Jahrzehnten das Geschäft beherrscht und sich sicher gewähnt hat, verdrängt wird, weil ein neuer Anbieter mit einer innovativen Geschäftsidee, einem neuen Produkt, einer neuen Dienstleistung eine ganze Branche umkrempelt«, so wie Uber das Taxi, Airbnb das Hotel, der Onlinehändler das Innenstadtgeschäft oder das Fintech-Unternehmen die Bankfiliale verdrängt.[64]

Der Harvard-Professor Clayton Christensen nimmt die Gedanken Schumpeters zur schöpferischen Zerstörung und der damit einhergehenden Disruption auf.[65] Er versteht disruptive Entwicklungen als »Prozess, bei dem ein Produkt oder eine Dienstleistung ihren Anfang in einer zunächst simplen Anwendung am unteren Ende des Marktes nimmt und dann unaufhörlich nach oben aufsteigt, wo es früher oder später dann den etablierten Wettbewerber ersetzt«.[66]

Die aus der Datenwirtschaft, der Digitalisierung und dem demografischen Wandel folgenden 3 E, also Entdinglichung, Entterritorialisierung und Entstaatlichung, sind die Treiber disruptiver Prozesse, die im 21. Jahrhundert ein Umdenken erzwingen. Nichts wird so bleiben, wie es war. Eine Binsenweisheit, die immer schon richtig war. Aber dieses Mal ist alles anders. Die in Zukunft zu erwartenden Neuerungen werden Wirtschaft, Gesellschaft und Politik rascher, weiter reichend und tiefer gehend verändern als jemals zuvor in der Menschheitsgeschichte. Diese Behauptung mit Argumenten zu unterlegen, ist Absicht der folgenden Ausführungen des zweiten Teils.

6. Disruption im Alltag: Zeit wird wichtiger als Geld

Disruption ist weit mehr als ein ökonomisches Phänomen. Gerade das Zusammenspiel der 3 D, also der Digitalisierung, der Daten und der demografischen Alterung und Individualisierung, führt in mannigfacher Weise zu disruptiven Prozessen, die Lebenswirklichkeit und Alltag der Massen verändern. Lange verfolgte Glaubenssätze und Weltbilder, Moral und Normen dürften in Frage gestellt werden. Völlig andere Alternativen als bisher für Verhalten, Tun und Lassen werden möglich. Selbst die elementarsten Dinge des Lebens stellen sich in dramatischer Weise neu dar. Digitalisierung und ein mit demografischer Alterung und Individualisierung einhergehender Wertewandel eröffnen wesentlich weiter reichende Dimensionen, Anfang und Ende des Lebens mitzubestimmen. Genetische Datenbanken, Wahrscheinlichkeitsberechnungen, digitale Diagnose und

Therapiemöglichkeiten werden wie niemals zuvor darauf Einfluss haben, wie Kinder gezeugt und geboren werden und wie Menschen über Verlängerung oder Verkürzung ihres irdischen Daseins selbst entscheiden. Bereits schwärmt eine Titelgeschichte des *Spiegels* vom »ewigen Leben – demnächst für alle: Wie der Mensch den Tod besiegen will« – kommt dann aber zum Ergebnis, dass Unsterblichkeit (doch noch und vorerst) ein Traum bleiben wird.[67] Auch wenn also vieles, was möglich scheint, für kommende Generationen in den wohlhabenderen Weltregionen noch in weiter Ferne und in den ärmeren Gesellschaften Afrikas, Asiens und Lateinamerikas momentan völlig unerreichbar bleibt, könnte sich doch in Deutschland das eine oder andere rascher als zurzeit vorstellbar ändern.

Kinder ohne Sex

Dank moderner digitaler Technologien wird es für immer mehr Paare möglich werden, Kinder ohne Sex zu zeugen.[68] Ging es in früheren Jahren zunächst um eine künstliche Befruchtung einer Eizelle durch einen Samenspender, gehört die In-vitro-Fertilisation mittlerweile zum medizinischen Alltag. In Zukunft scheint der Wissensfortschritt alles möglich zu machen, was sich bei der Fortpflanzung denken lässt. Das gilt nicht nur für vielfältige Kombinationen von Samenspendern, Leihmüttern, genetischen und sozialen Eltern. Möglich wird auch eine mehr oder weniger künstliche Herstellung von Spermien und Eizellen aus Körperzellen, die an sich nichts mit dem Fortpflanzungsprozess zu tun haben. Und genauso ist denkbar, dass, mit welcher Absicht auch immer, Eltern Erbeigenschaften optimieren und bei der künstlichen Befruchtung Ziele verfolgen, die für andere und für die Gesellschaft insgesamt als rundum verwerflich bewertet werden. Das Kind auf Bestellung aus dem Internet, erzeugt von Spermien aus Samenbanken mit Eizellen anonymer Spenderinnen und ausgetragen von billigen Leihmüttern in fernen Welten, wird von der überragenden Mehrheit der Bevölkerung vermutlich strikt abgelehnt. Wie lange noch? Möglich ist es heute schon. Wird Disruption hier zu einem Wertewandel, einer Neuorientierung und einer Akzeptanz von Verhaltensweisen führen, die momentan noch unvorstellbar sind? Gerade die von Land zu Land unterschiedliche Legalisierung der Leihmutterschaft bietet ein Beispiel dafür, wie rasch alte moralische Prinzipien ins Rutschen kommen, wenn neue Technologien disruptive Prozesse anschieben.[69]

Die auch als Genomchirurgie bezeichnete Gen-Editing-Technik erlaubt es zudem, Erbgut zielgerichtet zu verändern. Eine Vermeidung genetischer Defekte rückt damit genauso in den Bereich des technologisch Möglichen wie das Klonen von Menschen. Für viele eine unfassbare, unmoralische und entsetzliche Option. Für andere eine unverzichtbare wissenschaftliche Weiterentwicklung, um Erbkrankheiten einzudämmen und kinderlose Paare glücklich zu machen. Für alle ein ethisch-moralisches Grundsatzthema.

Alchemie des ewigen Lebens

Aber auch bei einer weiteren Verlängerung der Lebenserwartung wird die Digitalisierung eine dominante Rolle spielen. Sie stimuliert technologische Fortschritte in der Medizin(technik) und der Pharmazie. Die Apparate und Geräte werden dank digitaler Technologien weiter leistungsfähiger werden. Digitale Kameras werden mit weniger Kosten schärfere Bilder des Körperinnern und damit bessere Diagnosen ermöglichen. An nahezu allen Gliedern der medizinischen Wertschöpfungskette werden neue Techniken der Datenerfassung, -verarbeitung und -verwaltung und der Betreuung der Patient(inn)en mehr Effizienz und damit weniger Doppelungen, Leerlauf und Informationsverluste zur Folge haben.

Von ebenso gewaltiger Bedeutung für eine längere Lebenserwartung wird sein, dass möglich werden wird, von der Zeugung über die Geburt bis zum Lebensende sämtliche Daten über alles, was Menschen in jedem Augenblick ihres Lebens gerade tun, zu verarbeiten, zu vergleichen und zu bewerten und dann für zweckmäßige therapeutische Reaktionen nutzbar zu machen – überall und jederzeit. So dürften lebensbedrohliche Erkrankungen, wie beispielsweise Herzinfarkt oder Kreislaufkollaps, das Vermeiden von Übergewicht und Bewegungsarmut oder der Missbrauch von Suchtmitteln einfacher diagnostiziert und damit besser therapiert werden. Implantierte Sensoren, Hör- und Sehhilfen werden genauso hilfreich sein wie Mess-, Kontroll- und Depotgeräte, die ständig Blutwerte, Insulinspiegel, Blutdruck und Herzrhythmus, Körpertemperatur und Nierenfunktion messen und bei Bedarf oder Abweichung sofort und automatisch korrigierend eingreifen.

Nimmt man noch die nächste sich abzeichnende medizinische Revolution hinzu, die Ersatzorgane aus der Petrischale verspricht, wird deutlich, wie sehr auch die Lebenserwartung in Zukunft weiter ansteigen wird. Denn in Bälde dürfte möglich werden, beschädigte Organe aus eigenen Stammzellen zu ersetzen.[70] Damit werden fremde Spenderorgane überflüssig, mehr Menschen als heute erhalten so die Chance, länger leben zu können.

Der Mensch kommt mit Wucht und Tempo der »Alchemie des ewigen Lebens« auf die Spur, und ein Traum, der so alt ist wie die Menschheit: den Tod zu besiegen und Unsterblichkeit zu erlangen, rückt der Wirklichkeit etwas näher, auch wenn er weiterhin sehr fern bleiben wird.[71] Realistisch aber wird, was *The Economist* so beschreibt: »Der Tod wird auch in Zukunft unvermeidbar sein, nicht aber ein menschliches Sterben.«[72]

Im Zeitalter der Disruption scheint für Medizin und Gesundheit alles möglich zu werden, und offen bleibt lediglich die moralische Dimension, die Antworten darauf wird liefern müssen, wie weit Wissenschaft gehen soll, darf oder muss und wann es ethische Grenzen gibt, die in keinem Falle überschritten werden dürfen.

Disruption beschleunigt das Lebenstempo

Die Geschichte der Menschheit war über Jahrtausende durch Linearität und Kontinuität geprägt. Das Morgen unterschied sich wenig vom Gestern, die Zukunft entsprach mehr oder weniger der Vergangenheit. Das Tempo des Fortschritts war bestenfalls bescheiden. Eigentlich passierte über Jahrhunderte wenig bis nichts, was wirklich die Lebensumstände der Menschen veränderte oder gar verbesserte. Für den weitaus größten Teil der Gesellschaft ging es vor allem um das nackte Überleben. Armut und Elend, Krieg und Seuchen, Naturkatastrophen und Missernten waren die Regel. Frieden und Sicherheit, Wohlstand und Müßiggang blieben die Ausnahmen.

Die Masse der Menschen schlug sich irgendwie durchs Leben und starb früh. Zeit spielte für die meisten Menschen kaum eine Rolle. Arbeit gab den Takt vor. *Ora et labora* war das Credo. Landarbeit, Handwerk, Fron- und Kriegsdienst bestimmten neben Kirchgang und Gebetszeiten den Tagesablauf. Freizeit war einigen wenigen vorbehalten, genauso

wie gemeinsame Familienzeit für die Massen vergleichsweise nebensächlich blieb.

In der zeitlosen Agrargesellschaft erfolgte der mensch-
getriebene Fortschritt äußerst langsam. Alles hatte seinen
gottgegebenen, vorausbestimmten und festgeschriebenen
Platz. In diesem fatalistischen, wachstumsfeindlichen Umfeld schlug die Stunde der (Taschen-)Uhr. Die verfeinerte
Vermessung der Zeit verstärkte ein im Zeitgeist liegendes
Umdenken. Die Miniaturisierung der Uhr und ihre verbesserte Präzision waren gewissermaßen die technologische
Flankierung jener philosophischen Überlegungen, die zur
Aufklärung führten. Das Verständnis von Welt und Zeit,
Fragen über den Anfang und das Ende der Erde und Vorstellungen über die gottgegebene und damit nicht ver-
änderbare, schicksalhafte Vorherbestimmung kamen in
einer zunehmend zeitbewussten Gesellschaft auf den Prüfstand. Die Naturwissenschaften lösten sich aus den kleri-
kal vorgegebenen Fesseln. Mit präziseren Uhren konnten
technische Experimente besser überprüft und einfacher
an möglichst viele Leute vermittelt werden.

Die in der breiten Bevölkerung nur langsam wachsende
Überzeugung, dass es einen permanenten ökonomischen
Fortschritt gäbe, erhielt durch das mit der Vermessung
der Zeit einhergehende veränderte Zeitbewusstsein neue
Nahrung. Damit wich die fest und unveränderbar vorher-
bestimmte statische Sicht einer dynamischen Perspektive
des wirtschaftlichen Wandels. Der Mensch kann, wenn er
will, seinen Lebensstandard verbessern. Und Anstrengungen lohnen sich bereits im irdischen Leben und nicht erst
im Paradies. Es wurden in zeitlicher Ferne liegende Zu-
kunftsutopien formuliert – und Wege aufgezeigt, wie man
sich ihnen nähern kann. Damit waren auch die philosophischen Fundamente gegeben, auf denen die Industriali-

sierung ihren historisch unvergleichlichen ökonomischen Aufstieg vollzog.

Die Vermessung der Zeit führte zu einer kulturellen Revolution und dem Ende des Mittelalters. Sie wurde zum Schmieröl der Industrialisierung. In der industriellen Gesellschaft wurde dann Zeit knapp(er) und somit zu einem ökonomischen Gut. Sie erhielt einen Wert, Zeit wurde Geld. Plötzlich lohnte es sich, die Verwendung der begrenzten, einmaligen und nie wiederkehrenden Zeit klug zu planen. Und wie bei allen ökonomischen Gütern entstanden Märkte, auf denen Zeit gehandelt wurde. Weil die Wertschätzung der Zeit von Person zu Person und von Moment zu Moment unterschiedlich eingeschätzt wird, gab es Menschen, die Zeit anboten, und andere, die Zeit nachfragten.

Neben die Spotmärkte, auf denen Käufer und Verkäufer zusammentrafen, um im Hier und Jetzt tagesaktuelle Geschäfte auszuhandeln, traten Terminmärkte, auf denen das Saatgut oder die Rohstoffe von morgen gekauft und die Ernten oder Maschinen von übermorgen verkauft wurden. Neben den Gütermärkten entstanden Arbeitsmärkte, auf denen letztlich nichts anderes als menschliche Zeit(verwendung) gehandelt wird und die Bereitschaft, auf Freizeit zu verzichten und dafür Arbeitszeit zu leisten, mit Gehaltszahlungen belohnt wurde. Ebenso gewannen die Kapitalmärkte an Bedeutung, auf denen Menschen Zukunftserwartungen austauschen und Zinsen für eine zeitliche Überlassung von Geld bezahlt und Erträge dadurch erwirtschaftet werden, indem anderen Geld geliehen wird. Und schließlich ließen sich auf Versicherungsmärkten die Risiken falscher Zukunftserwartungen einschränken.

Disruption hat nun zur Folge, dass auf den Zeitmärkten die Dinge in Unordnung geraten. Sie beschleunigt das

Tempo der Veränderungen. Brüche erfordern Anpassungen. Altes verliert rasch an Wert, Neues muss schnell erlernt werden. Die Folge sind eine verschärfte Taktung des Alltags in Stundenpläne, Wochenziele, Monatsberichte, Quartalszahlen und Jahresabschlüsse und ein Zeitstress, unter dem heute so viele leiden, weil sie in immer kürzeren Intervallen immer mehr leisten sollen.

Asynchronität wird zur Regel

Fast zwangsläufig führt Disruption zu Asynchronitäten zwischen dem Tempo ökonomischer und sozialer Veränderungen. Über Jahrhunderte verliefen technisch-ökonomischer und gesellschaftlich-kultureller Wandel mit ähnlicher Geschwindigkeit. Was sich wirtschaftlich und gesellschaftlich abspielte, war einigermaßen voraussehbar. In der Agrargesellschaft erfolgte der menschgetriebene Fortschritt äußerst langsam. Alles hatte seinen gottgegebenen, vorausbestimmten und festgeschriebenen Platz. Das Leben spielte sich in engen Räumen und kleinen, überschaubaren Siedlungen ab. Eigenversorgung und Naturaltausch auf dem dörflichen Markt, auf dem sich alle kannten, bildeten den Orientierungsrahmen für das wirtschaftliche Verhalten. An eine nachhaltige Verbesserung der allgemeinen Lebensbedingungen war in den Agrarwirtschaften für die Masse eh nicht zu denken. Ebenso wenig an einen sozialen Aufstieg. Den konnte es schlicht nicht geben, weil die gesellschaftlichen Klassen strikt voneinander abgeschottet waren.

In dem durch die 3 D herbeigeführten Zeitalter der Disruption erfolgen ökonomischer und demografischer Wandel ungleich rasanter, sprunghafter und unbestimmter als der kulturelle Wandel. Die Gesellschaft kann das erhöhte Tempo der Veränderungen nicht in gleicher Weise mitgehen, denn soziale und kulturelle Veränderungen und damit auch politische Anpassungsprozesse verlaufen naturgegeben weit gemächlicher als wirtschaftliche Entwicklungen. Werte und Normen, moralische Grundsätze und allgemein gepflegte Verhaltensmuster verändern sich im Laufe von Generationen. Über Nacht lassen sie sich nicht neu ausrichten.

Als Folge der Asynchronität zwischen ökonomischem und demografischem Wandel auf der einen und kulturell-gesellschaftlichem Wandel auf der anderen Seite dürfte es zu politischen Gegenbewegungen kommen – so wie sie momentan weltweit mit den Deglobalisierungskräften bereits auftreten. Viele wünschen sich die alten Zeiten und die Langsamkeit, Planbarkeit und Überschaubarkeit alltäglicher Ereignisse zurück. Sie bevorzugen eine Politik der Entschleunigung und mehr staatlichen Schutz vor vielfältigen Veränderungen, deren Folgen verängstigen, weil nicht klar ist, wohin sie führen. Angestrebt wird, die Geschwindigkeiten von technisch-ökonomischem und gesellschaftlich-kulturellem Wandel zu synchronisieren: Wirtschaft und Gesellschaft zu erden, Elite und Establishment zu versöhnen, die Polarisierung von Gewinnern und Verlierern der Globalisierung und Digitalisierung zu überwinden. Versprochen wird, mit einfachen Lösungen die durch Disruption hervorgerufene Komplexität zu reduzieren. Das Leben soll wieder übersichtlicher gemacht, der Alltag entschleunigt werden.

Ein anderer Teil der Bevölkerung reagiert durch Anpassung auf disruptive Prozesse. Viele stellen alte, lange geübte Verhaltensweisen genauso in Frage wie gesellschaftliche Bewertungsmuster. Anstatt Disruption als Gefahr für Altbewährtes zu empfinden, sehen sie die Chance, aus ih-

rer Sicht verkrustete, unzeitgemäße Strukturen aufzubre-
chen. So können Brüche einen Neuanfang ermöglichen.

Natürlich sind durch Digitalisierung, Demografie und
Datenwirtschaft angestoßene disruptive Prozesse nicht
allein für den kulturellen und gesellschaftlichen Wandel
verantwortlich. Aber sie verschärfen sozioökonomische
Spannungen innerhalb von Gesellschaften, wenn es darum geht, nach Antworten zu suchen, ob und wie auf die
durch Disruption hervorgerufene Beschleunigung des Le-
benstempos und deren Asynchronität zu sozioökonomischen Verhaltensänderungen reagiert werden soll.

Zeit wird wichtiger als Geld

Begonnen mit der Industrialisierung, stieg die Arbeitsproduktivität stetig an, entsprechend erhöhten sich die Löhne. Mit immer weniger Arbeitsstunden konnte das Nötige
erwirtschaftet werden, das den Einzelnen zum Überleben
genügen musste. Mit weiter steigender Arbeitsleistung pro
Stunde und Tag ergab sich für die meisten Menschen erstmals in der Wirtschaftsgeschichte eine Wahlmöglichkeit.
Sie konnten entweder mehr arbeiten, dadurch das Einkommen steigern und sich entsprechend mehr Konsum
gönnen. Oder sie konnten die höheren Löhne nutzen, um
das, was sie an Einkommen benötigten, in kürzerer Zeit zu
verdienen. In der Realität kam es zu einer Mischung der
beiden Optionen. Einerseits stiegen die Einkommen und
damit Konsum und allgemeine Lebensbedingungen. Andererseits verringerten sich auch die Arbeitszeiten stetig.

Der entscheidende Punkt ist, dass im Zeitalter der
Disruption Arbeit nicht mehr länger primär als Masse,
sondern als Klasse bewertet werden wird. Solange es in
Agrargesellschaften oder in Zeiten der Massenindustrie

um vergleichsweise einfache Arbeiten ging, zählte für die Firmen die Anzahl der Hände – wichtig war die Quantität. Die Qualität spielte daneben eine vergleichsweise untergeordnete Rolle. Für die Arbeitgeber lohnte es sich kaum, in die Qualität ihrer Beschäftigten zu investieren. Fiel eine Person aus, konnte sie ohne große Einarbeitungskosten nahezu problemlos und schnell durch eine andere ersetzt werden. Arbeit hatte eher den Charakter einer Ware als den einer speziellen menschlichen Fähigkeit. Zur Massenproduktion gehörte die Massenbeschäftigung.

Je komplexer disruptive Prozesse die ökonomische Wertschöpfung werden lassen, umso wichtiger wird die Qualität der Arbeit und umso weniger zählt die Quantität. Nun lohnt es sich, in das Wissen und Können der Beschäftigten und deren Fähigkeiten zu investieren. Bildung wird noch rentabler, als sie es immer schon war. Und zwar für alle. Einmal für die Arbeitgeber, weil dadurch die Produktivität der Beschäftigten weiter steigt. Anstatt in Maschinen investieren sie in Menschen, Humankapital anstelle des Sachkapitals wird zu einer treibenden Kraft des Produktivitätsfortschritts.

Aber auch die Beschäftigten profitieren vom Wechsel von Quantität zu Qualität bei der Suche nach Mitarbeitenden. Mehr Bildung macht sich für die Arbeitskräfte selbst nämlich genauso bezahlt. Weil ihre Arbeitsproduktivität weiter steigt, verbessern sich die Wahlmöglichkeiten der Beschäftigten. Sie können die Rendite ihrer Bildungsinvestitionen entweder in Form von mehr Geld (also höheren Löhnen) oder mehr Zeit (also weniger Arbeitsstunden) geltend machen.

Wer arm ist – so wie es in Agrargesellschaften oder zu Beginn der Industrialisierung für die Massen der Fall war –, wird bei der Frage, ob ihm mehr Geld oder mehr Zeit lieber ist, nicht wirklich eine Wahl haben. Er wird sich für mehr Geld entscheiden müssen, weil nur so ein Überleben oder ein bescheidener Wohlstand finanziert werden kann.

Je höher die Bildungsrenditen jedoch wurden und sind, umso stärker können Menschen vom Vermögen (nämlich dem Ertrag ihrer früheren Bildungsinvestitionen, ausbezahlt als Qualifikationsprämie beim Lohn) profitieren und umso weniger unverzichtbar wurde das reine Arbeitseinkommen (in Form der reinen Quantität, ausbezahlt als Mindestlohn).

Heute, und im Zuge der Digitalisierung immer ausgeprägter, wird es für mehr und mehr Menschen möglich, von ihrer Qualitätsarbeit einen zunehmend steigenden Wohlstand zu finanzieren. Mehr Freizeit macht sie dann zufriedener als mehr Geld. Und man kann sich für mehr Zeit deshalb entscheiden, weil die Renditen des Bildungsvermögens hoch genug sind, um mit weniger Arbeitszeit jenen Konsum finanzieren zu können, der den Lebensplänen entspricht.

Deshalb mehren sich in jüngerer Vergangenheit die Stimmen, die dafür plädieren, nicht zu leben, um zu arbeiten, sondern zu arbeiten, um zu leben. Getreu dem Motto »Arbeitest du noch, oder lebst du bereits?«. Anstatt die Fortschritte der Arbeitsproduktivität für mehr Einkommen und mehr Konsum zu nutzen, wollen Beschäftigte mehr Freizeit und weniger Arbeitszeit. Ein Trend, der sich mehr und mehr auch in Deutschland zeigt. So haben sich bei der Deutschen Bahn die Tarifparteien auf eine Wahlmöglichkeit geeinigt. Anstatt ab Juli 2020 in den Genuss einer Lohnerhöhung von 2,6 Prozent zu kommen, haben die Mitarbeiter(innen) die Option, entweder sechs Tage mehr Urlaub oder eine Arbeitszeitverkürzung zu wählen, und ebenso wird angeboten, Überstunden in betriebliche Altersvorsorge umzuwandeln.[73] Und bei der Deutschen Post hat sich bereits einer von sieben Postangestellten gegen mehr Geld, sondern für mehr Freizeit entschieden.[74]

Der Trend zu mehr Freizeit statt mehr Lohn folgt ökonomischer Logik. Sind die wichtigsten materiellen Bedürfnisse abgedeckt, folgt auch Geld einem der eisernsten Gesetze menschlicher Wertschätzung, nämlich dem »Gesetz des abnehmenden Grenznutzens«. Damit ist gemeint, dass mehr vom immer Gleichen immer weniger weiteren Spaß bereitet. »Abwechslung macht das Leben süß«, verweist darauf, dass der Spaßfaktor eher bei der Vielfalt und weniger bei der Routine liegt. Das gilt ab einem bestimmten Niveau eben auch für das Einkommen.

Mehr Geld führt nicht immer zu mehr Zufriedenheit. Vielfach ist es so, dass ab einer bestimmten Einkommenshöhe Zeit wichtiger als Geld wird und mehr frei verfügbare Zeit für Familie und private Zwecke die Menschen glücklicher macht als mehr Arbeitseinkommen. Das gilt vor allem auch deshalb, weil mehr Gehalt oft nur unter großen zusätzlichen Anstrengungen zu bekommen ist, deren Kosten weit über dem liegen, was netto von einem Plus auf der Lohnabrechnung übrig bleibt. Demgegenüber ist Freizeit immer netto, es fallen weder Steuern noch Lohnabgaben an.

Besonders ältere Mitarbeiter(innen) benötigen mehr Erholungs- und Freizeit für sich. Sie spüren, dass ansonsten ihre Leistungsfähigkeit gefährdet ist, Burn-outs drohen und trotz höheren Einkommens die Lebensfreude gemindert wird. Jüngere hingegen möchten mehr Zeit mit Familie und Kindern verbringen. Sie wollen nicht nur im Beruf Erfolg, sondern auch als glückliche Eltern Spaß haben.

Mehr Qualität, weniger Quantität ist der aktuelle Verhaltenstrend, der durchaus in Zukunft eher noch mehr als weniger Anhänger(innen) finden dürfte. Die skandinavischen Länder liefern weiteres Anschauungsmaterial, wie sehr mehr Zeit wichtiger als mehr Geld sein kann. Gehalt und Karriere spielen – in besonderem Maße bei den Jüngeren – nicht mehr jene nahezu monopolistisch dominante Rolle wie in früheren Zeiten. Vielmehr streben junge Eltern in Skandinavien eine als optimal empfundene Work-Life-Balance an – also ein ausgewogenes Gleichgewicht von Arbeits- und Freizeit, das es ihnen ermöglicht, beides zu sein, glückliche Eltern und erfolgreiche Berufstätige – selbst wenn sie dadurch vielleicht weniger materielle Einkünfte haben. Junge Eltern nutzen zunehmend die mit der Digitalisierung einhergehenden neuen Möglichkeiten, die täglichen Arbeitszeiten zu flexibilisieren. So wird es in Skandinavien mehr und mehr populär, den Arbeitstag nachmittags zu unterbrechen, um ein paar Stunden mit der Familie zu verbringen. Dafür setzen sich berufstätige Eltern abends noch mal hin und erledigen von zu Hause aus, was sie tagsüber der Familie wegen haben liegen lassen.

Wie sich in Skandinavien zeigt, ermöglicht Disruption Verhaltensänderungen, die es erlauben, persönlichen Erwartungen und Lebensplänen gerecht zu werden und dadurch das allgemeine Wohlbefinden zu steigern. Nirgendwo in der Welt sind die Menschen mit ihrem Leben zufriedener als im hohen Norden.[75] Ganz offensichtlich macht eine selbst gewählte Mischung von Arbeits- und Freizeit besonders glücklich. Dabei ist vielen (mehr) selbstbestimmte Zeit wichtiger als (mehr) Geld.

7. Disruption in der Arbeitswelt: Wenn das Atypische normal wird

Die Arbeitswelt des letzten Jahrhunderts war industriell geprägt. Sowohl Arbeitgeber als auch Arbeitnehmer strebten nach einer lebenslangen Vollbeschäftigung als Normalfall. Beide Seiten wollten so lange wie möglich gemeinsam von Bildungsanstrengungen, erworbenen *On the Job*-Fähigkeiten und Berufserfahrung der Belegschaften profitieren. Alle Beteiligten waren deshalb an langjährigen, wenn möglich lebenslangen Beschäftigungsverhältnissen, tragfähigen Arbeitsnetzwerken und dauerhafter Betriebszugehörigkeit interessiert. So kam es zu einer beiderseits geschätzten Symbiose: Firmen waren sich ihrer Belegschaften sicher, Beschäftigte ihrer Jobs. Es gab entsprechende Planungssicherheit, und zwar für beide Seiten – für Arbeitgeber verbunden mit einem gewissen Angebotsmonopol, für Arbeitnehmer um den Preis einer gewissen Abhängigkeit.

Disruption verändert mit Wucht und Tempo das Kräftegleichgewicht zwischen Arbeitgebern und -nehmern – und erzwingt entsprechend einen Perspektivwechsel. Wenn Roboter Menschen ersetzen, muss und kann zwangsläufig Arbeit einen anderen Stellenwert erhalten. Der Mensch wird bei vielen Aktivitäten – besonders im Bereich der standardisierten, sich stetig wiederholenden einfachen Tätigkeiten – in den Hintergrund gedrängt. An vielen Stellen der Wertschöpfung braucht es ihn schlicht nicht mehr. Das bietet beides – Risiken, aber eben auch Chancen.

Geht dem Menschen die Arbeit aus, wenn künstliche Intelligenz anstelle menschlicher Hirnzellen denkt und Roboter anstelle des Menschen arbeiten? Eine Armada von Studien mit unterschiedlichen methodischen Herangehensweisen hat sich in den letzten Jahren bemüht, auf diese Frage Antworten zu finden.[76] Die Einsichten decken das ganze Spektrum zwischen Optimismus und Pessimismus ab. Während die einen massive Beschäftigungsverluste erwarten, sehen andere keinen Grund für besondere Sorgen. Dem Verlust von Arbeitsplätzen als Folge neuer Technologien würden andernorts neuer Bedarf und damit einhergehende Arbeitsnachfrage gegenüberstehen.

Auch wenn es zum Wesen disruptiver Prozesse gehört, dass aus heutiger Sicht noch weitgehend unbekannt bleibt, wann, wo und in welcher Erscheinungsform sich Arbeitswelt, Arbeitsethos und Arbeitspolitik verändern werden, lässt sich doch ohne viel Mühe ein allgemeingültiger Trend erkennen. Algorithmen und Daten, Roboter und Automaten werden Arbeitskraft ersetzen. Das gilt bei Weitem nicht nur für einfache, geringe Qualifikationen voraussetzende Aktivitäten, wie Routine- oder Fließbandarbeit, standardisierte Kontroll-, Überwachungs- oder Sortiertätigkeiten. Auch Berufe und Tätigkeiten, die höhere Qualifikationen und Fachkenntnisse verlangen, werden – mehr oder weniger vollständig – neu auszurichten sein. Steuer- oder Versicherungsberater werden durch elektronische Softwareprogramme, Bankangestellte durch Onlinebanking, Fahrer durch autonome Mobile ersetzt. Selbst Professoren werden durch qualitativ exzellente Angebote von Open-Access-Universitäten und Strafrechtler durch automatische Prüfverfahren verdrängt werden. »Auch hoch Qualifizierte wie Radiologen werden von Computern ausgestochen, die deutlich schneller und zuverlässiger Diagnosen erstellen können.«[77]

Mittlerweile können Maschinen fast alles, was Arbeitskräfte tun. »Wenn Computer sich weiterhin gemäß Moores Gesetz entwickeln und also ihre Geschwindigkeit und Speicherkapazität alle 18 Monate verdoppeln, dann hat das zur

Folge, dass Computer wahrscheinlich früher oder später in den kommenden 100 Jahren die Menschen hinsichtlich der Intelligenz überholen werden.«[78] Es ist nur noch eine Frage der Zeit, wie lange der Mensch digitaler Konkurrenz in den drei Bereichen überlegen bleibt, in denen er momentan noch besser ist: erstens Kreativität – beispielsweise in der Forschung und der Erfindung neuer Problemlösungen oder im Erkennen und Wahrnehmen neuer Geschäftsmodelle; zweitens Emotionen und Empathie – beispielsweise in zwischenmenschlichen Beziehungen, also in der Pflege und Erziehung, in der Motivation und im Training, in der Bildung und Führung; und drittens Feinmotorik – beispielsweise bei der Geschicklichkeit, ein volles Tablett aus der Küche an den Esstisch zu bringen. Somit bleiben jene Menschen vorerst noch im Vorteil, die mit Kopf, Gefühl und neuen Ideen ihr Geld verdienen. Dazu zählen auch Künstler(innen), Sportler(innen), Technologiefreaks, Coaches und Teamleiter(innen) – aber auch das Handwerk.

Disruption führt zu Polarisierung

Die Folgen des Ersatzes von Menschen durch Maschinen und des Einsatzes künstlicher Intelligenz zur Ergänzung menschlicher Hirnzellen sind zweiteilig. Erstens werden dadurch viele Menschen produktiver. Sie können mit dem gleichen Arbeitseinsatz wie heute dank des Einsatzes von mehr Kapital eine höhere Wertschöpfung erwirtschaften. Dabei ist wichtig, dass mehr Kapital nicht nur mehr Sachkapital – also Maschinen – meint, sondern auch mehr Humankapital, also bessere Qualifikationen der Beschäftigten. Personen mit Wissen und Können, die es weiterhin brauchen wird, um die neuen Technologien zu handhaben, anzuwenden und zu verbessern, haben im Zeitalter der Disruption gute – ja vielleicht sogar bessere – Chancen als heute auf eine Tätigkeit mit steigendem Gehalt. Viele, aber eben nicht alle, werden davon profitieren.

Zweitens bedeutet Digitalisierung, dass, wo immer das möglich sein wird, Daten und Algorithmen, Roboter und autonome Fahrzeuge den Menschen erst ergänzen, zunehmend aber auch ersetzen werden. Das betrifft sicher einfache oder standardisierte Tätigkeiten – wie Suchen und Packen, Sortieren und Prüfen, Überwachen und Berechnen, Kontrollieren und Korrigieren. Aber ebenso wird künstliche Intelligenz auch eine Vielzahl hoch qualifizierter Tätigkeiten übernehmen, wie Beraten und Unterrichten, Analysieren und Diagnostizieren, Bewerten und Entscheiden.

Digitalisierung wirkt wie eine abrupte Vermehrung des Arbeitsangebots. Wie es zu Zeiten der Globalisierung mit der Billigarbeit aus fernen Ländern geschah, kommen in riesigen Massen Hände – in Form der Greifarme von Automaten – und Hirnzellen – in Form künstlicher Intelligenz – zum bisherigen Angebot hinzu. Und wenn etwas reichlicher angeboten wird, muss es nach allen Gesetzen der Marktwirtschaft zwangsläufig billiger werden. Für viele – und bei Weitem nicht nur für unqualifizierte – Tätigkeiten wird es zu einem Lohndruck nach unten kommen. Roboter und Algorithmen dürften für Standardtätigkeiten immer billiger sein als die meisten Personen und rund um die Uhr fehlerfrei ohne Nacht- und Sonntagszuschläge zur Verfügung stehen. Als Folge davon dürften für eine Vielzahl der Beschäftigten – ganz sicher im Bereich einfacher, standardisierter Massentätigkeiten – die Löhne jedoch kaum mehr reichen, um das Überleben jenseits der Armut sicherzustellen. Mindestlöhne können da nur begrenzt helfen. Sie helfen jenen, die einen Job haben und ihn trotz Konkurrenz durch Automaten behalten können, gefährden jedoch andere. Mindestlöhne verschlechtern die Wettbewerbsfähigkeit von Arbeit mit geringer Produktivität gegenüber Maschinen, Robotern, künstlicher Intelligenz und ausländischer Konkurrenz. Dadurch werden gerade die Beschäftigungschancen jener geschmälert, die man eigentlich schützen wollte.

Im Ergebnis wird Disruption zu einer Polarisierung auf dem Arbeitsmarkt führen. Wenn Sach- und Humankapital wichtiger werden, ist ein Auseinanderklaffen von Beschäftigungsmöglichkeiten für Hoch- und Geringqualifizierte und damit auch eine zunehmende Spreizung bei Produktivität und Entlohnung vorgezeichnet. Wer über spezielle Qualifikationen verfügt, hat durchaus realisierbare Chancen auf einen gut bezahlten Job. Wer hingegen gering oder gar schlecht qualifiziert ist und eher einfache Tätigkeiten erledigt, wird abgehängt. Fachkräfte mit viel speziellem Wissen und Können dürften knapp(er), Hilfskräfte mit wenig Humankapital dürften reichlich(er) werden. Für die einen steigen die Löhne, für die anderen sinken sie – vielleicht nicht in absoluten Größen, aber in relativen Anteilen. Gerade für Geringqualifizierte ist bei aller Unschärfe disruptiver Entwicklungen erkennbar, dass sie weniger denn je davon werden ausgehen können, ihren Lebensunterhalt in einem menschenwürdigen Umfang aus eigener Kraft finanzieren zu können.

Im Bereich einfacher Tätigkeiten kann man über den Wegfall regulärer Beschäftigungsverhältnisse besorgt sein. Und im Bereich der Höherqualifizierten, die in Zukunft mehr denn je benötigt werden, um von der Digitalisierung bestmöglich profitieren zu können, lässt sich über einen Fachkräftemangel klagen. Aber das Jammern über die Folgen der Disruption für den Arbeitsmarkt ist eigentlich nur dann gerechtfertigt, wenn bei Arbeitsethos und Arbeitspolitik alles beim Alten bleibt, so als würde es keine disruptiven Entwicklungen geben.

Die Polarisierung der Lohnentwicklung sollte man sich schlicht eingestehen und aufhören, sich einen Konvergenzverlauf der Einkommen schönzureden, den es so nicht geben wird. Im Bereich standardisierter Arbeit werden Automaten den Menschen ersetzen. Dort, wo das nicht so einfach möglich ist, beispielsweise in der Pflege, wird das Angebot an Arbeit suchenden Personen so groß und die Zahlungsbereitschaft der Nachfrage so gering sein, dass die Löhne bei Weitem nicht im selben Ausmaß steigen werden wie die durchschnittliche Arbeitsproduktivität in der Wirtschaft insgesamt. Deshalb werden für viele Tätigkeiten Löhne nicht mit derselben Geschwindigkeit steigen wie die Entgelte für die knapper werdenden Besserqualifizierten oder – ganz allgemein – das Sach- und Humankapital. Um der Polarisierung wirkungsvoll zu begegnen, bedarf es neuer Konzepte und nicht alter Klagen.

Weniger arbeiten in jungen Jahren!

Die Digitalisierung führt in jedem Fall dazu, dass Maschinen Menschen ersetzen werden. So werden weniger Arbeitsstunden als heute benötigt, um die gleiche Wertschöpfung wie heute zu erarbeiten. In kürzerer Zeit lässt sich mehr leisten. Oder mit gleich viel Arbeitsstunden wie heute kann eine höhere Wertschöpfung erwirtschaftet werden. Arbeitszeiten werden weiter verkürzt und Maschinenzeiten verlängert. Das steigert die Arbeitsproduktivität – also die von Arbeitern pro Werktag erbrachte Leistung.

Bei aller bestehenden Unsicherheit disruptiver Prozesse dürfte somit die Digitalisierung fortsetzen, was sich historisch als Konstante des Strukturwandels gezeigt hat, nämlich ein Rückgang der jährlichen Arbeitszeit der Beschäftigten. Zu Beginn der Industrialisierung betrug die durchschnittliche tägliche Arbeitszeit 14 bis 16 Stunden, pro Woche kamen so über 80, pro Jahr zwischen 3000 und 4000 Arbeitsstunden zusammen.[79]

Eine gesetzliche Beschränkung der Arbeitszeit auf maximal 48 Wochenstunden erfolgte in Deutschland vor nicht mehr als 100 Jahren, und erst in den 1960er Jahren wurde die 40-Stunden-Woche zur tarifvertraglichen Regel. So kamen 1960 pro Jahr durchschnittlich pro Erwerbstätigem 2163 Arbeitsstunden zustande.[80] Seither sank die durchschnittliche Jahresarbeitszeit kontinuierlich ab auf 1739 Stunden im Jahr 1980, 1452 Arbeitsstunden im Jahr 2000 und 1354 Arbeitsstunden je Erwerbstätigem heute.[81]

Die Digitalisierung wird eine weitere Absenkung der Arbeitszeiten erzwingen, aber eben auch ermöglichen. Das trifft sich wunderbar mit dem stärker werdenden Bedürfnis vieler Beschäftigter, lieber mehr Zeit als mehr Geld zu haben. Ein Wunsch, der gerade auch der Digitalisierung wegen für mehr und mehr Menschen auch realisierbar wird. Denn für viele Beschäftigte steigt ja eben gerade dank künstlicher Intelligenz und kluger Automaten die Arbeitsproduktivität und damit der Lohn, sodass man es sich auch leisten kann, den Zugewinn nicht in Form von Geld, sondern Freizeit zu nutzen.

Mehr arbeiten in älteren Jahren!
Zu den disruptiven Prozessen gehört, dass erfreulicherweise Menschen länger und gesünder als ihre Vorfahren leben. Dominierten früher »Kindheit« und »Erwachsensein« das Dasein, kamen im letzten Jahrhundert »Jugend« und

»Ruhestand« dazu. Heute gibt es frühe und späte Stadien von Kindheit, Jugend und Erwachsensein, Vorruhestand und Seniorendasein. Junge Alte werden aktiv, kommen in Bewegung, starten nach dem Berufsleben neue Karrieren, wollen als Politiker Erfolg haben, beginnen ein Studium und erfüllen sich Kindheitsträume. Ältere und Alte können ohne schwerwiegende Probleme aktiv bleiben, Sport treiben, Hobbys pflegen und reisen. Einige mögen das Erwerbsleben als Last empfinden und nichts lieber wollen, als möglichst frühzeitig in den Ruhestand zu wechseln. Andere jedoch wollen nicht zum alten Eisen gehören, sondern zur Mitte der Gesellschaft.

Das Arbeitsleben zu verlängern, mag auf den ersten Blick einer Absicht von Seniorinnen und Senioren nach Ruhestand und mehr Freizeit widersprechen. Das kann in einigen Fällen durchaus so sein. Vielfach jedoch sieht die Realität anders aus. Es gibt Ältere, denen Arbeiten Genugtuung spendet, die in ihrem täglichen Tun einen Sinn sehen, der ihnen wichtig ist, die gerne (noch) gebraucht werden, die sich in einem Team oder für andere nützlich machen und nicht zu Hause vereinsamt langweilen wollen. Für manche ergibt sich aus einer Beschäftigung im Alter die Möglichkeit eines gerne genommenen Zuverdienstes, um die Rente aufzubessern. Und für andere bietet sie Anerkennung, Wertschätzung und Zugehörigkeit.

Gerade disruptive Prozesse können somit Quelle eines länger fließenden Arbeitsangebots Älterer sein. Jung gebliebene Alte können und wollen sich sehr gerne noch lange nützlich machen, etwas Sinnvolles tun – und zwar auch in Beruf und Erwerbsleben. Sie streben danach, ihr Wissen und ihre Erfahrung einzubringen und weiterzugeben, allerdings nicht in derselben Funktion und unter den gleichen Bedingungen wie in jüngeren Jahren. Viele wollen länger arbeiten, zwar vielleicht nicht Vollzeit, aber doch regelmäßig. Gerade digitale Technologien eröffnen eine Vielzahl neuer Möglichkeiten einer anderen, eben altersgerechten Beschäftigung bis in ein fortgeschrittenes Alter. Dabei geht es – im Zeitalter der Digitalisierung weniger denn je – nicht darum, dasselbe noch ein paar Jahre länger zu tun, was man bereits ein langes Leben lang gemacht hat. Vielmehr wollen viele etwas Neues und anderes ausprobieren – auch losgelöst von starren Arbeitsmarktregeln oder gängigen Entschädigungsmodellen. Manche wollen in Teilzeit stundenweise oder ein paar Tage pro Woche, vielleicht lieber nur im Sommer und nicht das ganze Jahr über, in Dienstleistungsfirmen oder Handwerksbetrieben, in Sportvereinen oder Selbsthilfeeinrichtungen an gewissen Projekten und Themen mitarbeiten, die sie gerade aus einer langen Lebenserfahrung heraus als wirklich wichtig erachten. Andere wiederum wollen in Kindergärten und Schulen, Sozialwerken und Pflegeheimen etwas Sinnvolles für die Allgemeinheit tun und sich zum Nutzen von Nachbarn und Gesellschaft einbringen – oft sogar ohne monetäre Anreize, dafür aber aus Überzeugung.

Der Wunsch nach Arbeit im Alter trifft sich vor allem dort gut, wo Unternehmen scheinbar händeringend nach Fachkräften suchen. Anstatt über einen Mangel zu klagen, sollten sich die Arbeitgeber(innen) aktiv darum bemühen, Mitarbeiter(innen) länger an den Betrieb zu binden. Allein schon deshalb, weil jedes Ausscheiden von älteren Mitarbeiter(inne)n auch stets einem Verlust von Humankapital entspricht. Gehen ältere Beschäftigte in den Ruhestand, verliert das Unternehmen das an die Person gebundene Wissen. Deshalb ist die Einführung eines Wissensmanagements unabdingbar, damit die über Jahre erworbenen Fähigkeiten und das Können ausscheidender

Mitarbeiter(innen) nicht verloren gehen. Auch aus diesem Grund sind Firmen mit Fachkräftemangel gut beraten, mit attraktiven Angeboten dafür zu sorgen, dass das Wissen der Älteren länger als bisher genutzt werden kann – eher in Teil- als in Vollzeit und eher gegen neue Entgeltformen und auch ehrenamtlich als in bisherigen (mit zunehmendem Alter steigenden) Lohnformen.

Mag ja sein, dass junge Menschen digital affiner sind als Ältere und deshalb die Digitalisierung als Folge der Alterung nicht so rasch vorankommen wird wie in den jungen Gesellschaften anderswo. Aber das heißt doch nicht, dass Ältere zwangsläufig zu digitalen Idioten degenerieren müssen. Auch hier lässt sich durch stetige Weiterbildung und auch zunehmende Alltagserfahrung dagegenhalten.

Mehr Bildung und bessere Gesundheit können in einer alternden Gesellschaft für einen »Verjüngungseffekt« sorgen. Die Bevölkerung altert dann zwar nach Kalenderjahren, aber weil die Menschen klüger und gesünder sind als zu früheren Zeiten, wird ihre Leistungsfähigkeit dadurch nicht beeinträchtigt. Gerade weil die Automatisierung gesundheitsschädigende, monotone und stupide Tätigkeiten übernehmen wird, werden die Älteren von heute rund eine Generation später als ihre Vorfahren gebrechlich oder von Burn-outs betroffen sein – vorausgesetzt, Arbeitswelten und Arbeitszeiten werden dem Zeitalter der Digitalisierung angepasst und verharren nicht im Verständnis der Massenindustrie längst vergangener Tage.

Anders arbeiten!

Die disruptive Arbeitswelt wird mit der Arbeitswelt der Vergangenheit wenig bis nichts mehr gemein haben. Dabei ist das Neue nicht, dass nun auch Manager(innen) keine

Krawatte tragen oder sich alle mit Vornamen ansprechen. Das wirklich Neue ist, dass kommende Generationen dem Vorbild ihrer Eltern, die ein Leben lang nach Vollzeitarbeit strebten, weder folgen können, noch so wie ihre Vorfahren arbeiten wollen. Sie bevorzugen ein aus ihrer eigenen Beurteilung gesünderes Gleichgewicht zwischen Arbeits- und Freizeit, Beruf und Familie als ihre Eltern.

Viele möchten die eigene Arbeitszeit und Arbeitsaufgaben selbstbestimmt gestalten. Das ist nicht nur ein Wunsch von Intellektuellen, Feingeistigen, Hochqualifizierten und Lebenskünstler(inne)n. Es trifft genauso auf Geringqualifizierte, Gelegenheitsarbeiter(innen) und haushaltsnahe Dienstleistungskräfte zu. Was früher Tagelöhner waren, sind heute *Gig Workers* genannte Auftragsarbeiter.[82] Der Unterschied: Die heutigen Freelancer suchen oft freiwillig die Freiheit einer flexiblen Lebensgestaltung und rasch wechselnder und damit vorübergehend wahrgenommener Tätigkeiten. Es sind nicht mangelnde Alternativen wie in früheren Zeiten, die sie dazu zwingen. Manche nutzen willentlich die Stundenarbeit als Zuverdienst zu anderen Einkommensquellen. Und sie wollen gar kein fixes Anstellungsverhältnis mit starren Zeitformen und langfristigen Bindungen. Sie ziehen Freiräume und Freizeit Festanstellung und Vollzeitbeschäftigung vor. Selbstredend bedarf es dann auch neuer Beschäftigungsgesetze. Es gilt, den vielfältigen Möglichkeiten selbst gewählter Arbeitszeiten, Heimarbeit und ständigen Wechselns zwischen Selbstständigkeit und auch kurzfristigen Anstellungsverhältnissen Rechnung zu tragen. Aber ebenso sind moderne Tagelöhner, selbstständige Zeit- und Heimarbeitskräfte gegen eine Marktmacht der Auftraggeber, gegen Unbill ungewollt unregelmäßiger Tätigkeiten und längere Phasen der (ungewollten) Erwerbslosigkeit abzusichern.

Digitalisierung eröffnet die historische Chance für eine gänzlich andere Arbeitsteilung zwischen Mensch und Maschine und für andere Beziehungen zwischen Arbeitgebern und Arbeitnehmern mit anderen Arbeitsplatz- und Arbeitszeitmodellen als in der Vergangenheit. Mehr Flexibilität zwischen Arbeits- und Freizeit, zentraler Büroarbeit und dezentralem Homeoffice trifft den Wunsch vieler. Harte körperliche Arbeiten, die der Gesundheit schaden, gar krank machen oder zu Burn-outs führen und somit der Würde des Menschen nicht gerecht werden, körperlicher Unversehrtheit oder psychischem Wohlbefinden schaden, lassen sich künftig mehr und mehr von Automaten, Maschinen und Robotern erledigen. Dafür müssen nicht mehr Menschen verschlissen werden.

Als Folge neuer Technologien verlieren Raum und Zeit ihre bindenden Wirkungen. Es wird möglich, Arbeitsprozesse zu dezentralisieren und damit Beschäftigungsverhältnissen zu flexibilisieren. Wertschöpfung kann aus dem Büro in die Clouds verlagert werden. Heimarbeit erlaubt, die Arbeitszeit dem Lebensrhythmus von Familien anzupassen und damit die Work-Life-Balance zu verbessern. Eltern können sich berufliche und private Rollen besser teilen und je nach Situation entsprechend anpassen, ob Frau, Mann oder beide auswärts arbeiten oder zu Hause aktiv sind.

Innovative Informations- und Kommunikationstechnologien eröffnen weit mehr berufliche Optionen, ohne notwendigerweise den Lebensmittelpunkt verlagern zu müssen. Eine berufliche (funktionale) Mobilität ohne geografische Mobilität ist möglich geworden. Menschen können von zu Hause aus ihre Fähigkeiten und ihr Wissen mehr oder weniger weltweit anbieten. Das macht Beschäftigte von ihrem aktuellen Arbeitgeber weniger abhängig und eröffnet ihnen ein größeres Arbeitsplatzangebot.

Wann, wo und wie viel gearbeitet wird, wird eher neben-sächlich.[83] Ständige Erreichbarkeit und eine Flexibilität der Zeiteinteilung, die sich an von Person zu Person un-terschiedlichen Erwartungen und Wünschen orientieren, werden wichtiger.

Das Phantom des Fachkräftemangels

Wo immer man in Deutschland hinschaut, wird bei der Suche nach Besserqualifizierten ein Fachkräftemangel dia-gnostiziert. Eine »gigantische Personallücke« öffne sich. Eine »Talentklemme« werde bis 2030 »die Wirtschaft mehr als 500 Milliarden Euro kosten« – so eine Studie der Bera-tungsgesellschaft Korn Ferry.[84] Ähnlich pessimistisch hatte bereits der Internationale Währungsfonds (IWF) einen Al-terungs-Tsunami auf Deutschland zurollen sehen, der den so erfreulichen Wachstumsboom der letzten Dekade ge-fährden werde.[85] Der fehlenden gut qualifizierten Arbeits-kräfte wegen könne der Wohlstand hierzulande künftig kaum mehr zunehmen. Welch Irrtum!

Auch wenn sogar die fünf Weisen, der Sachverständigen-rat zur Begutachtung der wirtschaftlichen Entwicklung, in ihrem Jahresgutachten 2018/2019 ebenfalls der Prognose eines Fachkräftemangels als Wachstumsgefahr für die deut-sche Wirtschaft folgen, entspricht eine derartige Voraussa-ge nicht ökonomischer Logik, sondern falschen demogra-fischen Mythen.[86] Das Zusammenspiel von Digitalisierung und Beschäftigung wird bei derartigen Zukunftsszenarien absurd einseitig simuliert oder auch gleich nahezu kom-plett ausgeblendet. Wer weiß heute schon, wie Arbeitsan-gebot und -nachfrage, Preise und Löhne auf Dynamik und Knappheiten bis zur Mitte des Jahrhunderts reagieren werden. In disruptiven Zeiten des raschen Wandels, der

Brüche, der zunehmenden Komplexität, in denen schon Kurzfristprognosen zunehmend abenteuerlich werden, ist man geneigt, mit 140 Zeichen in Trump'scher Manier zu urteilen, dass solche Langfristprognosen in die Irre führen und deshalb nicht das Papier wert sind, auf dem sie veröffentlicht werden.

Bei der Klage über einen Fachkräftemangel bleibt einfachster ökonomischer Sachverstand auf der Strecke. In jedem Lehrbuch lässt sich nachlesen, dass in einer Mangelsituation, also wenn die Nachfrage größer als das Angebot ist, der Preis steigen muss. Wenn es einen Mangel an Fachkräften geben sollte, müssten schlicht die Löhne steigen. Höhere Löhne hätten einen Doppeleffekt. Sie würden es einerseits für viele Menschen attraktiver machen, mehr als heute zu arbeiten. Und andererseits würden steigende Löhne die Arbeitgeber zu einem Umdenken zwingen. Es würde attraktiver, Menschen durch Maschinen zu ersetzen, also künstliche anstatt menschliche Intelligenz und Roboter anstatt Arbeitskräfte einzusetzen. Das steigende Arbeitsangebot und die sinkende Arbeitsnachfrage rücken ganz von allein alles wieder ins Lot. Das Problem erledigt sich von allein. Das ist Marktwirtschaft.

Digitalisierung und Alterung verstärken die Marktmechanismen, sie gehen beide Hand in Hand und erleichtern das Finden eines Gleichgewichts. Erstere wird die Arbeitsnachfrage reduzieren, Letztere das Arbeitsangebot. Zusammen sorgen sie für einen sich gegenseitig mehr oder weniger automatisch ausgleichenden Verlauf, der die Sorge über einen Fachkräftemangel als Phantomangst entlarvt.

Der Internationale Währungsfonds hat ja recht, wenn er seitenweise und in vielen Modellvarianten fordert, die Erwerbsbeteiligung zu erhöhen – das aber hat wenig mit Alterung auf der Angebotsseite zu tun, dafür aber viel mit der Arbeitsnachfrage.[87] Auf der Seite des Arbeitsangebots gibt es heute schon in Deutschland sehr viele gut qualifizierte Frauen, jung gebliebene Ältere und motivierte Menschen mit Migrationshintergrund, die gerne bereit und auch fähig wären, mehr zu arbeiten. Würden alle – Männer und Frauen, mit und ohne Migrationshintergrund – bis 70 so viel arbeiten wie heutzutage die Männer zwischen 45 und 65 Jahren, stünden dem deutschen Arbeitsmarkt rund 6 Millionen Erwerbstätige zusätzlich zur Verfügung, nämlich etwa 4,5 Millionen Frauen und rund 1,5 Millionen Männer.[88] Würden die verfügbaren Potenziale somit nachgefragt, wären alle Diskussionen über einen Fachkräftemangel auf Jahre hinaus obsolet.

Der Fachkräftemangel hat somit viel mit der Arbeitsnachfrage – also dem Verhalten der Unternehmen – und vergleichsweise wenig(er) mit dem Arbeitsangebot – also Menschen, die arbeiten wollen – zu tun. Deshalb ist die Wirtschaftspolitik darauf auszurichten, Ältere so gut in das Erwerbsleben zu integrieren wie Jüngere, Frauen so gut wie Männer und Menschen mit Migrationshintergrund so gut wie Menschen ohne Migrationshintergrund. Gelingt es, die vorhandenen, aber bis jetzt ungenutzten Potenziale auszuschöpfen, gehen den Klagen eines gefühlten Fachkräftemangels mehr oder weniger von alleine die Grundlagen verloren.

Allerdings stellt sich eine andere, weit grundsätzlichere Frage, nämlich, warum in Deutschland das Heil der Zukunft – gerade im disruptiven Zeitalter der Arbeit ersetzenden Digitalisierung – in einer Erhöhung der Anzahl der Fachkräfte durch Zuwanderung gesehen wird. Die Qualität – also die Arbeitsproduktivität, gemessen an der Wertschöpfung pro Zeiteinheit – und nicht die Quantität – also die schiere Anzahl der Beschäftigten – ist die Grundlage des Wohlstands. Die Arbeitsproduktivität aber ist weder gottgegebenes Schicksal noch in Stein gemeißelt. Sie wird durch Investitionen bestimmt, und zwar sowohl in Humankapital als auch in Sachkapital.

Zentral für mikro- wie makroökonomischen Erfolg werden somit das Bildungssystem und die Anreize, sich ein Leben lang weiterzubilden, um mit den kommenden Veränderungen der Digitalisierung mithalten zu können, fit und offen zu bleiben für Neues und kreativ nach Innovationen, klugen Ideen, kundengerechten Prozessen und maßgeschneiderten Lösungen zu suchen. Der Mensch denkt, und der Roboter macht. Immer besser ausgebildete Menschen arbeiten Hand in Hand mit immer moderneren Automaten, und künstliche ergänzt die menschliche Intelligenz. Das ist die Arbeitsteilung, die Beschäftigte im Digitalisierungszeitalter so produktiv werden lässt, dass auch höhere Löhne zu zahlen für die Unternehmen möglich sein sollte.

Bezahlt Arbeit besser!

Natürlich können höhere Löhne für Fachkräfte dazu führen, dass Deutschland gegenüber dem Ausland an Wettbewerbsfähigkeit verliert. Das muss aber dann nicht so sein, wenn die Beschäftigten das Geld wert sind, das sie verdienen, was sich durch ihre Arbeitsproduktivität bemisst. Dann kann es sein, dass lediglich die Kapitalrentabilität geringer wird, nicht aber die Wettbewerbsfähigkeit deutscher Unternehmen. Der Mehrwert der Arbeit würde dann anders – einige würden vielleicht sagen, fairer – verteilt werden als heute.

Ebenso kann sein, dass höhere Löhne wie eine Kostenpeitsche wirken. Um Kosten einzusparen, ersetzen Firmen noch einmal rascher als ohnehin Menschen durch Roboter. Das aber muss nicht schädlich sein. Ein Ersatz von Menschen durch Maschinen würde die Arbeitsproduktivität derjenigen steigern, die beschäftigt bleiben. Da sich die Entwicklung der Arbeitsproduktivität in der Entwicklung der Löhne widerspiegeln sollte, würde dadurch das Lohnniveau noch einmal angehoben, was (Mehr-)Arbeit zusätzlich attraktiver werden ließe.

Oder aber die höheren Löhne führen tatsächlich zu steigenden Kosten. Aber auch das muss nicht in die makroökonomische Katastrophe führen. Zu erwarten ist ja, dass der Mensch gegenüber dem Roboter – insbesondere im Bereich sozialer und emotionaler zwischenmenschlicher Beziehungen sowie der Feinmotorik und der Kreativität zu innovativen situativen Problemlösungen – für eine Weile gewisse Vorteile bewahren kann. Diese menschlichen Vorteile dürften sich eher bei lokalen Dienstleistungen auszahlen – wie beispielsweise Handwerk, Pflege, Betreuung, Erziehung, in der Hausarbeit und bei Freizeitaktivitäten. Damit dürften sie sich kaum negativ bemerkbar machen in der Wertschöpfung von Produkten und Prozessen, die in einem internationalen (Kosten-)Wettbewerb stehen. Eher dürften die höheren Löhne von lokal Beschäftigten über deren Konsumausgaben der heimischen Wirtschaft zugutekommen.

Anders formuliert: Lohnkosten dürften vor allem für Handwerksleistungen, Pflege, Kinder- oder Altenbetreuung, haushaltsnahe Dienstleistungen (wie Reinigung, Gartenarbeiten, Housekeeping etc.) steigen. Warum eigentlich nicht? Weshalb sollen diese teilweise einfachen, teilweise aber eben auch hochanspruchsvollen Dienstleistungen nur deshalb so billig sein, weil Menschen aus reiner Überlebensnotwendigkeit zwangsweise bereit sind, für wenig Geld Dinge zu erledigen, die niemand sonst machen möchte? Warum sollten sich bei haushaltsnahen Dienstleistungen, Pflege und Betreuung Wertschätzung und Wertschöpfung nicht weit stärker entsprechen, als es heute der Fall ist? Das hätte mit hoher Wahrscheinlichkeit positive Auswirkungen auf die Produktivitätsentwicklung. Wer Kinder oder Ältere betreut, ist besser motiviert, wenn die Bezahlung als fair(er) empfunden wird. Damit steigt die Qualität der Dienstleistung, was den höheren Preis dann auch mehr als rechtfertigt.

Nicht zuletzt geprägt durch das Verständnis, dass Löhne das Spiegelbild der Arbeitsproduktivität sind, hat sich in der Ökonomik ein einseitiges Denken weiterentwickelt. Vernachlässigt wird eine genau entgegenlaufende Kausalität, die ebenso richtig sein kann. Nämlich dass die Arbeitsproduktivität widerspiegelt, wie zufrieden Beschäftigte mit ihrer Entlohnung sind.

Nicht mehr Unternehmen suchen sich Arbeiter aus, sondern Arbeiter suchen sich Unternehmen aus

Disruption führt dazu, dass die Arbeitswelt des 21. Jahrhunderts für Fachkräfte eine Welt der zunehmenden Möglichkeiten sein wird. Gutqualifizierte werden freier in der Wahl des Arbeitsorts, der Arbeitszeit, der Lohnverhandlung. Sie haben eher die Freiheit, von sich aus zu entscheiden, wem gegenüber sie wie lange und in welchem Ausmaß loyal sein wollen, und sie werden auf unerfüllte Erwartungen seitens der Arbeitgeber schneller mit Kündigung, Abwanderung und Wechsel reagieren.

Die Arbeitswelt des 21. Jahrhunderts macht Menschen mündig. Anders als ihre Vorgenerationen verfügen Arbeitskräfte heutzutage und in Zukunft über viele Möglichkeiten, Unternehmen dazu zu zwingen, diese Mündigkeit zu respektieren. Sie wollen eine Wertschätzung, die über die Lohnzahlung hinausgeht. Sie erwarten ein emotionales Umfeld jenseits der bloßen Arbeitsabwicklung. Sie verlangen ein Arbeitsklima, das von Vertrauen, gegenseitigem Respekt und Wertschätzung geprägt ist. Unter dieser Voraussetzung sind sie zu hoher Leistung bereit.

Für die Unternehmen ergeben sich in der Arbeitswelt des 21. Jahrhunderts neue Herausforderungen und große Chancen. Stärker als in der Vergangenheit, als harte Faktoren wie Größe, Profitabilität und Internationalität die Attraktivität eines Unternehmens für die Mitarbeiter(innen) bestimmten, werden in Zukunft eher weiche Kriterien wie Sinnhaftigkeit der Arbeit, Empathie und Verständnis für die aktuelle Lebenssituation der Beschäftigten bei der Wahl des Arbeitgebers wichtiger.

Um in Konkurrenz mit anderen erfolgreich zu sein, müssen künftig Unternehmen mit größerer Intensität als bisher um qualifizierte Mitarbeiter(innen) werben – und viel mehr tun, um sie länger zu halten. Beschäftigte erwarten, dass ihre Anforderungen und Wünsche in hohem Maße erfüllt werden. Abweichungen werden rasch bestraft.

Für Unternehmen bleiben der Verlust und Ersatz von Mitarbeiter(inne)n nicht kostenlos. Das Wissen der ausscheidenden Beschäftigten geht verloren, von den Neueingestellten muss es erst erworben werden. Um teure Wechsel- und Einarbeitungskosten zu vermeiden, müssen Firmen ihre Strukturen und Verhaltensweisen an die Arbeitswelt des 21. Jahrhunderts anpassen. Wer dabei Vorreiter ist, kann sich Reputation aufbauen, die den noch im alten Denken verharrenden Unternehmen fehlen wird. Und wer zu spät kommt, den werden die Mitarbeiter(innen) durch Weggang und Fernbleiben bestrafen. Fachkräftemangel erweist sich dann als reiner Führungsmangel.

Lasst Roboter statt Menschen arbeiten!
Die digitale Revolution eröffnet die historische Chance, Arbeit neu zu definieren und den Menschen von gesundheitsschädigenden und würdelosen Tätigkeiten weitgehend zu befreien: Wenn Maschinen und Apparate, das Internet der Dinge und die künstliche Intelligenz menschliche Arbeit produktiver werden lassen, spricht nichts dagegen, die Erwerbstätigkeit völlig anders – eben menschlicher – zu organisieren. Warum sollen im Zeitalter der Digitalisierung nicht Putzroboter Toiletten reinigen, unbemannte Drohnen Pakete zustellen, selbst fahrende Kräne Dächer decken und rund um die Uhr nimmermüde Kameras Wachdienste und Kontrollgänge erledigen? Und die von derartiger Arbeit befreiten Menschen können sich stattdessen kreativen, spannenden und sinnvollen Tätigkeiten zuwenden.

Noch nie waren so viele Menschen so gut gebildet wie heute. Immer weniger werden daher bereit sein, gegen ihren Wunsch und Willen Tätigkeiten aus schlichtem ökonomischem Überlebenszwang erledigen zu müssen, vor allem auch, weil dafür zunehmend intelligente, technologische Alternativen zur Verfügung stehen, die den Menschen bei einfachen Aufgaben ersetzen. Dank der besseren Bildung werden immer mehr Menschen in der Arbeitswelt des 21. Jahrhunderts die Absicht und die Fähigkeit haben, kluge und kreative Tätigkeiten auszuüben, die Spaß machen und Sinn stiften. Viele können sich den Luxus leisten, von der Arbeit eine Bereicherung über das Materielle hinaus zu erwarten.

Eine vollständig neue Arbeitsteilung wird möglich: nicht mehr Mensch *gegen* Maschine, sondern Mensch *mit* Maschine. Der Mensch arbeitet nur noch das, was Spaß und Sinn macht. Menschenunwürdige und gesundheitsschädigende Arbeiten erledigt der Roboter – rund um die

Uhr, besser, verlässlicher, ausdauernder und billiger, als es der Mensch je konnte. Wo das technisch nicht möglich sein sollte, muss die Unversehrtheit des Menschen Ansporn für eine Suche nach neuen, gesundheitsschonenden Technologien sein.

Natürlich klingt davon vieles etwas utopisch. Aber ist es eben nicht genau so, dass in der Stunde der Optimisten auch unrealistische Ziele plötzlich möglich erscheinen? So wie historisch und noch vor wenigen Jahren niemand für möglich gehalten hätte, dass der Mensch zum Mond fliegt oder per Smartphone kommuniziert und Kinder ohne Sex gezeugt werden.

8. Disruption und neuer Datenkapitalismus

Manchmal sagen ein paar wenige Zahlen mehr als viele Worte. So zeigt sich das Wesen der Disruption wohl nirgendwo besser als in einem Langzeitvergleich der wertvollsten Firmen der Welt. Anfang 2019 lagen Microsoft, Apple, Amazon und Alphabet mit einem Börsenwert von zwischen 600 und 800 Milliarden Euro geschlossen und mit riesigem Abstand an der Spitze der wertvollsten Unternehmen der Welt (vor Tencent, einem chinesischen Big-Data-Giganten, mit einem Börsenwert von 350 Milliarden Euro).[89] Mit Netflix, Tencent, Bookings Holdings, NVIDIA und Amazon stehen fünf Firmen der Datenökonomie an der Spitze jener Firmen, deren Börsenwert sich in den letzten zehn Jahren weitaus am stärksten vervielfacht hat (nämlich um den Faktor 30 bis 40!).[90]

Lediglich eine Dekade vorher, also 2009, lag Microsoft mit einem Börsenwert von 163 Milliarden US-Dollar auf

Platz sechs, Alphabet mit 110 Milliarden US-Dollar lediglich auf Platz 22, Apple mit 94 Milliarden US-Dollar gar auf
Platz 33, und Amazon fand sich mit 31 Milliarden US-Dollar nicht unter den ersten 100.[91] Vor zehn Jahren wurden
die Top 100 der wertvollsten Firmen der Welt noch von
Exxon Mobil (heute Platz 12), PetroChina (heute Platz 26),
Walmart (heute Platz 16), ICBC aus China (heute Platz 11)
und ChinaMobile (heute Platz 39) angeführt. Lediglich drei
von fünf Firmen der Top 100 von 2009 finden sich auch
eine Dekade später noch unter den 100 wertvollsten Unternehmen der Welt.

Schaut man sich die Ranglisten noch ein paar Jahrzehnte weiter zurück an, zeigt sich, dass Energie (Öl und Gas)
im Industriezeitalter, hingegen Daten und Informationen
im Zeitalter der Disruption der Erfolgsschlüssel für eine
hohe Bewertung des Unternehmenswerts sind. Viele führende Firmen des Industriezeitalters sind aus den Top 100
verschwunden; manche befinden sich irgendwo im Mit-
telfeld. Dass damit auch ein Abstieg jener Finanzhäuser
erfolgte, die aufs Engste mit den Industriegiganten verbunden waren, lässt sich am Beispiel der Deutschen Bank
trefflich erkennen.

Noch etwas fällt bereits nach einem raschen Blick auf
die Rangliste der wertvollsten Firmen der Welt auf. Mit
wenigen Ausnahmen stehen US-amerikanische Firmen an
der Spitze. Wenn überhaupt, dann sind es eigentlich nur
chinesische Unternehmen, die mithalten können. So folgen auf die »großen Vier« aus den USA (Microsoft, Apple,
Amazon und Alphabet) Tencent aus China auf Platz fünf
und Alibaba auf Platz sieben. Danach kommen weitere Firmen aus den USA oder China, bevor mit Samsung aus Süd-
korea auf Platz 14, Royal Dutch Shell aus Großbritannien
und Nestlé aus der Schweiz wenigstens drei Unternehmen

außerhalb der USA und China den Sprung in die Top 20 geschafft haben.[92]

Der entscheidende strategische Vorteil der US-Firmen besteht darin, dass sie von Anfang an als globaler Spieler unterwegs sind, während ihre weltweiten Konkurrenten als nationale Player agieren. Während europäische Firmen meistens ausschließlich in ihren Heimatländern und oft (nur) dank staatlichem Schutz, Subventionen oder als frühere Staatsunternehmen tätig sind, haben die US-Datenfirmen im grenzüberschreitenden, internationalen Geschäft kaum ähnlich global agierende Konkurrenten. Damit setzen sie heute die Standards, die in wesentlichem Maße die Regulierungen der Zukunft prägen werden. Dadurch wird ihre Vormachtstellung noch einmal stärker zementiert. Sie werden bereits können, was andere noch (teuer) werden lernen müssen. Ganz offensichtlich hat man in den USA schneller als anderswo verstanden, dass Daten der wichtigste Rohstoff, Datenplattformen die strategischen Drehscheiben und Datentransfers die neuen Handelsströme des 21. Jahrhunderts sein werden.

Wer die Norm setzt, hat den Markt – für lange Zeit

Der weltgrößte Taxibetrieb der Welt – Uber – besitzt kein eigenes Fahrzeug, transportiert aber jährlich Milliarden von Kunden.[93] Airbnb ist der größte Hotelbetrieb der Welt mit täglich mehr als einer Million Gästen, hat aber keine eigenen Betten.[94] Amazon ist schon länger der weltgrößte Buchhändler, hatte aber lange Zeit keine einzige Buchhandlung.[95]

Viele weitere Erfolgsbeispiele wie Facebook, ein Medienmogul ohne eigene Nachrichten, oder Alibaba, ein Handelsimperium ohne eigene Warenhäuser, veranschaulichen, was Disruption aus ökonomischer Perspektive meint und bewirkt. Sie verändert radikal und komplett das Zusammenspiel von Angebot und Nachfrage – so wie es bei Uber, Airbnb oder Amazon der Fall ist, aber eben auch in vielen anderen Bereichen der Finanzierung und Versicherung, der Produktion und des Vertriebs, der Beratung und der Kundenbetreuung. Wie disruptiv dabei auch vorher langfristig stabile Verhältnisse werden, lässt sich daran ablesen, wie rasch frühere Wettbewerber die Segel streichen und den Markt den US-amerikanischen Big-Tech-Firmen überlassen mussten. So verschwand das vor allem in Deutschland aktive soziale Netzwerk studiVZ (kurz für Studiverzeichnis) vom Markt. Ebenso verloren erst europäische Schallplattenlabels, danach die Compact-Disc-Marken und schließlich die Hersteller von Plattenspielern und CD-Geräten das Rennen gegen iTunes, Spotify und andere Big Player der Onlineunterhaltung. Hingegen wurden immer wieder kleinere (Start-up-)Softwarefirmen von den großen Datenkonzernen aufgekauft. So bezahlte beispielsweise Facebook im Jahr 2014 19 Milliarden US-Dollar für den Nachrichtendienst WhatsApp und zwei Milliarden US-Dollar für den Entwickler von Virtual-Reality-Brillen, Oculus VR. Und Amazon übernahm im Frühjahr 2018 das auf rund eine Milliarde Dollar bewertete US-Unternehmen Ring, das intelligente Türklingeln und Sicherheitssysteme anbietet.[96]

Disruption definiert die Schnittstellen zwischen Firmen und ihren Kunden neu. So wie bei Uber, Airbnb oder Amazon schieben überall und jederzeit neue Spieler mit völlig neuen Geschäftsmodellen Handelsplattformen für Vermittlung und Vertrieb zwischen Kunden und Verkäufer.[97] Die Stärke der in der Regel ohne spezifische Markterfahrung auftretenden Newcomer liegt darin, dass sie früher und rascher als alle anderen passgenau und kundengerecht Angebot und Nachfrage zur Deckung bringen können. Sie schaffen digitale Marktplätze, auf denen Daten und Informationen, Suchanfragen und Antworten nicht nur ausgetauscht, sondern auch gleich für künftige Aktivitäten vernetzt, verfeinert und weiterverarbeitet werden. Die digitalen Plattformen entsprechen somit der unsichtbaren Hand des Marktes, wie sie Adam Smith für das Industriezeitalter verstand. Sie helfen, Transaktionskosten (also Kosten für die Suche, für Informationen, für die Geschäftsanbahnung und -abwicklung) zu verringern.

Das strategische Element der Plattformökonomie liegt in *First Comer*-Effekten und Pfadabhängigkeiten. Erstere entstehen, weil Regeln und Standards jener setzen kann, der zuerst kommt – also beispielsweise, in welcher Programmsprache die Software geschrieben wird, welche Voraussetzungen zu erfüllen sind, um Microsoft-Software oder Android-Apps einsetzen zu können, wie Bezahlvorgänge abgewickelt werden oder wer unter welchen Bedingungen auf bestimmten Plattformen Geschäfte abwickeln oder Werbung machen darf. Letztere spielen eine Rolle, weil sich Nutzer an gewisse Marken und Produkte, bestimmte Verfahren, Abläufe oder Verhaltensweisen so sehr gewöhnt haben, dass Kundentreue und Gewohnheiten dazu führen, immer wieder bekannte Produkte zu kaufen und zu nutzen. Oft und vielfach sind Wechselkosten so hoch, dass man selbst dann dem Original treu bleibt, wenn eigentlich vieles für eine Loslösung vom Bisherigen und eine Hinwendung zu etwas Neuem sprechen würde. Wem Apple und das iPhone lieb geworden sind, wird nicht so rasch zu Microsoft oder Samsung abwandern.

Dass, wer zuerst kommt, rascher aus den Lehren und Erfahrungen des Anfangs profitieren kann, weil er früher und damit länger und besser als andere den Markt, seine Kunden und deren Wünsche kennt, ist nichts Neues. Google, Apple, Facebook, Amazon setzen jetzt die technischen Standards, zahlen nun das Lehrgeld und schaffen sich heute jene Innovationsvorsprünge und globalen Netzwerke, die ihnen gegen konkurrierende Nachahmer für lange Zeit Vorsprünge sichern.

Das wirklich Neue ist, dass digitale Plattformen aus der Trilogie von *First Comer*-Effekten, Lern- und Erfahrungseffekten sowie Pfadabhängigkeiten als Folge hoher Wechselkosten eine Dominanz erlangen, die ihnen eine enorme Marktmacht zuschanzt. Anders oder zumindest stärker als bei Monopolen des Industriezeitalters ist die Dynamik und damit der Schutz der Plattformen. Plattformen haben so viele Daten und Informationen über ihre Nutzer, dass sie oft mehr über diese wissen als ihre Kunden selber. Algorithmen ermöglichen, präzise Kundenprofile zu erstellen und damit den gläsernen Nutzer zu schaffen. Als wenn beim Schachspiel der eine mit Sicherheit im Voraus wüsste, was der andere beim nächsten Zug tun wird, kennen die Big-Tech-Firmen die Strategien ihrer Kunden oft besser und früher als die Betroffenen.

Die *First Comer* können ihren Startvorsprung und die damit verbundene Monopolstellung nutzen, um zu Beginn neuer Produktzyklen jene Gewinne zu erwirtschaften, die später notwendig sind, um sich im Laufe der Zeit als Nachahmer auf den Markt drängende Konkurrenz vom Halse zu halten. Dank ihrer Marktposition, bestehender Kundenbeziehungen und der Gewinnpolster werden sich US-amerikanische Big-Tech-Giganten jederzeit mit europäischen Konkurrenten einen Preiswettbewerb leisten können, der für sie zwar schmerzlich, für Konkurrenten aus Europa jedoch ruinös sein wird.

Verstärkt wird die Macht der Plattformen durch Netzwerkeffekte. Damit ist gemeint, dass »mit jedem neuen Akteur auf der Plattform – Kunde oder Anbieter – der Nutzen für alle Teilnehmer steigt. … Ist eine kritische Masse an Nutzern erst einmal erreicht, wächst ihre Zahl nicht mehr linear wie auf traditionellen Märkten, sondern exponentiell. Sättigungseffekte treten bei den wirklich erfolgreichen Plattformen erst ein, wenn sie eine marktbeherrschende Stellung eingenommen haben.«[98]

Der neue Datenkapitalismus trägt somit den Keim zur Monopolisierung in sich. »Sowohl die Anreize als auch die Möglichkeiten, in wettbewerbswidriger Weise einen Markt zu verschließen und Marktmacht auf benachbarte Märkte auszudehnen, sind bei Onlineplattformen tendenziell stärker ausgeprägt als auf ›normalen‹ Märkten.«[99] »Hat sich eine Plattform erst mal etabliert, führt an ihr kein Weg vorbei. … Die Gewinne der Platzhirsche sind so gewaltig wie die Machtposition, aus der heraus sie agieren.«[100] Die Profite wiederum sind die Kapitalquelle (oder die für Eigenkapitalgeber entscheidende Attraktion, neues Wagniskapital einzuschießen), aus der sich die Big-Tech-Firmen die gewaltigen Investitionen in stetige Innovationen finanzieren können, die mit Plattformökonomien einhergehen.

Was jetzt im Endkundenbereich mit Uber, Facebook oder Alibaba gang und gäbe wurde, wird genauso innerhalb der Industrie bei der Produktion seine Fortsetzung finden. Elektronische Plattformen werden sich als neue Spieler mit eigenen Ansprüchen und Interessen zwischen den Firmen positionieren. Sie werden fallweise, passgenau und maßgeschneidert Vorleistungen, Rohstoffe, Fach- und Führungskräfte oder Finanzierungsquellen mit den weiterverarbeitenden Herstellern von Gütern und Dienstleistungen zusammenbringen. Logistik, Versicherung, Finanzierung sowie vieles mehr wird durch Algorithmen stets und ständig optimiert. Eigentlich dürfte es nur noch eine Frage der Zeit sein, bis die Big-Data-Firmen ganze Wertschöpfungsketten zwischen Angebot und Nachfrage gleich vollständig selber übernehmen und Amazon oder Google auch Bankgeschäfte, wie Finanzierung und Kreditgewährung, in Eigenregie abwickeln oder ab Fabriktor bis zum Kunden alle dazwischenliegenden Logistikdienstleistungen bis hin zur Abrechnung in ihre Hände nehmen.

Dazu gehört auch, dass hybride Firmen Spezialisten und Führungskräfte immer mehr nur nomadisierend projekt- und einzelfallweise als Co-Worker oder Gig-Worker beauftragen und nicht mehr dauerhaft in einem Festanstellungsverhältnis beschäftigen werden. Künstliche und menschliche Intelligenz werden genauso verschmelzen wie in der Endfertigung 3-D-Drucker, Roboter und Menschen.

Es sind nicht so sehr einzelne Plattformen, die das Wesen der Disruption widerspiegeln. Die verschiedenen Big-Tech-Firmen kommen und werden gehen, wie das auch früher nicht anders war. Die Plattformökonomie wird ihre eigenen Kinder fressen. Einige wenige werden vielleicht dauerhaft bleiben. Sicher aber Bestand haben wird die Ökonomik der Plattformen als disruptive Zerstörer, die mehr oder weniger aus dem Nichts auftauchen, alte Marktgesetze außer Kraft setzen, mit neuen Geschäftsmodellen agieren und Platzhirsche von früher vertreiben werden.

Sharing Economy als disruptiver Prozess

Nutzen statt besitzen! Teilen statt gehören! Die Sharing Economy ist eine typische Folge disruptiver Prozesse. Sie ist ein Kind der Daten- und Plattformökonomie, deren Algorithmen in Echtzeit alles rasch finden, was die einen suchen und die anderen gerade übrig haben.

Disruptive Prozesse ermöglichen, aber erfordern es auch, sowohl mikro- wie makroökonomisch, effizienter zu werden und mit weniger Aufwand mehr Wohlstand zu schaffen. Sie erlauben, bestehende Kapazitäten besser auszuschöpfen und durch stetige Optimierung Engpässe zu vermeiden. Uber sorgt dafür, dass Autos, anstatt ungenutzt herumzustehen, häufiger in Bewegung sind, sodass insgesamt mit weniger Fahrzeugen mehr Menschen transportiert werden können. Ebenso führt Airbnb zu einer besseren Auslastung von Wohnraum, was einen schier unersättlich scheinenden Bauhunger zumindest etwas dämpft. Aber auf der anderen Seite werden ganz neue Verwerfungen verursacht – etwa, wenn Mietwohnungen in Städten nicht mehr dauerhaft von Einheimischen, sondern nur vorübergehend von Touristen belegt werden, was zu Verknappung von Wohnraum und steigenden Mieten führt. Und es können Probleme entstehen, wenn durch neue, hochflexible Geschäftsmodelle herkömmliche Marktanbieter, wie beispielsweise Hotels, die ein dauerhaftes oder stabileres Angebot gewährleisten, Konkurrenz bekommen. Dann zeigt sich, dass neuen Verhaltensreaktionen – wie eben der kurzzeitigen Untervermietung von Mietwohnungen – mit herkömmlichen politischen Maßnahmen vergangener Zeiten nicht mehr beizukommen ist.

Die Notwendigkeit neuer politischer Antworten auf disruptive Prozesse wird auch in der Sharing Economy offensichtlich. Wenn Uber und Airbnb dem Wunsch vieler –

gerade Jüngerer – nachkommen, langlebige Konsumgüter wie Autos oder Wohnungen nicht besitzen zu müssen, sondern lediglich nutzen zu wollen, verändert das in vielfältiger Weise das Verhältnis von Eigentum und Nutzung und damit Verantwortung und Haftung.

Wer die Daten hat, hat die Macht

Disruption führt zu einer Verschiebung der Machtverhältnisse. In Zeiten der Industrialisierung war mächtig, wer Zugriff zu leicht verfügbaren Rohstoffen, billigen Arbeitskräften für die Massenproduktion und günstigen Zulieferern von Halbfabrikaten und Vorleistungen hatte. Mit der Globalisierung wurden Marktgrößen für den Absatz und gut qualifizierte Fach- und Führungskräfte wichtiger. Bei der Digitalisierung gilt: Wer die Daten hat, besitzt auch die (ökonomische) Macht. Die Rangliste der weltweit wertvollsten Firmen liefert einen Beleg, welches Potenzial die Finanzmärkte der Digitalisierungswirtschaft zuschreiben.

Die digitalen Plattformbetreiber leben deshalb so gut, weil sie ihren Rohstoff, also Daten, nahezu kostenlos erhalten. Nutzer von sozialen Medien, Onlineportalen und Apps aller Art geben mehr oder weniger bewusst und freiwillig in Hülle und Fülle (sehr) private Daten preis. Oder anders formuliert: »Nutzer von Plattformen wie Amazon, auf denen Waren gehandelt und vermittelt werden, zahlen mit Informationen über ihr Konsumverhalten.«[101] Sie hinterlassen in Suchmaschinen wie Google Daten und digitale Spuren über ihr Verhalten und ihre Neigungen, ihren Standort sowie Zahlungswilligkeit und -fähigkeit. Die Big-Tech-Firmen verarbeiten, verdichten, vernetzen und verkaufen dann Massen von Daten an unterschiedlichste Firmen, die im Wesentlichen davon leben, mit diesen Daten ihre Kunden noch einmal besser mit maßgeschneiderten, passgenauen Diensten und Gütern zu versorgen.

Viele Dienstleistungen und Prozesse der digitalen Wirtschaft sind nur möglich, weil die Unternehmen immense Fixkosten für Entwicklung und Programmierung von Algorithmen, Software, Plattformen und Netzwerken zahlen können. Wenn danach Hunderte oder Millionen von Kunden davon Gebrauch machen, verursacht dies jedoch kaum zusätzliche Kosten. Deshalb gilt: Wer zuerst kommt, wird den Markt für eine Weile beherrschen – schlicht, weil er dank einer bereits bestehenden größeren Anzahl von Kunden attraktiver ist als neue Konkurrenten.

Niemand hat die Monopolisierungsstrategie besser durchdrungen als die US-Riesen des Digitalisierungszeitalters. Amazon, Apple, Google, Facebook, Microsoft und andere Big-Data-Firmen aus dem kalifornischen Silicon Valley setzen die technologischen Standards und schaffen für sich jene Innovationsvorsprünge und globalen Netzwerke, die sie nicht nur für konkurrierende Nachahmer uneinholbar machen. Auch europäische Regulierungsbehörden beißen sich an der Macht der US-Digitalisierungsriesen die Zähne aus. Wer mit Hilfe kluger Algorithmen und künstlicher Intelligenz die nahezu in unendlichen Mengen verfügbaren Kundendaten erfassen, sortieren, verdichten, veredeln und vernetzen kann, ist in der Lage – ähnlich, wie es Monopolisten immer schon getan haben –, die Preise für jeden einzelnen Käufer entsprechend dessen Zahlungsbereitschaft und -fähigkeit zu setzen. Satte Profite der Datenkonzerne sind die Folge.

Wie strategisch die Digitalisierungsgiganten im Aufbau ihrer Marktbeherrschung vorgehen, offenbart sich, wenn Amazon, die größte US-Bank JPMorgan Chase und Warren Buffetts Beteiligungsgesellschaft Berkshire Hathaway eine gemeinsame – zunächst noch nicht gewinnorientierte – Krankenkasse gründen. Oder wenn eine Kooperation von Allianz, Apple und Cisco eine gemeinsame (Cyber-)Versicherung gegen Computerkriminalität anbieten wollen. Beides zusammen zeigt, wohin die Reise der Digitalisierungsökonomie geht: zu einer Verschmelzung der Kompetenz des Datenmanagements mit Versicherungen und Finanzinstituten. Strategisches Ziel der neuen Konglomerate ist es, mit Hilfe von Big Data einen gläsernen Menschen zu schaffen, mit dem sich Big Business und vor allem Big Profit machen lassen.

Das Smartphone ist ein trojanisches Pferd

Das alles und jedes durchdringende Smartphone ist das trojanische Pferd der Datenwirtschaft, das erlaubt, den Menschen mehr oder weniger bewusst und freiwillig auszuspionieren. Es weiß einfach alles über das Verhalten seiner Besitzer(innen), wann sie aufstehen oder wann und mit wem sie ins Bett gehen, wen sie lieben und wen sie hassen, wie viel sie sich bewegen, was sie essen und trinken, wo und was sie arbeiten, wie und mit wem und mit was sie ihre Freizeit verbringen. Vor allem werden mit Apps zunehmend auch Bankkonten geführt, Versicherungspolicen abgeschlossen, Wertschriften gehandelt und Vermögen verwaltet. Deshalb machen die in der Digitalisierungswirtschaft erkennbaren neuen Allianzen von Datenfirmen mit Banken und Versicherungen strategisch immer mehr Sinn. Es ist die Vernetzung einzelner Informationen zu allwissenden Datenbanken, die den Menschen gläsern werden lassen.

Die millionenfach im Alltag verwendeten Bonus-, Payback- und Treuekarten tun ein Übriges, um die Datenkonzerne in Hülle und Fülle mit intim(st)en Informationen über Konsumgewohnheiten, Vorlieben, Abneigungen und Zahlungsverhalten zu füttern. Auch hier kommt dazu, dass Kundenkarten oft online verwaltet werden. So lassen sie sich von Kauf- oder Versandhäusern ohne viel Aufwand mit einer beachtlichen Anzahl persönlicher Merkmale vernetzen. Dazu gehören Alter und Geschlecht, Familienstand und -größe, Wohnlage und Nachbarschaft, Beruf, Einkommen und Zahlungsfähigkeit, Gesundheitszustand und Lebenssituation.

Kundenkarten werden oft im naiven Glauben verwendet, dass damit (Online-)Händler, Kaufhäuser, Supermärkte und Handelsketten nicht das eigene Interesse, sondern das der Verbraucher verfolgen. Ein tragischer Irrtum, auch wenn es vordergründig tolle Prämien oder gar ein klein wenig Geld zurückgibt. Anders jedoch, als sie vorgaukeln, führen Kundenkarten dazu, dass Verbraucher am Ende mehr und nicht weniger zahlen.

Ein Blick in den (elektronischen) Warenkorb genügt den (Online-)Händlern, um mit intelligenten Algorithmen die Kunden oft besser einzuordnen, als es der Selbsteinschätzung gelingt. Das kann so weit gehen, dass Datenkonzerne früher als alle anderen wissen, was gleich anstehen und passieren wird – etwa, wenn Frauen schwanger geworden sind, ein Haustier zur Familie stößt, eine Ferienreise geplant ist oder eine Trennung bevorsteht.

Mit ihren Bonuskarten tauschen die Kunden viele meist sehr private Daten gegen extrem geringe Belohnungen. Damit versorgen sie nahezu ohne Entschädigung die Digitalisierungskonzerne mit jenen Informationen, mit denen Letztere aus Big Data Big Business machen – zum Nachteil derer, die ihnen mehr oder weniger kostenlos das Insiderwissen geliefert haben, das sie zum gläsernen Kunden werden lässt. Für die Digitalisierungskonglomerate hingegen sind die Datenströme wie Manna vom Himmel. Sie brauchen den Informationsregen lediglich mit künstlicher Intelligenz und klugen Algorithmen zu analysieren. So können sie für jeden einzelnen Kaufvorgang haarklein und unfassbar genau errechnen, welcher Preis der Kunde gerade noch zu bezahlen bereit ist oder zu zahlen bereit sein muss, weil er keine andere Wahl hat. Aus Forecast wird Nowcast – aus vagen Vorhersagen für die Zukunft werden präzise Aussagen für das Jetzt. Es geht nicht mehr um eine Vermutung, was Kunden morgen wollen, sondern darum, in Echtzeit zu wissen, was sie jetzt tun.[102]

Der Kunde ist nicht König, sondern Marionette

Ganz anders, als viele behaupten, wird mit der Digitalisierung der Kunde nicht vom König zum Zar. Im Gegenteil: Er wird zur Marionette der Datenkonzerne degradiert. Händler werden den Verbraucher so gut kennen, dass sie beim Kauf-Verkauf-Vorgang mit dem Kunden spielen können, wie es ihnen gefällt. Die individualisierte Preisfindung führt – etwas technisch formuliert – zum Ende der Konsumentenrente. Mit dem in der Ökonomik gängigen Begriff der Konsumentenrente ist der Benefit gemeint, den Verbraucher(innen) einstreichen können, weil sie in herkömmlichen Gütermärkten Güter und Dienstleistungen zu einem niedrigeren Durchschnittspreis erhalten (den in einem System mit Preisauszeichnungspflicht alle gleichermaßen zu bezahlen haben), obwohl sie bereit gewesen wären, mehr dafür auszugeben. Kluge Algorithmen werden aus dem Kaufverhalten in früheren Fällen und aus der momentanen Zahlungsfähigkeit der Kunden für jeden Einzelfall haargenau berechnen, wie viel Verbraucher(innen) bei einem aktuellen Onlinekauf zu zahlen bereit sind, und genau diesen Preis verlangen. Was neudeutsch als *Pricing* bezeichnet wird, ist nichts anderes als ein Höchstmaß an Preisdiskriminierung und eine maximal mögliche Ausschöpfung des Verhandlungsspielraums zulasten der Onlinekund(inn)en.

Zwar zeigt ein aktueller Test des *Pricing*-Verhaltens im Onlinehandel, dass eine individualisierte Preisdifferenzierung noch vergleichsweise selten angewendet wird.[103] Aber es gibt im Onlinehandel keine verlässlichen Preise, und der Standort der Kund(inn)en scheint einen Einfluss auf den Preis auszuüben. Das aktuelle Testergebnis dürfte somit eher eine Momentaufnahme als den letzten Entwicklungsstand widerspiegeln. Denn zumindest gibt es vielfache anekdotische Evidenz dafür, dass bei wiederholtem Interesse der Preis in der Zeit zwischen mehreren Onlinesuchanfragen für ein identisches Angebot angestiegen ist. Da ist es für die Kund(inn)en vergleichsweise egal, ob das jetzt die Folge einer hochdynamischen Preisdifferenzierung im Sekundentakt oder eines individualisierten *Pricings* ist.

Eine Individualisierung der Preisfindung ist keinesfalls auf den Onlinehandel beschränkt. Sie wird bald schon bei vielen anderen Geschäften in ähnlicher Form zu finden sein. So dürfte es lediglich eine Frage der Zeit sein, bis Tankstellen schon bei der Anfahrt anhand der Fahrzeugkennzeichen wissen, ob sie beim einen oder anderen Spritsuchenden mit dem Benzinpreis noch Luft nach oben haben – etwa, wenn der eine oder andere weder Lust noch Zeit hat, wegen ein paar Eurocent pro Liter umzukehren, um andernorts billiger zu tanken. Und flugs geht der Preis nach oben.

Genauso werden Versicherungen Kunden mit Boni, niedrigeren Versicherungsprämien und besseren Leistungen dafür belohnen, wenn sie freiwillig persönliche Daten preisgeben, Gesundheits-Apps nutzen, sich intelligente Sensoren implantieren oder eine vernetzte Blackbox ins Auto einbauen lassen. Die Kunden haben dann die Wahl: Entweder sie bewahren sich ihre Intimsphäre und bezahlen immer höhere Versicherungsbeiträge, oder aber sie werden zum gläsernen Menschen, der deutlich weniger für den Versicherungsschutz zu bezahlen hat. So wollen Apple, Cisco und der weltgrößte Versicherungsmakler Aon mit einem neuen Verbundangebot »gläsernen« Kunden günstigere Konditionen mit geringerem Selbstbehalt oder ohne Eigenbeteiligung anbieten.[104]

Von dort ist es dann nur noch ein kleiner Schritt hin zu einem Anreizsystem, das im Voraus und immer wieder jene belohnen (aber auch bestrafen) wird (wiederum durch geringere bzw. höhere Versicherungsprämien), die sich – auch präventiv – korrekt verhalten (oder eben nicht) – also nicht trinken, genug schlafen, sich häufig bewegen und viel Gesundes mehr. Die Versicherungen der Digitalisierungsallianzen werden eine vollständige Transparenz ihrer Kunden erzwingen und diese damit in Abhängigkeiten bringen, die bisher nur aus Science-Fiction-Filmen vorstellbar waren.

Wenn Konglomerate von Datentechnologie-Giganten und Finanzkonzernen zu allwissenden Versicherungsriesen werden, wird das Zusammenleben in Politik, Wirtschaft und Gesellschaft revolutioniert. Ein von Big Brother angeordneter »Paternalismus des korrekten Verhaltens«, Informationsungleichgewichte und die Gefahr von Datenmissbrauch zulasten der Versicherten (und damit aller) sind das eine. Macht, Dominanz und Abhängigkeiten des gläsernen Menschen gegenüber Big Data, Big Business und Big Profit sind das andere. Beides zusammen dürfte eher zum Schaden als zum Nutzen von Kunden und Konsumentenrente sein.

Wer schützt die Privatsphäre?

Die Sammlung und Verwertung privater Daten ermöglicht ein »weitreichendes Profiling und Tracking aller erfassbaren Lebensumstände inklusive der finanziellen und gesundheitlichen Gesamtsituation der Einzelpersonen und der Haushalte sowie ihrer Verknüpfung mit Daten dritter Anbieter und Verwerter«.[105] Der Mensch wird gläsern für Wirtschaft, Gesellschaft und Politik, und zwar in allen Sphären des Seins. Mit geringem Aufwand lassen sich aus privaten Daten Rückschlüsse auf individuelle Vorlieben, Gewohnheiten, Zahlungsbereitschaft von Kunden und deren politische Einstellungen, Wahlverhalten und Verhaltensweisen erkennen.

Mit den Chancen von Big Data gehen ganz offensichtliche Risiken von Big Business und Big Brother einher. Digitalisierung zeigt eben in vielen Bereichen einen Januskopf mit Vor- wie Nachteilen. Auf der einen Seite kann man eigentlich nie genug Information haben, die sich zu Wissen verarbeiten lässt. Andererseits kann Information auch in falsche Hände geraten und zu Abhängigkeiten, Missbrauch und Verletzung der Privatsphäre führen. Das Gesundheitswesen liefert hierfür ein offensichtliches Beispiel.

Ohne Zweifel wäre es von enormem Vorteil, alle relevanten persönlichen sozioökonomischen Daten von der Wiege bis zur Bahre so vollständig wie irgendwie möglich zentral zu erfassen, zu lagern und bei Bedarf dezentral, jederzeit und von überall darauf Zugriff zu haben. Digitalisierung kann bei der Pflege komplexe Arbeitsvorgänge vereinfachen. Datenmaschinen können bei Diagnose und

Therapie entscheidende Unterstützung leisten. »Deep-Learning-Algorithmen helfen, Daten der Radiologie (PET/CT, MRI, Röntgenstrahlen etc.) zu lesen, um so die Früherkennung von Krebs zu verbessern und Falschmeldungen und Falsch-Negativmeldungen zu reduzieren.«[106]

Bei zentralen Gesundheitsdatenbanken können jedoch die Risiken steigen, indem Unbefugte Zugang haben und ein Missbrauch der Daten und eine Verletzung von Persönlichkeitsrechten erfolgen können. In der Summe zeigt sich, dass nicht alles, was technisch machbar ist, normativ akzeptiert wird.[107]

Aber über den Druck der Versicherungen, wie sie insbesondere auf die steigenden Kosten des Gesundheitswesens (nicht zuletzt aufgrund des demografischen Wandels) reagieren sollen, wird auch in Deutschland das Scoring-Wesen an Gewicht gewinnen.[108] In immer mehr Lebensbereichen werden mit immer komplexeren Verfahren Eigenschaften und Aktivitäten von Verbrauchern analysiert, Prognosen über ihr künftiges Verhalten erstellt, oder sie werden zu bestimmten Score-Wert-verbessernden Verhaltensweisen motiviert.

Scoring-Verfahren haben sowohl eine Transparenz- als auch eine Vertrauensfunktion. Sie können zum Beispiel darüber entscheiden, wer auf Kredit kaufen und wer nur auf Vorkasse bestellen darf. In der Kfz-Versicherung kommen bereits Scoring-Verfahren in Form von Telematik-Tarifen (auch Pay-As-You-Drive-Tarife genannt) zur Anwendung. Algorithmen beurteilen hier das Fahrverhalten und bestimmen mit darüber, wie teuer der Versicherungsschutz für den Autofahrer ist. Viele Krankenversicherungen vergeben für bestimmte Verhaltensweisen ihrer Versicherten, die »gescort« werden, einen Bonus.[109] Ebenso ist es für eine wachsende Anzahl von Personen vorstellbar, dass, wer gesund lebt, eine günstigere Berufsunfähigkeitsversicherung abschließen können sollte.

Neben den unbestreitbaren Vorteilen von Scoring-Verfahren bestehen natürlich auch Risiken. Datenmissbrauch, Marktmacht und Big Profits von Big-Tech-Monopolen und totalitäre Schnüffelstaaten, die alles, überall und jederzeit absolut und total überwachen, können die Geister sein, die mit der Digitalisierung gerufen wurden und Realität werden. China mit seinem Super-Scoring-Projekt des guten Bürgers veranschaulicht, wohin die Reise des gläsernen Bürgers gehen kann.[110] So tragen staatliche Sicherheitskräfte in chinesischen Großstädten immer öfter Brillen mit Gesichtserkennungssoftware. »Noch aus fünf Meter Distanz können Menschen mithilfe der Brille, die mit polizeilichen Datenbanken verbunden ist, identifiziert werden, sobald 70 Prozent des Gesichts erfasst sind. Über Kopfhörer werden die Polizisten vor Ort dann informiert, ob die betroffene Person verdächtig ist.«[111] Andernorts in China kreisen mit polizeilichen Datenbanken vernetzte Drohnen über Marktplätze, Einkaufsstraßen und Verkehrsknotenpunkten, um der Obrigkeit eine allgegenwärtige, flächendeckende Kontrolle zu ermöglichen.

Aber George Orwells Überwachungsstaat wird an anderer Stelle sogar noch mehr und mehr Realität. So laufen in vierzig chinesischen Städten Pilotprojekte eines digitalen *Good citizen*-Programms, das gutes soziales Verhalten belohnt und schlechtes Verhalten bestraft. »Ab dem Jahr 2020 will die chinesische Regierung jedem Bürger ein Punktekonto geben. Der Wert wird umso höher, je vorbildlicher der Einzelne im Sinne der Kommunistischen Partei lebt. Unaufrichtiges Verhalten wird dagegen bestraft. Abzüge gibt es beispielsweise für Verkehrsvergehen oder Zahlungsverzug bei Rechnungen. Mit Spenden oder Freiwilligenarbeit lässt sich das Konto auffüllen. Wer genügend Punkte hat, genießt wie bei Bonusprogrammen Vorteile: Er kann beispielsweise mit schnelleren Zügen fahren, die Kinder kommen auf bessere Schulen, oder es gibt eine Vorzugsbehandlung im Krankenhaus.«[112] Für eine Rundumüberwachung privater Aktivitäten durch staatliche Behörden fehlt in Deutschland noch jegliche politische Akzeptanz. Aber gerade in disruptiven Zeiten kann da sehr rasch sehr vieles in Bewegung kommen.

Es gilt daher, mit klugen politischen Maßnahmen eine Balance zu finden zwischen den beiden Blickrichtungen auf das Janusgesicht des Big Brothers. Die eine Seite entlarvt einen totalitären Überwachungsstaat mit absolutem Machtanspruch, der die Intimsphäre ohne Scheu und Rücksicht bis in die hinterste Ecke der Privatheit ausleuchtet, um vollständige Kontrolle über die Bevölkerung zu haben. Die andere Gesichtshälfte von Big Brother jedoch spiegelt vollständige Transparenz wider, um alle Daten offenzulegen. Informationen über alles und jedes sollen überall und jederzeit für alle gleichermaßen zur freien Nutzung bereitstehen. Nur so können Herrschaftswissen und Informationsmonopole beseitigt werden. Nur so wird es möglich sein, dass alle von den immensen Vorteilen der Digitalisierung, Big Data und auch Big Business profitieren können. Aus der immensen Spanne zwischen Chancen und Risiken ergeben sich gewaltige Anforderungen an die Bereitstellung öffentlicher Güter und deren Finanzierung, die Regulierung und Kontrolle der Digitalisierungswirtschaft, die Sicherung von Eigentumsrechten sowie den Schutz der Privatsphäre. Ist man zu streng, droht man zurückzufallen. Ist man zu nachsichtig, verliert man Freiheitsrechte.

9. Disruption führt zum Ende des Normalfalls

Nationalökonomie oder Volkswirtschaftslehre wird die Wissenschaft genannt, die sich um wirtschaftliche Zusammenhänge kümmert. Die Begriffe verdeutlichen in aller Klarheit, wo die Wurzeln der Interessen an ökonomischen Themen lagen. Es ging um die Nation und das Volk. So auch bei Adam Smith, einem der Stammväter der Wirtschaftswissenschaften. Sein 1776 in Zeiten des Absolutismus und Merkantilismus veröffentlichter »Wohlstand der Nationen« suchte nach den Quellen des Reichtums eines Landes.[113]

Das Buch von Adam Smith, in dem es auf über 800 Seiten um Spezialisierung, Arbeitsteilung, Wettbewerb und darum ging, dass der Eigennutz des Einzelnen, gelenkt über die unsichtbare Hand des Marktes, zur Quelle des Wohlstands für die Gesellschaft insgesamt wird, passte nahezu perfekt zur damals aufkommenden Industrialisierung, die zeitlich weitgehend parallel mit der Bildung von Nationalstaaten verlief. Denn die neuen Produktionstechnologien, Maschinen und die aufkommende Fabrikarbeit gingen einher mit einem Bedarf für neue Institutionen. Als Anpassung gesellschaftspolitischer Organisationsformen an das Zeitalter der Industrialisierung erwiesen sich Nationalstaaten mit Nationalökonomien als zielführende Koordinationsinstrumente, um Massen an durch Maschinen ersetzbar gewordenen Landarbeitern aus agrarischer in industrielle Produktion zu bringen und gesellschaftlich zu organisieren.

Aus einer Vielzahl von Königreichen, Kurfürsten- und Herzogtümern, Marktgrafschaften und (reichs)freien Republiken sowie Stadtstaaten bildeten sich in Europa zunächst ein paar große Reiche und in deren Nachfolge immer mehr Nationalstaaten heraus. Die Ablösung fürst-lich-königlicher Söldnerheere durch die allgemeine Wehr-pflicht und ihre Massenheere dürfte der Nationalisie-rungstendenz zusätzlichen Aufschwung gegeben haben.

Im Zuge der Industrialisierung entstanden Volkswirt-schaften mit einer hoheitlichen Rundum-Kompetenz in-nerhalb eines geografisch begrenzten Territoriums. Auch wenn ein Denken in Klassenzugehörigkeit die Gesellschaft prägte und es enorme Gegensätze zwischen Ober- und Unterschicht gab, entstand ein auf vielfältige Weise auch durch Mythen verstärktes Nationalbewusstsein.

Gerade die Absicht, nationale Themen bewusst zu ma-chen und im Rahmen einer nationalstaatlichen Politik zu verfolgen, bildete eine wirkungsvolle Methode, um Inter-essengruppen für Machterwerb und -erhaltung der Eliten zu mobilisieren. Die – oft auch durch radikale Ideologien befeuerte – Polarisierung in inländische und ausländische Positionen erlaubte es den Machthabern, die Massen vor den Karren ihrer eigenen Interessen zu spannen – notfalls auch mit hoheitlicher Gewalt. Der nationale Konsens »Wir gegen die andern« wurde dabei gegebenenfalls mit morali-schem Druck oder nationalistischer Propaganda herbeige-führt oder schlicht gesetzlich angeordnet und mit staatli-chem Zwang durchgesetzt.

Der Nationalstaat hat sich bis heute als die dominante Kraft der Weltordnung gehalten – und er feiert zu Ende der laufenden Dekade gerade eine Wiedergeburt. Zwar haben Globalisierung, Klimawandel und Umweltzerstörung, poli-tische Konflikte und Massenmigration die faktische Macht und Wirkung nationalstaatlicher Politik teilweise massiv eingeschränkt. Aber de jure bleibt der Nationalstaat das Maß aller Dinge. Und in der Realität zeigt sich in den letz-ten Jahren ein zuvor kaum zu erwartendes Zurückschwingen des Pendels. Sowohl im Westen mit Donald Trump in den USA als auch im Osten mit Wladimir Putin feiert in den Supermächten des Kalten Krieges der Nationalismus eine Wiederauferstehung, die in einer Reihe weiterer Staaten ihre Nachfolge findet.

Die Dominanz des Nationalstaates gilt selbst dann weiterhin, wenn durchaus beachtliche nationale Kompetenzen an supranationale Mitspieler oder multilaterale Institutionen abgetreten wurden. So sind die United Nations mit ihren vielen Tochterorganisationen, die Welthandelsordnung (WTO), Weltbank, der Internationale Währungsfonds oder Weltklimarat sowie die Europäische Union in vielen Sachfragen zuständig – teilweise abschließend und ausschließlich. Sie können in den von den Mitgliedstaaten überlassenen Bereichen zentral und verbindlich Entscheidungen treffen, Gesetze erlassen und durchsetzen.

Aber für die Alltagsprobleme der Bevölkerung vor Ort ist und bleibt nahezu ausschließlich der Nationalstaat mit seinen ausführenden Gliedern als Gehilfen für die Umsetzung zuständig. Bildungs-, Gesundheits- und Sozialpolitik, Beschäftigungs- und Arbeitsmarktpolitik, Inklusions-, Integrations- und innere Sicherheitspolitik, Bau-, Wohnungs- und Mobilitätspolitik – also alle Bereiche, die Tag für Tag das Leben der Gesellschaften unmittelbar und hautnah bestimmen – sind und bleiben fest in Händen nationaler oder lokaler Regierungen. Das gilt – Nato oder anderen Militärbündnissen zum Trotz – erst recht für die äußere Sicherheit, die Landesverteidigung oder die Terrorbekämpfung.

Die Disruption erschüttert jedoch die tatsächliche Problemlösungskompetenz von Nationalökonomien. Entdinglichung, Entterritorialisierung und Entstaatlichung finden jenseits von Volkswirtschaften statt. Disruption sprengt die Territorialität nationalen Rechts. Staatlichkeit lässt sich immer weniger administrativ anordnen. Technologische Fortschritte senken die Kosten des Exits – also des weggehens und Abwanderns – für Menschen, Unternehmen und deren ökonomische Aktivitäten. Damit werden Macht und Willkür politischer Entscheidungsträger eingeschränkt, die Mündigkeit der Menschen gestärkt und so letztlich die Wirtschaftspolitik diszipliniert. Auch deshalb ist Disruption weit mehr als nur ein technisches Phänomen. Sie lässt Nationalstaaten und Nationalökonomien hinter sich und digitale Staaten an deren Stelle treten – vielleicht noch nicht morgen, aber sicherlich im Laufe der Zeit.

Das Ende des Normalfalls

Normal ist, wenn die Dinge so sind, wie sie immer waren. Disruption bedeutet, dass das Verlässliche darin besteht, dass es keine Verlässlichkeit mehr gibt. Das 21. Jahrhundert »wird als das Jahrhundert in die Geschichte eingehen, in dem die Normalität endete und etwas Neues, Flüchtiges an ihre Stelle trat«, schreibt der langjährige Chefredakteur und Herausgeber des *Handelsblatts*, Gabor Steingart, in seinem Buch »Das Ende der Normalität. Nachruf auf unser Leben, wie es bisher war«.[114] Dass das Verrückte normal und das Normale verrückt wird, gilt bei Weitem nicht nur für das Verhalten Einzelner oder gesellschaftliche Individualisierungstendenzen. Es hat auch dramatische Konsequenzen für die Eigenschaften von Volkswirtschaften.

Ein kleines Zahlenbeispiel möge veranschaulichen, wie das Ende der Normalität zu einem Ende des Normalfalls und damit zum Ende der Volkswirtschaft als homogene Bezugsgröße ökonomischen Denkens und Handelns führt (vgl. die Tabelle). In Normingen, einem für Normland typischen kleinen Dorf, leben elf Person. Deren Körpergrö-ßen erreichen in absteigender Reihenfolge: 1,85 Meter, 1,84 Meter, 1,83 Meter, 1,82 Meter, 1,81 Meter, 1,80 Meter, 1,79 Meter, 1,78 Meter, 1,77 Meter, 1,76 Meter und 1,75 Meter. Die Tabelle veranschaulicht, dass die durchschnittliche Körpergröße in Normingen 1,80 Meter beträgt und dass der (mittlere) Median (der die Dorfbevölkerung der Körper-größe gemäß in zwei gleich große Hälften teilt) genauso bei 1,80 Metern liegt. Die Hälfte der Dorfbevölkerung ist größer als der (mittlere) Median von 1,80 Metern, die an-dere kleiner. Wenn die Dorfschneiderei für das jährliche Trachtenfest Gewänder herstellt und eine dem mittleren Median entsprechende Einheitsgröße von 1,80 Metern als Maß aller Dinge wählt, weichen ihre Trachten sowohl für die größte wie kleinste Person um 5 Zentimeter von einer passgenauen Idealgröße ab, was vielleicht gar nicht so auf-fällt, und wenn doch, geschickt durch eine Verlängerung bzw. Verkürzung der Säume auf einfache Weise korrigiert werden kann. Beim Dorffest sind somit alle glücklich, weil alle nahezu maßgeschneiderte Kleider tragen.

In Abnormingen, einem kleinen Dorf in Abnormland, leben auch elf Personen. Deren Körpergrößen erreichen in absteigender Reihenfolge: 2,05 Meter, 2,00 Meter, 1,95 Me-ter, 1,90 Meter, 1,85 Meter, 1,80 Meter, 1,75 Meter, 1,70 Me-ter, 1,65 Meter, 1,60 Meter und 1,55 Meter. Somit beträgt die durchschnittliche Körpergröße auch in Abnormingen 1,80 Meter, und der (mittlere) Median (der die Dorfbevölke-rung der Körpergröße gemäß in zwei gleich große Hälften teilt) liegt genauso bei 1,80 Metern. Die Hälfte der Dorfbe-völkerung ist größer als der (mittlere) Median von 1,80 Me-tern, die andere kleiner. Auf den ersten Blick zeigen sich somit keine Unterschiede zu Normingen – Durchschnitt und Median sind in beiden Dörfern identisch. Wie sehr

der erste Eindruck täuscht, wird deutlich, wenn die Dorfschneiderei in Abnormingen für das jährliche Trachtenfest
Gewänder herstellt. Wählt sie – wie das auch in Normingen geschah – eine dem mittleren Median entsprechende Einheitsgröße von 1,80 Metern als Maß aller Dinge,
entstehen nämlich beträchtliche Probleme. Die Trachten
weichen sowohl für die größte wie kleinste Person um
25 Zentimeter von einer passgenauen Idealgröße ab. Das
fällt auf und kann auch durch noch so geschickte Hände
nicht durch eine Verlängerung bzw. Verkürzung der Säume korrigiert werden. Beim Dorffest gibt es eine beträchtliche Anzahl unglücklicher Personen, die alles andere als
maßgeschneiderte Kleider tragen.

	Körpergröße in cm		Tageseinkommen in Euro	
	N	A	N	A
Person 1	185	205	100	89
Person 2	184	200	100	89
Person 3	183	195	100	89
Person 4	182	190	100	89
Person 5	181	185	100	89
Person 6	180	180	100	90
Person 7	179	175	100	91
Person 8	178	170	100	91
Person 9	177	165	100	91
Person 10	176	160	100	91
Person 11	175	155	100	10 101
Durchschnitt	180	180	100	1000
Median	180	180	100	90
N = Normingen, A = Abnormingen				

Das einfache Zahlenbeispiel verdeutlicht, dass der Durchschnitt in Normingen einigermaßen repräsentativ für die Allgemeinheit, in Abnormingen hingegen mehr oder weniger aussagelos und damit irreführend ist. In Normingen lässt sich der Durchschnitt als wunderbarer Prototyp nutzen, um vieles zu erklären, in Abnormingen hingegen überhaupt nicht. In Normingen kann man es mit einer Politik des Durchschnitts mehr oder weniger allen recht machen, in Abnormingen nahezu niemandem. Vielleicht gibt es in Normingen eine Volkspartei der Kleinen und eine der Großen. In Abnormingen gibt es nur kleine Splitterparteien mit sehr unterschiedlichen Perspektiven auf die »richtige« Größe innerhalb der Dorfgemeinschaft.

Das Beispiel erlaubt zudem noch ein zweites Gedankenexperiment. Wenn in Normingen alle elf Einwohnern gerade 100 Euro Tageseinkommen erzielen, liegen Durchschnitts- und Medianeinkommen gleichermaßen bei 100 Euro. Wenn in Abnormingen zehn von elf Einwohner zwischen 89 und 91 Euro Tageseinkommen erzielen, die elfte Person jedoch 10 101 Euro, dann liegt das Durchschnittseinkommen bei 1000 Euro. Der Durchschnitt in Abnormingen liegt somit weit neben der Alltagserfahrung des Volks. Ja, er führt sogar in die Irre. Denn ein um den Faktor 10 höheres Durchschnittseinkommen lässt vermuten, dass es der Bevölkerung in Abnormingen enorm viel besser geht als der in Normingen. Das Gegenteil aber ist der Fall. Zehn von elf Personen in Abnormingen haben ein um rund zehn Prozent geringeres Einkommen als in Normingen.

Das Medianeinkommen liefert in diesem Fall den viel besseren Maßstab für den allgemeinen Wohlstand. Der Median in Abnormingen liegt bei 90 Euro und damit um 10 Prozent unter dem Median in Normingen, der 100 Euro anzeigt. In der Wirklichkeit heutiger Statistiken beziehen sich die meisten Makrodaten jedoch auf Durchschnitte und nicht Mediane – ein besonderes Problem, wenn die reale Welt sich im Zeitalter der Disruption gerade von Normingen zu Abnormingen wandelt.

Normingen steht für das Leben in der alten Zeit der Industrialisierung. Bei allen Unterschieden, die es natürlich innerhalb der Gesellschaft immer gab und die in vielen Fällen durchaus beträchtlich sein konnten, existierte für die Masse der Leute so etwas wie ein allgemein akzeptierter Konsens, was ökonomisch, politisch und moralisch geht und was nicht. Es gab einen »Durchschnittsdeutschen«, dessen Biografie, Lebensform und Verhaltensweise einen Normalfall widerspiegelte, der für einen Großteil der Bevölkerung in etwa zutraf und für viele nicht allzu weit von der Realität lag. Dazu gehörte ein typisches Familienmodell als lebenslange, von der Trauung bis zum Lebensende ungebrochen während Versorgungs- und Versicherungsgemeinschaft. Der Mann war erwerbstätig und sorgte für das Familieneinkommen. Die Frau blieb zu Hause, um sich um das Aufwachsen und die Erziehung der gemeinsamen Kinder zu kümmern. Diese Sicht der Dinge prägte Wirtschaft, Gesellschaft und Politik der deutschen Nachkriegszeit.

Heute gibt es ein solches allgemeingültiges Verhalten kaum mehr. Aus unterschiedlichen Gründen wird das traditionelle Familienmodell zunehmend stärker in Frage gestellt. Nicht familiäre Lebensgemeinschaften mit und ohne Kinder, bunte Patchworkfamilien, alleinerziehende Elternteile und Alleinstehende bei Jüngeren, Erwachsenen und Älteren prägen zunehmend das Bild der Gesellschaft. Traditionelle Formen des Zusammenlebens werden schwächer. Eher bilden sich kleine voneinander unabhängige Gruppen von Menschen mit ähnlichen Interessen und Werten. Die Gesellschaft zersplittert in relativ abgeschlossene Zirkel. Diese neuen Gruppen ersetzen traditionelle Formen der Zusammengehörigkeit in immer stärkerem Maße.

An dieser Stelle nun kommt Abnormingen ins Spiel. In Normingen »müssen wir die Tyrannei des Kollektiven, der Routine, des Offensichtlichen und des Vorhergesagten ertragen«.[115] In Abnormingen »stehen wir unter der Tyrannei des Singulären, Zufälligen, Ungesehenen und Unvorhergesagten«.[116] Disruption macht den Normalfall zur Ausnahme und die Ausnahme zur Norm. Sie verändert damit den Blick auf Wirtschaft, Gesellschaft und Politik. Das große gemeinsame Ganze wird immer schwammiger und undeutlicher erkennbar. Der Durchschnitt ist nicht mehr maßgebend. Die Varianz ist zu groß. Das verbindende Bewusstsein einer zusammen erlebten Vergangenheit und einer gemeinsamen Zugehörigkeit verlieren an Bedeutung.

Abweichung als neue Norm

Normingen ist die Welt der Vergangenheit. Abnormingen wird zur Welt der Zukunft. In Normingen gab es ein Mittelmaß, in Abnormingen kommt es zu mehr und mehr Abweichungen. Die Alternative wird zur neuen Norm. Weil die Menschen (glücklicherweise) immer länger und gesünder leben, werden auch die Lebensphasen vielfältiger. Neben Kindheit und Erwachsensein, die in vergangenen Zeiten das Dasein dominierten, kamen im letzten Jahrhundert Jugend und Ruhestand dazu. Heute gibt es frühe und späte Stadien von Kindheit, Jugend und Erwachsensein, Vorruhestand und Seniorendasein. Die Grenzen zwischen den Generationen verblassen. Noch nie haben sich Mütter und Töchter, Väter und Söhne so wenig unterschieden. Noch nie wurden Jugendliche so spät erwachsen, so spät Eltern und so spät alt wie heute.

Schließlich sorgt die Zuwanderung dafür, dass Deutschland bunter werden wird. 1964 wurde der millionste Gastarbeiter, Armando Rodrigues aus Portugal, bei seiner Ankunft in Deutschland auf dem Bahnhof Köln-Deutz noch besonders begrüßt und mit einem Motorrad beschenkt.[117] Ende der 1960er Jahre lag der Anteil der ausländischen Bevölkerung an der Gesamtbevölkerung bei weniger als vier Prozent.[118] Heute haben fast zwanzig Millionen Personen und damit nahezu ein Viertel der deutschen Wohnbevölkerung einen Migrationshintergrund.[119]

Nicht nur der Anteil der Personen mit Migrationshintergrund wird noch viele Jahre weiter zunehmen. Genauso werden sozioökonomische Verhaltensweisen Deutschland bunter werden lassen. Die Mehrheitsgesellschaft wird stärker ausfransen, Deutschland wird sich wandeln und verändern. Die Bevölkerung wird immer weniger den traditionellen Mustern, Verhaltensweisen und Wertvorstellungen der Vergangenheit folgen.

Neben den Menschen mit Migrationshintergrund werden andere sozioökonomische Kriterien – wie Alterung, Gesundheit und Bildung, Selbstständigkeit und Pflegebedürftigkeit – zu mehr Unterschieden führen. Getrieben von diesen demografischen und gesellschaftlichen Motoren, wird der Normalfall genauso verblassen, wie der Durchschnittsdeutsche, der Eckrentner (so der Terminus technicus für einen fiktiven Modelldeutschen, der allen Charakteristika eines durchschnittlichen deutschen Rentners gerecht wird[120]) oder die Durchschnittsfamilie nicht mehr repräsentativ für ein Mehrheitsverhalten stehen können.

Die zunehmende Vielfalt von Lebensphasen, Lebensformen und Lebenspartnerschaften, von geografischer und sozialer Herkunft führt dazu, dass der größte gemeinsame Nenner der Gesellschaft kleiner und kleiner werden wird. Zwischen Jungen und Alten, Gesunden und Gebrechlichen, Gebildeten und Unqualifizierten, Familien mit und ohne Kinder, Stadt- und Landbevölkerung mit oder ohne Migrationshintergrund wird der soziale Zusammenhalt schwächer werden. Einzelne Gruppen werden sich immer weniger als Teile eines gemeinsamen Ganzen verstehen, sondern im schlimmeren, aber nicht unwahrscheinlichen Fall als Konkurrenten.

Disruption definiert Schnittstellen neu. Das gilt nicht nur für wirtschaftliche Beziehungen – also zwischen Arbeitgebern und -nehmern, Firmen und deren Kunden. Es gilt genauso für Gesellschaft und Politik. Auch deshalb tun sich in vielen Ländern die über Jahrzehnte das öffentliche Geschehen prägenden Volksparteien so schwer. Die Trennlinien zwischen traditionellen Gruppierungen wie Kapitalisten und Proletariern, Bürgerlichen und Arbeitern, Alt und Jung, In- und Ausländern werden schwammiger. Neue Verbindungen sind jedoch noch wenig erprobt und erkennbar und dadurch nicht wirklich tragend.

Wenn es keine eindeutigen Mehrheiten, sondern nur noch viele Minderheiten gibt, wird es nicht einfacher, einen gesellschaftlichen Konsens über wichtige Zukunftsfragen oder einen politischen Kompromiss zur Lösung kommender Herausforderungen zu erreichen. Es wird immer schwieriger werden, eine Politik zu entwickeln und umzusetzen, die auf einen Durchschnitt ausgerichtet ist, der jedoch für die Gesamtheit nicht mehr zutrifft. Eine Zersplitterung der Parteienlandschaft ist die eine Folge. Die Stimmenverluste der großen Volksparteien sind eine andere. Wenn es das

Volk – im Sinne eines gemeinsamen Nenners – weniger denn je gibt, werden es die Volksparteien – als Vertreter der Interessen eines homogenen Normdeutschen – schwer und schwerer haben zu überleben!

Der Verlust von Sozialkapital

Bei steigender Diversität dürften als Folge zunehmender sprachlicher, kultureller und sozialer Distanz das Zusammengehörigkeitsgefühl einer Gesellschaft schwächer werden und die Kommunikationskosten zwischen den verschiedenen Gruppen ansteigen. Ein Wir-Gefühl kann verloren gehen. Manchmal fehlen gemeinsame Werte und Bindungen, oft auch die gemeinsame Sprache. So versteht der eine nicht mehr, was die andere tut.

Die Sprachlosigkeit kann auch Konsequenz des technologischen Fortschritts, der Digitalisierung und der Datenwirtschaft sein. Wenn Smartphones und soziale Medien Jüngeren eine neue Interaktion ermöglichen, die Älteren fremd ist (und bleibt), wird die Kommunikation zwischen den Generationen erschwert – und zwar nicht nur technisch, sondern auch kulturell, also die Art und Weise, wie miteinander umgegangen wird. Sollen diese Nachteile der Vielfalt behoben und ein gemeinsamer Nenner gefunden werden, fallen Kosten für Anpassung, Weiterbildung und Integration an, die umso höher sein dürften, je stärker eine Gesellschaft in einzelne diverse Teile zerfällt.

Besonders dramatisch negativ kann sich Diversität dann auswirken, wenn der soziale Zusammenhalt einer Gesellschaft so schwach wird, dass sich die einzelnen Gruppen nicht mehr als Teile eines gemeinsamen Ganzen verstehen, sondern als Gegner.[121] Dann verliert die Bevölkerung das für den inneren Kitt so wichtige Sozialkapital, das sich als wesentlicher Faktor für den wirtschaftlichen Erfolg einer Gesellschaft erwiesen hat.[122]

Sozialkapital ist das gesellschaftliche Bindemittel jenseits wirtschaftlicher Leistungsfähigkeit und juristischer Gesetze. Es geht nicht darum, was gesetzlich erlaubt oder ökonomisch möglich ist, sondern darum, was gesellschaftlich akzeptiert wird. Es geht um informelle Normen, die weder aufgeschrieben noch ständig ausgesprochen werden. Je mehr Menschen sich an eine Norm halten, desto reibungsloser und damit kostengünstiger funktioniert die Ökonomie. Gemeinsame Normen dürften als Folge des Verlusts des Normalfalls jedoch immer schwieriger zu finden sein.

Vertrauen erleichtert die Zusammenarbeit und das Zusammenleben. Man kennt sich, künftige Handlungen sind berechenbar. Es muss nicht jedes Mal viel Aufwand betrieben werden, um zuverlässige Erwartungen über das Verhalten in bestimmten Situationen zu erhalten. Vielmehr kann auf Erfahrungen aus der Vergangenheit aufgebaut werden. Je heterogener eine Gesellschaft ist oder wird, desto schwieriger dürfte es werden, Sozialkapital zu schaffen und zu erhalten.[123] Damit aber steigen Organisations- und Kommunikationskosten bei der Suche und Umsetzung einer gemeinsam vereinbarten und umgesetzten (Wirtschafts-)Politik.

Einzelfälle liefern keine politische Orientierung

Mit einem Verlust von Einheitlichkeit, Einheitsgröße und Einheitsgeschmack gehen die immensen Vorteile der Standardisierung mit ihren »Economies of Scale« – also Größeneffekten der Massenproduktion – und fallenden durchschnittlichen Stückkosten (zumindest teilweise) verloren.

Individuelle Spezifizierungen sind immer teurer als standardisierte Einheitslösungen. Das gilt nicht nur im streng ökonomischen Sinne für die Produktion von Gütern. Es trifft auch für Politik und Gesellschaft zu. Je mehr Menschen sich an allgemeine Gesetze, Normen und Verhaltensweisen halten, desto größer ist der Nutzen für alle. Und je weniger Politik allgemeinen Grundsätzen folgen kann und Einzelfallpolitik wird, umso komplexer wird sie.

Einzelfälle liefern der Politik keine brauchbare Orientierung. Sie sind kein guter Maßstab für allgemeingültige gesamtheitliche Lösungen. Einzelfallgerechtigkeit kann nicht das Ziel guter Politik sein. Sie ist schlicht zu teuer und zu anfällig für Eigeninteressen. Der Rechtsstaat muss das große Ganze verfolgen, er darf sich nicht von Einzelschicksalen und Ausnahmen leiten lassen. Er soll Gleiches gleich, aber Ungleiches eben auch ungleich behandeln. In Normingen ist die Frage, was gleich und was ungleich ist, vergleichsweise einfach zu beantworten. In Abnormingen ist eine zutreffende Antwort zu finden nahezu unmöglich.

Wenn aber Demokratie und Rechtsstaat die für sie grundlegende Funktion einer Gleichbehandlung gleicher Sachverhalte nicht mehr garantieren können, weil sich Gleichheit nicht mehr so einfach feststellen lässt, dürfte ihre Legitimation von der Bevölkerung zusehends angezweifelt werden. Es ist kein Zufall, dass mancherorts namhafte Persönlichkeiten – wie der renommierte Wirtschaftswissenschaftler Xavier Sala-i-Martín, Professor der New Yorker Columbia University, oder der erfolgreiche Investor und Philanthrop George Soros – fragen, ob Demokratie zwar wunderbar zur Industrialisierung passte, sich jedoch im Zeitalter der Disruption überlebt hätte.[124]

Je unterschiedlicher die individuelle Prägung der Menschen ist, die in einer Gesellschaft leben, umso differenzierter werden die Wünsche und Erwartungen der einzelnen Mitglieder sein. Die Vielfalt der Präferenzen erfordert für die Märkte und ihre Regulierung einen Informations- und Koordinationsaufwand, der höher liegt als in einer homogenen Gesellschaft. So planen beispielsweise Ältere bei ihren Entscheidungen mit einem anderen – nämlich kürzeren – Zeithorizont als Jüngere. Sie ziehen in der Tendenz Verhaltensweisen vor, die eher kurz- als langfristig und mehr auf Konsum und weniger auf Sparen ausgerichtet sind. Besonders wenn es um ganz grundsätzliche Fragen wie die Einführung neuer digitaler Technologien geht, dürften Ältere risikoscheuer als Jüngere sein und lieber am Status quo festhalten wollen. Daraus ergibt sich ein Spannungsfeld zwischen den verschiedenen Teilen einer Gesellschaft und ihren unterschiedlichen Vorstellungen, was gewünscht und was abgelehnt wird.

Die Abstimmungs- und Organisationskosten dürften in einer heterogenen Gesellschaft bei der Bereitstellung öffentlicher Güter besonders groß sein. Ältere werden an Senioren- und Pflegeheimen interessiert sein, während sich jüngere Eltern Kindergärten und Ganztagesstätten wünschen. Anders als die Mehrheitsgesellschaft benötigen Menschen mit Migrationshintergrund Sprachkurse und Integrationsklassen. Aufgrund unterschiedlicher Forderungen nach öffentlichen Gütern kann es zu Konflikten bei der politischen Meinungsbildung und insgesamt zu höheren Transaktionskosten – also Abstimmungs- und Koordinationskosten – des alltäglichen Miteinanders kommen als in einer homogenen Gesellschaft. Deshalb äußert sich mancherorts Kritik an demokratischen Verfahren der Willensbildung und Entscheidungsfindung im Zeitalter disruptiver Entwicklungen.

Das Ende der Volkswirtschaft

Disruption zerstört den Normalfall und damit eine für die Wirtschaftspolitik zentrale Voraussetzung; nämlich, dass Volkswirtschaften eine einigermaßen homogene Gemeinschaft bilden. Nationalökonomie ist einem Denken verhaftet, das von der »holistischen Vorstellung« ausgeht, »es gäbe eine Gesamtheit ›Volkswirtschaft‹, eine ›Nationalökonomie‹, in der alle ein gemeinsames nationales Interesse hätten«.[125] Bereits die politökonomische Theorie kann mehr als deutlich machen, dass eine Volkswirtschaft letztlich ein sehr heterogenes Gebilde ist, mit einzelnen Gruppen, die zunächst einmal ihre eigenen Sonderinteressen verfolgen.

Eine Volkswirtschaft ist kein homogenes Gebilde. Die Vorstellung, Nationalökonomien würden, dem Deutschland-Achter gleich, als gemeinsam für das gleiche Ziel zusammenarbeitende Crew, um Gold für Deutschland rudern, erweist sich immer mehr als Illusion. Im Zeitalter der Disruption werden weniger denn je alle in demselben Boot unter gemeinsamer Nationalflagge sitzen. Vielmehr wird in verschiedenen Bootsklassen mit durchaus unterschiedlicher Geschwindigkeit gerudert. Wer in welchem Boot Aufnahme findet, hängt dabei insbesondere von den individuellen Fähigkeiten ab, wie zweckmäßig jemand auf die disruptiven Prozesse wird reagieren können.

Ausgehend von den empirischen Arbeiten von Thomas Piketty und Branko Milanovic, zeigt sich, dass sich die Einkommensverteilung im Laufe der starken Wachstumsprozesse der jüngeren Vergangenheit zulasten der Arbeit und zugunsten des Kapitals verschoben hat.[126] Das ist eigentlich auch nicht weiter verwunderlich. Denn erst durch die Globalisierung und nun durch die Digitalisierung haben sich die Knappheitsverhältnisse fundamental verändert.

Bei der Globalisierung waren es »billige« Arbeitskräfte aus aller Welt, bei der Digitalisierung sind es künstliche Intelligenz und Roboter, die neu dazukommen. Beides vergrößert massiv das weltweite Arbeitsangebot mit unmittelbarer Rückwirkung auf die Arbeits- bzw. Kapitalintensität bei Wertschöpfungsprozessen. Arbeit ist reichlicher geworden und somit Kapital vergleichsweise knapper. Deshalb muss die Kapitalrentabilität schneller steigen als die Löhne.[127] Als Folge davon steigt die Polarisierung innerhalb einer Gesellschaft.[128]

Noch federn die europäischen Wohlfahrtsstaaten einen Teil der Polarisierung ab. Das gilt besonders für Deutschland. Aber die zunehmende Vielfalt wird dann für den gesellschaftlichen Zusammenhalt und die ökonomische Zukunftsfähigkeit einer Volkswirtschaft zum Problem, wenn sich bei einzelnen Personen gleichzeitig mehrere negative Zugehörigkeitsformen überlagern. Also, wenn beispielsweise gering qualifizierte alleinerziehende Elternteile oder kranke Ältere mit Migrationshintergrund besonders betroffen sind. Für sie ist die Wahrscheinlichkeit sehr hoch, dass sie schlecht integriert sind und von den gesellschaftlichen Entwicklungen und ökonomischen Fortschritten abgekoppelt und damit ausgeschlossen bleiben. Es kommt zu Segregationsprozessen, und es entstehen Parallelgesellschaften. Gesellschaftliche Spannungen könnten dann ausgeprägter werden, wenn sich die Schichtzugehörigkeit vererbt und nachfolgende Generationen zwangsläufig in die Fußstapfen ihrer Eltern treten, ohne dass es zwischen den Schichten zu einer Durchlässigkeit kommt.

Gerade das Denken in Nationalökonomien und Volkswirtschaften wird im Zeitalter der Disruption in eine falsche Richtung führen. Denn vorgegeben wird, nationalen Interessen zu folgen, aber eigentlich sind Sonderinteressen gemeint. Dass es so etwas wie nationale Interessen überhaupt gibt, war schon immer schwer zu belegen, selbst als der Durchschnittsdeutsche noch einem großen Anteil der Bevölkerung und deren alltäglicher, Lebenswirklichkeit einigermaßen entsprach. Wenn aber der Normalfall die Ausnahme, der Durchschnitt für die Masse nicht mehr repräsentativ und die Unterschiede zwischen den einzelnen Teilen der Gesellschaft größer und größer werden, verlieren Konzepte, die auf Volkswirtschaften oder Nationalökonomien als homogenen Einheiten beruhen, den Bezug zur Realität und damit ihren Erkenntnisgewinn für Wirtschaft und Politik.

10. Disruption verlangt nach neuer Wirtschaftspolitik

Disruption verändert nicht nur das Objekt der Ökonomik (also die Wirtschaft). Sie verlangt auch vom Subjekt selbst (also der Ökonomik verstanden als Wirtschaftswissenschaft) eine Rundumerneuerung. Wenn sich die Wirtschaft von Räumen, Personen, Firmen und Volkswirtschaften löst, (digitale) Wertschöpfung nicht mehr verlässlich fixen Quellen zugeordnet werden kann und unsichtbare Daten anstelle dinglicher Produkte im Orbit gehandelt werden, wirken makroökonomische Analysen altbacken und überholt, die Menschen, Unternehmen, Sektoren, Regionen oder gar Staaten in gemeinsame Gruppen zusammenfassen und als homogenen Untersuchungsgegenstand handhaben. Disruption, das Ende des Denkens in Nationalökonomien und Volkswirtschaften und die am Anfang stehende Entwicklung hin zu digitalen Staaten erzwingen eine völlig neue Perspektive der Ökonomik auf das, was sich in der Ökonomie abspielt.

Weil das »Volk« immer weniger eine homogene Gemeinschaft mit gleich gerichteten Interessen und Erwartungen ist, wird ein gemeinsamer Nenner zunehmend unschärfer erkennbar. Damit aber stehen die Volkswirtschaftslehre, deren Erkenntnisse und die daraus abgeleitete Wirtschaftspolitik vor einem fundamentalen Problem. Wenn es Deutschland als klar abgrenzbare Einheit und den Durchschnittsdeutschen als typischen Vertreter Deutschlands weniger und weniger gibt, geht für wirtschaftspolitische Verfahren der Orientierungsrahmen verloren. Aber Wirtschaftspolitik sollte sich auf das große Ganze ausrichten, sie kann sich nicht am Einzelfall orientieren.

Was aber, wenn es dieses große Ganze immer weniger gibt? Wenn das Volk nicht mehr einen allgemein gültigen Durchschnitt repräsentiert, sondern lauter Einzelfälle? Dann verliert der makroökonomische Prototyp, der in der Ökonomik als repräsentative Kunstfigur stellvertretend für das Volk, den deutschen Verbraucher, die deutsche Firma oder den deutschen Ex- oder Importeur steht, den Boden unter den Füßen. Seine Charakteristika sind in keiner Weise mehr typisch für die Gesellschaft, die er vorgibt widerzuspiegeln. Er verliert seinen Wert als didaktisches Hilfsmittel zur Gewinnung wirtschaftspolitisch relevanter Erkenntnisse. Ökonomik und Ökonomie sind dann nicht mehr Hand in Hand einhergehende Theorie und Praxis der Wirtschaft, vielmehr bewegen sie sich in unterschiedlichen Sphären auseinander.

Das Ende der Makroökonomik

In der Makroökonomik geht es um das Zusammenspiel von und zwischen Menschen. Es interessiert, wie soziale, gesellschaftliche und politische Regeln entstehen und wie sie von wem beeinflusst werden. Immer schon war es mehr als fragwürdig, aus dem Verhalten Einzelner das Handeln mehrerer abzuleiten. Menschen sind in allen Dimensionen des Seins und Habens, des Denkens und Bewertens, des Wählens und Verzichtens, des Tuns und Lassens so unterschiedlich, dass sie sich eigentlich nie stimmig zu Gruppen Gleicher oder Gleichgesinnter zusammenfassen lassen. Aber solange in Volkswirtschaften der makroökonomische Durchschnitt für die Masse der Bevölkerung einigermaßen zutraf, war der Fehler der Verallgemeinerung des Speziellen erträglich.

Im Zeitalter der Disruption und des Wandels von Nationalökonomien von Normland zu Abnormland verliert jedoch eine Ableitung makroökonomischer Gesetzmäßigkeiten aus individuellem Verhalten einzelner Menschen die Rechtfertigung. Die Daten einzelner Personen lassen sich in heterogenen Bevölkerungen nicht zu gesellschaftlichen Einheitsgrößen zusammenzählen. Der gesamtwirtschaftliche Durchschnitt ist nichts mehr als eine statistische Berechnung ohne große Aussagekraft für die Masse.

Soziale Interaktionen folgen keinen exakten Gesetzen, sondern allenfalls gewissen Mustern, die jedoch von Gesellschaft zu Gesellschaft und von Periode zu Periode völlig unterschiedlich ausgestaltet sein können. Sie variieren zwischen Wirtschafts- und Zeiträumen aufgrund kultureller Prägungen und sozialer Normen, historischer Abhängigkeiten, die sich aus gemeinsamer Geschichte ergeben, und institutioneller Gegebenheiten, die sich im Laufe der Zeit entwickelt haben. Gewohnheiten und das Verhalten anderer, die mehr oder weniger ausgeprägt als Referenz für das eigene Tun gelten, spielen ebenso eine wichtige Rolle. Auch wenn es banal klingt, bleibt es dennoch richtig: Es gibt keine allgemein, allzeit und überall gültigen makroökonomischen Wahrheiten. Es gibt lediglich subjektive Wahrnehmungen und Einschätzungen. Folglich kann es auch keine absoluten Bewertungen darüber geben, welche Einsichten richtig oder falsch sind und welche Politik besser oder schlechter ist. Das war zwar immer schon so, wird aber nun im Abnormland des Zeitalters der Disruption noch einmal offensichtlicher und bedeutsamer.

In der Makroökonomik ist die Gültigkeit von Theorien immer an Raum und Zeit gebunden. Es gibt keine stets richtigen Naturgesetze, bestenfalls lassen sich vorläufig gültige Einsichten gewinnen. Deshalb darf in der Makroökonomik auch keine Exaktheit von Kausalitäten (also Wenn-dann-Beziehungen) und Prognosen erwartet werden, wie sie in den Naturwissenschaften möglich ist. In der Sphäre der Ökonomie gilt es immer, auch politik-, sozial- und rechtswissenschaftlichen Erwägungen Rechnung zu tragen.

Erkenntnisse der Makroökonomik dürfen somit nicht als in Stein gemeißelte exakte Wahrheiten verstanden werden. Vielmehr sind sie Hilfsmittel, die es erlauben, Mechanismen aufzuzeigen. Sie erlauben, Entwicklung und Dynamik von Aktion und Reaktion zu erkennen und verschiedene Szenarien durchzuspielen. Sie ermöglichen, Vor- und Nachteile sowie Kosten und Nutzen von Entscheidungen und Verhaltensweisen offenzulegen, wobei es – noch einmal sei daran erinnert – immer eine subjektive Einschätzung bleibt, was am Ende in welcher räumlichen und zeitlichen Dimension in der von individuellen Interessen und gesellschaftlichen Normen geprägten Wirtschaftspolitik als vor- oder nachteilig bewertet wird.

Makroökonomik kann bestenfalls Annäherungswerte oder »Faustregeln zur Bildung von Voraussagen bei unzureichender Information« liefern, aber »sie hat in strengem Sinne nicht den Charakter wissenschaftlicher Theorien«, urteilte Friedrich August von Hayek, der Nobelpreisträger für Wirtschaftswissenschaften des Jahres 1974, und bezog sich dabei explizit auf den jungen Joseph Alois Schumpeter.[129] Obwohl die Makroökonomik »mit ihrer Berufung auf scheinbar messbare Größen zunächst wissenschaftlicher aussieht als die ältere Mikro-Theorie, so hat sie, glaube ich, diese Pseudo-Exaktheit um den Preis der Vernachlässigung der Beziehungen erkauft, die tatsächlich das ökonomische System lenken«, so das an Klarheit keine Zweifel offenlassende Urteil von Hayeks.[130] Disruption verschärft die Fundamentalkritik der Makroökonomik noch einmal zusätzlich.

Wieso die Mikrofundierung der Makroökonomik nicht hilft

Um die grundsätzlichen Beschränkungen der Makroökonomik zu überwinden, wird mit verhaltenswissenschaftlich gestützten Analysen und interdisziplinären Ansätzen, die erklären, wie sich institutionelle Rahmenbedingungen entwickelt haben, nach einer besseren mikroökonomischen Fundierung gesucht – also einem besseren Verständnis, wieso sich Menschen für das eine und gegen das andere entscheiden.[131] Letztlich wird aber auch bei diesen Erweiterungen so getan, als könne ein Einzelner stellvertretend für den Durchschnitt aller stehen. Damit wird aber weder der Vielfalt individuellen Verhaltens Rechnung getragen, noch das an sich unlösbare Aggregationsproblem gelöst.

So hilfreich der Homo oeconomicus in der Mikroökonomik für die Modellbildung als theoretische Referenz und methodische Heuristik ist, so wenig nützlich ist er als empirisches Konzept für die Makroökonomik. In Zeiten der Disruption mit Abnormingen als neuem Normalfall bietet er keinen verlässlichen Anker, um gesamtwirtschaftliche Strömungen analysieren zu können. Die Vielfalt der Bestimmungsfaktoren menschlichen Verhaltens, der Bewertungen und Empfindungen lassen sich einfach nicht zusammenfassen. Das Festhalten an Gewohnheiten, das Verhalten anderer, die mehr oder weniger ausgeprägt als Referenz für das eigene Tun gelten, spielen eine wichtige Rolle. Unschärfen, Unfälle, spontane Schwankungen, Stimmungen, starke Abweichungen vom Durchschnitt in alle Richtungen oder ganz einfach Fehler sind zufällig auftretende Störfaktoren. Sie machen es im Zeitalter der Disruption mehr denn je unsinnig, aus mikroökonomischen Konzepten makroökonomische Gesetzmäßigkeiten ableiten zu wollen.

Aber nicht nur der Zufall bestimmt und beeinflusst das menschliche Verhalten. Zu stark wird der Mensch von einem noch wenig erforschten und demzufolge auch nicht von außen beeinflussbaren Unterbewusstsein gesteuert, das neuronalen, nicht jedoch ökonomischen Gesetzmäßigkeiten gehorcht.[132] Was einzelne Menschen zum Handeln bewegt, liefert für eine Gruppe insgesamt vielleicht eine Plausibilität, nicht aber eine Gewissheit für das Verhalten einer Gesellschaft insgesamt. Was Einzelne als gut oder schlecht, gewünscht oder unerwünscht und als Nutzen oder Schaden bewerten, lässt sich nicht zu einer gesamtwirtschaftlichen Wohlfahrtsfunktion zusammenfassen, die das große Ganze als Summe der einzelnen Teile abzubilden versucht. Was für A rational ist, muss für B noch lange nicht vernünftig sein. Zigaretten zu rauchen, mag für den einen rational, für die andere völlig irrational sein. Mehr Geld kann die einen glücklich, andere aber unglücklich machen.

Dass rational handelnde Menschen ständig abwägen und nur tun, was ihnen sinnvoll erscheint, steht und fällt mit der Definition von Rationalität. Aber es gibt eben schlicht keine absolute Rationalität, die sich als Durchschnitt für das Handeln eines Homo oeconomicus makroökonomisch analytisch nutzen ließe.[133] Deshalb gibt es auch keine allgemeingültige Erkenntnis, was eine Gesellschaft insgesamt antreibt. Auf die in der Menschheitsgeschichte immer wieder gleichermaßen gestellten großen Lebensfragen von individuellem Glück und Zufriedenheit, Gerechtigkeit, Verteilung und sozialer Ordnung finden sich von Gesellschaft zu Gesellschaft und von Periode zu Periode andere Antworten.

Was in jeder geistes- und sozialwissenschaftlichen Forschung gilt, hat auch für die Ökonomik Gültigkeit: Aus mikroökonomischen Konzepten lassen sich keine makroökonomischen Folgerungen ableiten, aus mikroökonomischem Verhalten keine makroökonomischen Zusammenhänge aggregieren. Allein schon, weil es im Zeitalter von Digitalisierung und Datenökonomie Volkswirtschaften insgesamt gar nicht mehr in alter Form und Weise geben wird. Individuelle Interessen, deren gesamtwirtschaftliche Organisation, Zusammenwirken und politische Durchsetzbarkeit sorgen stets von Neuem für ein anderes Spannungsfeld der Kräfte mit nicht vorhersehbarem Ergebnis. Deswegen führt der Versuch, die Makroökonomik mikroökonomisch zu fundieren, in die Irre.

Der Ende der Fortschreibung

Disruption markiert den Anfang einer neuen Zeitrechnung, bei der wenig Gültigkeit behält, was vorher als sicher galt. Der Normalfall der Vergangenheit wird in Zukunft zur Ausnahme und die Unsicherheit zur Regel. Das hat immense Rückwirkungen auf die wissenschaftliche Analyse, die Prognosefähigkeit der Ökonomik und damit auf die Grundlagen guter Wirtschaftspolitik.

Die Ökonomik strebt danach, wirtschaftliche Ereignisse zu erkennen, zu verstehen, zu beschreiben und zu erklären. Sie betrachtet die Realität und versucht, aus Beobachtungen möglichst vieler Einzelfälle allgemeingültige Muster abzuleiten. Also beispielsweise, dass viele Menschen mehr von einem Produkt kaufen, wenn es billiger geworden ist. Daraus werden dann Prognosen erstellt. Also dass es für Firmen, die ihren Umsatz steigern wollen, sinnvoll sein kann, die Preise ihrer Produkte zu senken, um damit mehr Kunden zum Kauf zu bewegen.

Um aus Erkenntnissen der Vergangenheit sinnvolle Rückschlüsse für die Zukunft abzuleiten, bedarf es jedoch einer gewissen Stabilität der politischen, gesellschaftlichen und wirtschaftlichen Strukturen. Das Vergangene muss zumindest als grobe Näherung für das Kommende Bestand haben. Wenn aber alles in Veränderung ist und wenig konstant bleibt, dann ist die Zukunft so vollständig anders als die Vergangenheit, dass die Ökonomik orientierungslos wird. Die Übertragbarkeit von Bekanntem und Verstandenem aus der Vergangenheit in die Zukunft ist dann nicht mehr gegeben.

In der Makroökonomik sind weder die räumliche noch die zeitliche Konstanz von Verhaltensweisen gegeben. Je größer die Unsicherheit ist, desto stärker wird menschliches Tun und Lassen von einem *animal spirit* bestimmt, wozu spontane, heuristische, emotional getriebene Reflexe zählen.[134] Künftige Aktionen (besonders als Reaktion auf eine schockartige Veränderung im Umfeld, wie es bei disruptiven Prozessen der Fall ist) sind somit gerade nicht mehr durch frühere empirische Beobachtungen prognostizierbar. Zumal sich Erwartungen oft so bilden, dass jede(r) versucht, im Voraus möglichst genau vorwegzunehmen, wie wohl alle anderen insgesamt die Zukunft einschätzen.

John Maynard Keynes hat anhand eines Schönheitswettbewerbs veranschaulicht, wie eine Erwartung über die Erwartung anderer zu Herdenverhalten und selbsterfüllender Prophezeiung führen kann.[135] Bei einem *beauty contest* wird nicht jenes Mädchen zur Königin gekürt, das wirklich die Schönste im Lande ist. Vielmehr gewinnt die Person, von der die Jury überzeugt ist, dass sie der Modebranche am besten gefallen wird, also dem Ideal der Agenturen, Designer, Kreativ- und Art-Direktoren möglichst weitgehend entspricht. Es geht somit nicht um wahre Schönheit oder um das, was die Jury selber für schön hält, sondern um deren Erwartung, wie wohl das Urteil der Modebranche, der Medien und der Öffentlichkeit lautet. Der gleiche Herdentrieb prägt weit stärker als gemeinhin in der Ökonomik angenommen das menschliche Verhalten. Menschen folgen oft nicht ihrem eigenen Weg, sondern dem Trampelpfad der Masse. Sie tun in vielen Fällen nicht, was ihnen gefällt, sondern wollen anderen gefallen. Sie sagen nicht, was sie denken, sondern was sie glauben, das von ihnen erwartet wird. Sie folgen nicht ihren Überzeugungen, sondern jenen anderer. Politiker(innen) machen nicht, was ihnen richtig erscheint, sondern was politisch als korrekt gilt. Regierungen folgen nicht ihren langfristigen Wahlprogrammen, sondern kurzfristigen Umfragen über Popularitätswerte. Wissenschaftler(inne)n geht es weniger um neue Einsichten, sondern um die Publikationsfähigkeit. Medien verfolgen nicht Themen, die sie als unverzichtbar erachten, sondern jene, die hohe Quoten erzielen. So aber werden am Ende nicht jene Erwartungen Wirklichkeit, die nach gängigen Kriterien als objektiv besser bewertet werden, sondern jene, die einem momentan angesagten Modetrend folgen.

Es war immer schon riskant, aus der Geschichte für die Zukunft lernen zu wollen. Denn eigentlich wiederholt sich Vergangenes nicht wirklich. Immer schon hat sich (zu) vieles (zu) schnell verändert. Solange aber wenigstens ein typischer Normalfall für eine Vielzahl von Entscheidungen in Politik, Gesellschaft und Wirtschaft eine stabile Annäherung an die Wirklichkeit lieferte, war der Prognosefehler unbedeutend und oft vernachlässigbar gering.

Was aber, wenn es keinen Normalfall mehr gibt, an dem sich die Zukunft verankern lässt? Wenn die Gesetzmäßigkeiten der Vergangenheit unwirksam werden, weil nichts mehr sein wird, wie es war? Wenn disruptive Prozesse Stabilität und Verhaltenssicherheit aushebeln? Dann dominiert eine in zu vielen Dimensionen nicht kalkulierbare Unsicherheit die künftigen Veränderungen. Der Prognosefehler potenziert sich, und die Voraussagen über die Wahrscheinlichkeit von Ereignissen entbehren jeglicher empirisch gesicherter Verlässlichkeit. Daraus hat der Nobelpreisträger Robert Lucas schon vor langer Zeit seine berühmt gewordene Kritik an einer naiven Fortschreibung bisheriger Verhaltensweisen abgeleitet.[136]

Wie unzuverlässig Voraussagen tatsächlich sind, hat Philip Tetlock in einem Praxisexperiment mit spektakulären Ergebnissen demonstriert. Er hat zwischen 1984 und 2004 mehr als 280 Sachverständige Tausende von Prognosen erstellen lassen, deren Treffergenauigkeit er dann ermittelte. Dabei zeigte sich, dass Experten zukünftige Ereignisse kaum genauer voraussagten als der reine Zufall. Weder Intelligenz noch Wissen halfen, die Qualität von Prognosen wirklich zu verbessern. Entsprechend ernüchternd lautete das Fazit: »Experten können im Durchschnitt die Zukunft nicht treffsicherer voraussagen als Schimpansen, die auf eine Dartscheibe werfen.«[137] Ein Urteil, das mit völlig anderer Methode von *Factfulness* bestätigt wird: »Ich habe Leute in aller Welt und aus allen Gesellschaftsschichten befragt. ... Alles hochgebildete Personen, die sich dafür interessieren, was in der Welt vor sich geht. Aber die Mehrheit von ihnen – eine wirklich erstaunliche Mehrheit – liegt mit den meisten Antworten falsch ... Und nicht nur vollkommen falsch, sondern systematisch falsch. Damit meine ich: Diese Testergebnisse sind sogar schlechter als bei einer rein zufälligen Auswahl. Sie sind schlechter als die Resultate, die ich von Menschen bekäme, die über keinerlei Wissen verfügen.«[138] Nach dem Zufallsprinzip ausgesuchte Schimpansen würden »dauerhaft bessere Ergebnisse erzielen als die hochgebildeten, aber fehlgeleiteten Menschen, die ich getestet habe«.[139]

Wenn Ereignisse eintreten, die eine völlig neue Qualität haben und die somit weder frühzeitig erkennbar sind, noch sich im Voraus verstehen, vorhersehen oder abwenden lassen, ist die Zukunft keine Wiederholung der Vergangenheit. Dann helfen auch der gute Rat von Sachverständigen und deren Prognosen nur begrenzt weiter. Genau an dieser Stelle befinden sich Weltpolitik und Weltwirtschaft heutzutage beim Eintritt in das Zeitalter der Disruption.

In Zeiten hoher Unsicherheit ohne Normalfall gilt keine statistisch berechnete Evidenz oder Signifikanz mehr. Es gibt nur noch das von Nassim Nicholas Taleb als Schwarze Schwäne bezeichnete »unbekannte Unbekannte«, das sich weder frühzeitig erkennen noch im Voraus verstehen, vorhersehen oder abwenden lässt.[140] Dafür aber gibt es keine Erfahrung, keine Erwartung und keine Erklärung, da es unberechenbar, überraschend und ungewöhnlich eintritt.

Es gibt eine einfache Erfahrungsregel für den Umgang mit Schwarzen Schwänen. Sie lautet, dass man sich zu viel Zeit für die kleinen und zu wenig Zeit für die großen Veränderungen nimmt. Also: Unternehmen machen sich große Sorgen über einen Umsatzrückgang in China von einigen Prozent, vernachlässigen jedoch die Gefahr, dass das kommunistische Einheitsregime kollabiert und das China-Geschäft völlig neu gestaltet werden müsste. Oder: Firmen strengen sich immens an, um ihre Marktanteile auf »alten« Märkten auszuweiten, und kümmern sich viel zu wenig um die riesigen Chancen, die neue Geschäftsideen im Bereich der Digitalisierung eröffnen.

Als Konsequenz folgt: Wirtschaft und Politik sollten weniger Zeit darauf verwenden, alte Prognosemodelle zu verfeinern, sondern viel mehr Zeit einsetzen, um in Simulationen verschiedene, auch verrückte Szenarien mit radikalen Brüchen und dramatischen Umwälzungen durchzuspielen. So lassen sich grundsätzliche Erkenntnisse gewinnen, wo welche Schocks große Risiken oder immense Chancen verursachen. Entsprechend lassen sich Vorkehrungen treffen, dass unwahrscheinliche Ereignisse kein unkontrollierbares Chaos verursachen.

Insbesondere wird ersichtlich, dass in turbulenten Zeiten langfristig erfolgreich überlebt, wer sich nicht von einzelnen Personen, einzelnen Produkten, einzelnen Märkten und schon gar nicht von politischen, steuerlichen oder wettbewerbsrechtlichen Sonderregelungen abhängig macht. Um von unerwartet eintretenden Schocks nicht zerstört, sondern gestärkt zu werden, sind mehr oder weniger eingeübte, allgemein bekannte Automatismen notwendig. Fixe (Verhaltens-)Regeln, aber flexible Anpassungsmechanismen sind eben kein Widerspruch. Sie sind die unverzichtbare Voraussetzung dafür, dass Unternehmen oder Gesellschaften nach einer Phase der Veränderung wieder zu einer neuen, heute noch unbekannten Normalität zurückfinden.

Mit der Fortschreibung der Vergangenheit in die Zukunft dürfte es die nächsten Jahre vorbei sein. Disruption zerstört die Stabilität, vergrößert die Unsicherheit und macht erforderlich, dass mehr denn je ökonomische Vorhersagen das Undenkbare und Unerwartete nicht ausschließen sollten. Für die wirtschaftspolitische Praxis folgt daraus, dass sie weniger auf Prognosen und mehr auf Szenarien setzen sollte, die den disruptiven Prozessen Rechnung tragen. So, dass beim Scheitern eines Plans A in der Realität nicht nur ein Plan B, sondern auch ein aus heutiger Sicht wenig wahrscheinlich eintretender Plan C oder D rasch Orientierung bieten. Wirtschaftspolitik muss mehr noch als bisher auf eine immer wieder aufs Neue geforderte, rasche Anpassungsfähigkeit an völlig neue und komplett andere Gegebenheiten setzen. Wenn die Zukunft weniger denn je vorhersehbar ist, sollten wirtschaftspolitische Maßnahmen nicht ein für alle Mal perfekt für die Ewigkeit geplant werden, sondern brauchbar, rasch umsetzbar und flexibel veränderbar sein.

Geschichte wiederholt sich nicht!

Geschichte hilft, zu verstehen, was war. Sie ist aber immer weniger in der Lage, vorauszusagen, was sein wird. Deshalb droht manchmal eine zu naive Geschichtsgläubigkeit. Gewisse Muster mögen sich wiederholen. Das bedeutet aber – gerade in Zeiten der Disruption – immer weniger, dass erfolgreiche Antworten von gestern auch zweckmäßige Lösungen für morgen sind. Zu oft wird der Erkenntnisgewinn aus der Geschichte überschätzt. Zu häufig wird er von Interessenvertretern instrumentalisiert und manchmal auch missbraucht, um mit Verweis auf die Vergangenheit eigenes Tun zu rechtfertigen.

Die Schlussfolgerung, dass »nur, wer die Vergangenheit kennt, eine Zukunft hat«, wird in Zukunft rasch in die Irre führen. Aus der Vergangenheit wird man immer weniger verlässlich erkennen können, wie die Zukunft werden wird. Das war nicht immer so. Früher war die Vergangenheit eine durchaus brauchbare Quelle von Erfahrungen, die sich in mehr oder weniger ähnlicher Form wiederholten. Solange der Wandel langsam, kontinuierlich und ohne Richtungswechsel erfolgte, haben sich Vergangenheit, Gegenwart und Zukunft nur geringfügig unterschieden. Also haben sich ohne große Streuverluste Trends aus der Vergangenheit mit hoher Verlässlichkeit in die Zukunft fortschreiben lassen. Und selbst wenn etwas komplett Neues dazukam, blieb das große Ganze stabil. So konnten die künftigen Folgen von Veränderungen einigermaßen valide hochgerechnet und abgeschätzt werden.

Was aber, wenn der Wandel rasend schnell erfolgt, nichts und niemanden verschont und vor allem Brüche und vollständige Neuausrichtungen verursacht? Wenn Ehen nicht durch den Tod, sondern vom Scheidungsrichter getrennt werden und Familien auseinanderbrechen? Wenn Firmen nicht ein paar Beschäftigte neu einstellen oder entlassen, sondern die gesamte Produktion komplett aufgeben oder ins Ausland verlagern? Wenn der Postbote nicht vom Fahrrad aufs Auto umsteigt, sondern überhaupt nicht mehr gebraucht wird, weil Briefe elektronisch verschickt werden? Wenn nicht mehr Menschen, sondern Roboter und nicht mehr menschliche, sondern künstliche Intelligenz das Sozialprodukt erwirtschaften? Dann wird »Erfahrung nicht mehr so selbstgerecht wie jene früherer Tage« sein dürfen.[141] Dann wird Vergangenheit nicht mehr zu einem Vorläufer der Zukunft. Dann wird sich Geschichte nicht wiederholen. Dann helfen alte Weisheiten nicht weiter. Sie führen in die Irre.

Im Zeitalter der Disruption bietet die Vergangenheit keine brauchbare Orientierungshilfe, um zu erkennen, wohin die Reise künftig gehen wird. Zu viele Dinge ändern sich im Laufe der Zeit so stark, dass die Zusammenhänge zwischen ihnen völlig anders verlaufen, als es momentan oder in der Vergangenheit der Fall war. Bis heute gültige Erkenntnisse und Kausalitäten (also allgemeingültige Wenn-dann-Beziehungen) lassen sich nicht in die Zukunft des 21. Jahrhunderts übertragen.[142] Damit aber erweisen sich mehr und mehr Prognosen zunehmend als reine Spekulation. Für die Ökonomik sind das schlechte Nachrichten. Die angewandte Wirtschaftswissenschaft stochert nur noch im Nebel der Unsicherheit.

III. Was ist zu tun?
Das Zeitalter der Resilienz

Disruption wird das prägende Merkmal des 21. Jahrhunderts sein. Sie ändert nahezu alles, was bisher Gültigkeit hatte. Sie macht den Normalfall zur Ausnahme. Der Durchschnitt verliert seine Aussagekraft als gutes Maß für das, was für die meisten Menschen relevanter Alltag bedeutet. Brüche statt Fortschreibung des Bisherigen werden zur Regel, eine damit einhergehende Beschleunigung des Wandels stellt Bekanntes und Vertrautes in Frage. Dadurch aber fehlen der Politik verlässliche Fixpunkte oder gar Blaupausen für kluge Reaktionen, die sich aus Erkenntnissen der Vergangenheit ergeben.

Unsicherheit statt Gewohnheit und Unvorhersehbarkeit statt Planbarkeit sind die neuen Wegmarken. Sicher ist somit lediglich, dass ein »Weiter so wie bisher« nicht weiterhilft. Divergenz statt Konvergenz und Polarisierung statt Gleichheit werden Wirtschaft und Gesellschaft gewaltig herausfordern. Kein Wunder, dass sich bei solchen Umständen und Voraussetzungen Menschen Sorgen machen. Sie fragen sich, ob sie zu jenen gehören werden, die gewinnen, oder zu jenen, die verlieren. Viele zweifeln, ob die Menschheit insgesamt überhaupt den Veränderungen und den kommenden Anforderungen des disruptiven Zeitalters gewachsen sein wird. Manche sind überzeugt, dass die Untergangspropheten doch recht behalten. Andere halten einen ökonomischen Abstieg der Kindeskinder für mehr oder weniger unvermeidbar. Gibt es also noch Hoffnung oder vielleicht sogar gute Argumente für einen Optimismus darauf, dass die Zukunft nicht schlechter, sondern besser als die Vergangenheit werden wird?

Grundsätzlich bestehen zwei diametral auseinanderliegende Sichtweisen, wie man auf Disruption reagieren kann: Entweder man strebt danach, die neue Welt für alte Ideologien passend zu machen, oder man passt alte Glaubenssätze disruptiven Prozessen an. Im ersten Fall wird versucht, Disruption zu vermeiden oder gar zu verhindern. Das Neue wird als Risiko für das Alte bewertet, Politik soll Bestehendes so weit wie möglich erhalten. Veränderungen werden, wenn überhaupt, langsam und graduell vorgenommen. Erhaltung und Verstetigung liefern der politischen Orientierung Fixpunkt und Richtung.

Die zweite Verhaltensweise akzeptiert, dass Disruption die Welt, das Leben und den Alltag in kommenden Zeiten abrupt, radikal und unvorhersehbar verändern wird. Ein Kampf gegen disruptive Kräfte wird als genauso aussichtslos eingestuft, wie ein Festhalten an alten Denkweisen als weder möglich noch sinnvoll erachtet wird. Mehr noch: Das Neue wird als Chance für ein besseres Leben gesehen. Es soll nicht verhindert, sondern zum Nutzen aller gefördert werden. Für den mikroökonomischen Erfolg als einzelnes Individuum genauso wie für den gesamtwirtschaftlichen Wohlstand der Kindeskinder werden Wille, Bereitschaft und Fähigkeit, sich permanent zu adoptieren und zu adaptieren, entscheidend. Sich das Neue als Vorteil zu eigen zu machen und sich Veränderungen stets anzupassen, gilt als Erfolgsschlüssel für mehr Wohlstand für alle.

Was genau wann, wo und wie passieren und möglich werden wird, bleibt allerdings aus heutiger Sicht mehr oder weniger völlig offen. Als Game Changer ändert Disruption die Spielregeln. Bisherige Einsichten, Erkenntnisse und normative Überzeugungen werden ganz grundsätzlich in Frage gestellt. Damit aber werden Voraussagen und Vorausplanungen schwierig(er). Eigentlich gibt es nur noch eine richtige Prognose, nämlich, dass alle Prognosen falsch sein werden.

Im Zeitalter der Disruption scheitert eine Politik, die an einem bestimmten Weltbild festhält oder die glaubt, festschreiben zu können, was in Zukunft zu sein hat. Denkmuster von heute stimmen morgen schon nicht mehr mit den Realitätsmustern von Entdinglichung, Entstaatlichung und Entterritorialisierung überein. Deshalb weisen große Würfe wie Gesamtkonzepte, Befreiungsschläge und Masterpläne nahezu zwangsläufig in die Irre. Denn niemand kann weit im Voraus auch nur annähernd und schon gar nicht mit einer statistisch verlässlichen Wahrscheinlichkeit wissen, was disruptive Prozesse an Veränderungen bewirken werden. Eine Fortschreibung von Einsichten vergangener Tage wird den disruptiven Entwicklungen und deren Folgen genauso wenig gerecht wie eine Fixierung auf bestimmte Verhaltensweisen, die für eine Agenda »Deutschland 2030« einzufordern wären.

Kindeskinder wollen und werden anders sein als ihre Eltern – an sich keine neue Weisheit, aber sie macht es erst recht unmöglich, heute eine Voraussage zu treffen, was langfristig getan werden sollte. Es kann für Politik lediglich (noch) darum gehen, kommenden Generationen möglichst weite Freiräume zur eigenen Entfaltung und Entscheidung offenzuhalten. Alles andere ist und wäre eine »Anmaßung von Wissen« – so der Titel der aus Anlass der Verleihung des Nobel-Gedächtnispreises in Wirtschaftswissenschaften am 11. Dezember 1974 in Stockholm gehaltenen Rede von Friedrich August von Hayek.[143]

Die neue Perspektive

Disruption erfordert somit mikro- wie makroökonomisch einen fundamentalen Perspektivenwechsel. Im Fokus sollten nicht mehr die Bewahrung des Bekannten und der Schutz des Bestehenden stehen. Vielmehr müssten gesetzliche Regeln und staatliche Maßnahmen darauf ausgerichtet sein, die Anpassungsfähigkeit von Menschen im Einzelnen und von Gesellschaften insgesamt zu bewahren und zu fördern. Ebenso geht es darum, Personen zu ermächtigen, von den neuen Möglichkeiten profitieren zu können, die sich aus disruptiven Prozessen ergeben. Adaption und Adoption – also An- und Übernahme des Neuen sowie Anpassungsfähigkeit an das Neue – sind die erfolgversprechendste Reaktion auf Disruption. Sie gewährleisten eine stete sowohl effiziente wie effektive Funktionsfähigkeit für einzelne Personen genauso wie für staatliche Systeme der Wirtschafts- und Sozialpolitik.

Auf der Mikroebene geht es darum, Menschen zu fördern, mit den disruptiven Veränderungen einfacher und schneller Schritt halten zu können. Chancen, die sich aus heute noch weitgehend unbekannten und unbestimmten neuen technologischen, gesellschaftlichen und kulturellen Entwicklungen ergeben, sind nutzbar zu machen. Risiken, die ebenso zum Wandel dazugehören, sind zu verringern. Kommende Generationen werden andere Erwartungen und Hoffnungen an den Verlauf ihres Lebens haben als ihre Vorfahren. Private und berufliche Ziele der Kindeskinder und Pläne zu deren Verwirklichung werden von jenen der Elterngeneration abweichen. Die Work-Life-Balance, die Aufteilung der Lebenszeit in Erwerbs- und Freizeit, die Prioritäten zwischen Familie und Beruf werden in kommenden Zeiten anders sein als in früheren. Deshalb muss Politik heute offenlassen, wohin die Anpassungsprozesse kommende Generationen führen sollen und werden.

Auf der Makroebene sollte ein Optimismus im Denken zu einem Pragmatismus im Handeln führen. Es ist kein Problem, Probleme zu bewältigen. Probleme sind keine Gefahr; sie sind eine Herausforderung. Wichtig ist eine präzise Analyse dessen, was zu tun und was zu lassen ist. Pragmatismus erlaubt etwas mehr Gelassenheit und verlangt dafür etwas mehr Demut. Weder braucht es eine lange Suche nach besten Lösungen, noch lassen sich beste Lösungen langfristig festmachen. Dafür ändert sich zu vieles zu abrupt und radikal.

Wissenschaftliche Erkenntnisse können bei dem rascher werdenden Tempo nicht mithalten, sie hinken immer hinterher. Damit aber verliert die Ökonomik den Anschluss an die Realität. Deshalb ist mehr Bescheidenheit angesagt. Ökonomik sollte sich darauf beschränken, allgemeine Prinzipien festzulegen, aber von konkreten Vorschlägen für spezielle Situationen absehen. Denn mehr denn jemals zuvor dürfte »ein richtiges, wenn auch unvollkommenes Wissen, das vieles unbestimmt und unvorhersehbar lässt, (nützlicher sein) als ein vorgeblich exaktes Wissen, das wahrscheinlich falsch ist«.[144]

Das Zeitalter der Disruption wird eine Zeit der ständigen Provisorien sein. Dynamik und Komplexität der Veränderungen lassen Stabilität und Perfektionismus gar nicht mehr zu. Die Geschwindigkeit der Richtungsänderungen macht eine Fortschreibung der Vergangenheit unsicherer denn je. Wenn aber unbestimmt bleibt, wohin die Reise geht und nach welchen Gesetzmäßigkeiten die Zukunft tickt, müssen brauchbare Notbehelfe genügen, die aber dafür flexibel, schnell und zweckmäßig verfügbar sind. Wenn alles im Fluss ist, müssen auch Wirtschaft, Gesellschaft und Politik in Bewegung bleiben. Einfache und brauchbare vorläufige Lösungen zu suchen, wird zur klügeren Strategie, als perfekte Masterpläne für lange Zeiträume festschreiben zu wollen.

Eine Politik der steten Anpassungsfähigkeit an eine unbekannte Zukunft dürfte der verlässlichste Garant für ein besseres Leben der Kindeskinder sein – nicht ohne, aber mit weniger Risiko als alle Alternative. Diese Behauptung mit Argumenten zu unterlegen, ist Absicht der nun folgenden Ausführungen des dritten Teils.

11. Resilienz: Modebegriff oder Leitkonzept?

Es gibt Antworten auf wichtige Fragen, die sind hundertprozentig richtig, aber ebenso hundertprozentig nutzlos. Wer auf einer Herbstwanderung im Nebel der Schweizer Alpen vom Weg abgekommen, die Orientierung verloren hat, einen Hirten trifft und auf die Frage »Wo bin ich?« die Antwort erhält, »In den Bergen«, kann davon erzählen, wie wenig hilfreich diese an sich völlig korrekte Auskunft war. Auch in der Wissenschaft ist es nicht selten, dass eine falsche Perspektive die Suche nach neuen Erkenntnissen bestimmt. Neue Ergebnisse sind dann zwar logisch schlüssig, aber für die Praxis und den Alltag sind sie komplett irrelevant.

Um Disruption und deren Folgen zu analysieren, bieten herkömmliche (national)ökonomische Konzepte wenig Hilfe. Wie auch? Sie sind für eine komplett andere Zeit ausgelegt. Sie orientieren sich an Volkswirtschaften und an Makromodellen von Gesellschaften, deren Eckwerte einigermaßen aussagekräftigen Durchschnitten entsprechen. Sie stammen aus einem Zeitalter der Nationalökonomien, in dem Agrarwirtschaft und Industrieproduktion dominierten, Lebensmittel von Landarbeitern und deren Treckern auf Feldern erzeugt oder industriell hergestellte Konsumgüter, Maschinen und Fahrzeuge von Arbeitern und deren technischen Hilfsmitteln in Fabriken geschaffen wurden. Für ein Zeitalter der Disruption sind derartige Denkmodelle völlig ungeeignet.

Neue Konzepte für die Makroökonomik

Da disruptive Entwicklungen die analytischen Grundlagen der Makroökonomik ganz grundsätzlich in Frage stellen, lohnt sich eine Suche nach neuen Einsichten und Erkenntnissen in anderen Forschungsfeldern außerhalb der Volkswirtschaftslehre. Disruptive Prozesse sind schließlich nichts Neues, sie sind in vielen Wissenschaften lange schon ein bekanntes Thema. So wird in der Psychologie untersucht, wie Menschen mit unerwarteten Schicksalsschlägen umgehen, die sie abrupt aus bisher verfolgten Bahnen werfen. Oder in den Natur- und Ingenieur- sowie den Umwelt- und Klimawissenschaften wird erforscht, wie Gesellschaften auf neue Technologien reagieren oder ökologische Systeme die Folgen von externen Schocks überstehen können. Bei vielen bahnbrechenden wissenschaftlichen Erkenntnissen zeigt sich, dass der Begriff der Resilienz eine zentrale Rolle spielt.[145]

Resilienz bezeichnet in einem ursprünglichen Verständnis die Fähigkeit eines Systems, auf von außen wirkende Kräfte so zu reagieren, dass die Überlebensfähigkeit gesichert bleibt. Sie wird als Summe der Kräfte definiert, die ein System zur Abwehr exogener und endogener Schocks mobilisieren kann, sodass der durch den Schock verursachte Schaden minimiert wird.[146] Es geht darum, sich möglichst rasch auf das Neue einzulassen. Somit unterscheidet sich Resilienz auch fundamental von Resistenz. Resilienz zielt auf Adoption und Adaption – also Annahme des Neuen und Anpassungsfähigkeit an das Neue. Resistenz hingegen meint gerade das Gegenteil und will sich gegen das Neue wehren und das Alte bewahren.[147]

Resilienz beschreibt, wie ökologische oder technologische Systeme weiter existieren können, wenn abrupt und unerwartet Ereignisse, wie eine Naturkatastrophe oder ein Erdbeben, eintreten und ein Fortbestehen gefährdet oder die Funktionstüchtigkeit in Frage gestellt sind. Analog dazu erlaubt der Resilienzbegriff in der Psychologie, zu analysieren, wie sich Schocks, Traumata oder Stress erfolgreich bewältigen lassen und wie Menschen nach einschneidenden Erlebnissen, die ein »Weiter so wie bisher« unmöglich machen, ohne substanziellen Verlust an Lebensfreude und -qualität weiterleben können.[148]

Da disruptive Entwicklungen Menschen und Gesellschaften vor ähnliche Herausforderungen stellen wie Schicksalsschläge einzelne Personen oder die Klimaerwärmung ganze Ökosysteme, lässt sich der Resilienzbegriff der Psychologie, der Natur-, Ingenieur- und Klimawissenschaften hervorragend in die Wirtschaftswissenschaften übertragen.[149] Bei der OECD ist ökonomische Resilienz zu einem Leitbegriff geworden.[150] Ebenso gehört der Begriff bei wirtschaftspolitischen Zielformulierungen der EU inzwischen zum Standardvokabular.[151] Immer häufiger wird der Begriff der Resilienz im Bereich der Finanzsysteme verwendet.[152] Und selbst für die Sozialversicherungen wird mittlerweile gefordert, dass sie nicht nur nachhaltig, sondern resilient sein sollten.[153]

Dynamik verlangt stetige Adoption und Adaption

Allerdings muss Resilienz in der Ökonomik mehr bedeuten als die in den anderen Forschungsfeldern im Vordergrund stehende statische Resilienz-Dimension. Denn weder aus mikro- noch aus makroökonomischer Sicht genügt es, auf die Disruption mit einer Rückkehr zum Status quo ante zu antworten und defensiv wieder die ursprünglichen Zustände herbeiführen zu wollen. Für ein einzel- wie auch gesamtwirtschaftlich erfolgreiches Überleben in disruptiven Zeiten ist ein Mithalten und Mitgehen mit den Veränderungen wichtiger als die Sicherung vergangener Verhältnisse.

Aus ökonomischer Sicht steht die dynamische Dimension der Resilienz im Vordergrund. Denn für Menschen und Gesellschaften werden Adoption und Adaption zentral für ein erfolgreiches Überleben sein. Es geht eben gerade nicht so sehr darum, Neuerungen zu vermeiden und zu verhindern und möglichst rasch zum Alten zurückzufinden. Wenn disruptive Entwicklungen zur neuen Realität werden, dann ist Adoption und Adaption eine kluge Strategie. Sie verwendet weniger Energie auf die Abwendung oder Verhinderung der Disruption als vielmehr auf die Nutzung neuer Möglichkeiten, die mit Veränderungen einhergehen. Es gehört zum Wesen disruptiver Technologien – wie sie Digitalisierung und Datenwirtschaft eigen sind –, dass sie im Kleinen erst weit verbreitet und vielfach genutzt werden (sollten), bevor sich Wirtschaft, Gesellschaft und Politik im Großen erfolgreich daran anpassen (können).[154]

Mag es bei einem ökologischen oder technischen System noch sinnvoll sein, primär über eine mögliche Rückkehr zum alten Normalzustand zu sprechen, so gilt dies für ein ökonomisches System nicht. Anders als technische Systeme sind Menschen eben gerade durch die Fähigkeit von Adoption und Adaption, des Lernens, Anpassens und auch des gestaltenden Umgangs mit Krisen gekennzeichnet.

Ein ökonomisches Resilienzverständnis will nach einer Störung oder einer Katastrophe nicht das alte Gleichgewicht wiederherstellen. Vielmehr folgt es der Absicht, einen Entwicklungsschritt zu vollziehen, der den neuen Umständen gerecht wird: »Resilienz bezeichnet somit nicht mehr zwingend die Fähigkeit eines Systems, nach kurzer Abweichung wieder zum alten und unveränderten Zustand zurückzukehren. Vielmehr stellt die adaptive Resilienz auf die Fähigkeit ab, ob ein Übergang zu einem möglicherweise neuen Zustand gelingt, der aber nicht weniger zufriedenstellend ist als der alte Zustand.«[155]

Umstritten ist die zeitliche Dimension der Resilienz. Soll Resilienz nur die kurze oder auch die lange Perspektive abdecken? Einige machen bei der Anwendung des Resilienzbegriffs einen Unterschied, ob Schocks und Krisen abrupt und mehr oder weniger unerwartet erfolgen, wie Erdbeben oder Überflutungen, oder ob sie sich graduell über einen langen Zeithorizont entwickeln und lange im Voraus erkennbar sind, wie Klimaveränderungen, demografische Alterung oder eben der digitale Wandel. Für sie ist Resilienz »ein Begriff mit einem spezifischen dynamischen Verständnis: Es geht um die Reaktion auf ein kurzfristiges adverses Ereignis« (wie beispielsweise eine Naturkatastrophe), nicht hingegen auf eine schleichende Entwicklung (wie eine allmähliche Klimaveränderung).[156]

Eine Trennung in kurze und lange Frist wirkt für disruptive Entwicklungen, die sich auf Wirtschaft und Gesellschaft auswirken, wenig überzeugend. Wer bestimmt, wann die kurze Frist endet und die lange beginnt und ob es sich bei den vielfältigen mikro-, makro- und sozioökonomischen Effekten im Einzelfall um kurz- oder langfristige Folgen handelt? Der Streit über die zeitlichen Auswirkungen disruptiver Prozesse ist rein akademisch. Für die Realität ist etwas anderes viel bedeutsamer. Wenn es um (mehr) Wohlstand für die Kindeskinder geht, muss Wirtschaftspolitik zwangsläufig auf Disruption so effizient und effektiv reagieren, dass die Chancen kommender Generationen auf ein gutes Leben besser sind als mit jeder Alternative – unwichtig, ob die Ursachen kurz- oder langfristiger Natur sind.

Nachhaltigkeit ist gut – Resilienz ist besser

Resilienz ergänzt und erweitert den Begriff der Nachhaltigkeit, wie er von der Brundtland-Kommission in ihrem Bericht »Our common future« vor mehr als dreißig Jahren geprägt wurde.[157] Als Sustainability wird demgemäß seither eine Entwicklung definiert, welche die Bedürfnisse der Gegenwart befriedigt, ohne zu riskieren, dass künftige Generationen ihre eigenen Bedürfnisse nicht befriedigen können. Die Kindeskinder sollen mindestens die gleichen Chancen auf ein glückliches, selbstbestimmtes Leben haben wie die heutigen Generationen. Die Zielsetzung der Resilienz verläuft weitgehend deckungsgleich, aber Anpassung ist so wichtig wie Nachhaltigkeit. Widerstandskraft,

Adoption und Adaption werden im Zeitalter disruptiver Entwicklungen sogar noch entscheidender für die Überlebensfähigkeit einer Gesellschaft. Das hat damit zu tun, dass der Nachhaltigkeitsbegriff in der Realität immer wieder mit konkreter Politik aufgeladen wird. Das widerspricht resilienter Politik, weil dadurch Handlungsspielräume künftiger Generationen eingeengt werden. Resilienz maßt sich nicht an, heute bereits zu wissen, was in momentan noch unscharf und lediglich unsicher erkennbaren kommenden Zeiten konkret nachhaltig sein wird oder sein soll. Vielmehr will sie ermöglichen und ermächtigen, dass einzelne Menschen, aber auch Gesellschaften insgesamt die noch weitgehend unbestimmten und unbekannten Chancen disruptiver Entwicklungen nutzen können, um daraus für sich, ihre Angehörigen und ihre Kindeskinder das Beste zu machen.

Resilienz will nicht Bekanntes und Bestehendes bewahren. Sie ist auf die Bewahrung der sozioökonomischen Funktionsfähigkeit in neuen Zeiten disruptiver Veränderungen ausgerichtet. Nachhaltige Politik hingegen trägt den Kern der statischen Bewahrung mit sich. Was sich in der Vergangenheit bewährt hat, soll beibehalten und weiterverfolgt werden. Was aber, wenn die Vergangenheit kein guter Kompass für die Zukunft ist, wenn das Neue so anders ist, dass es dafür keine historischen Vorbilder gibt? Dann kann es sehr wohl sein, dass Nachhaltigkeit in den gemeinsamen Abgrund führt, dass das Festhalten am Alten eben gerade die falsche Entscheidung war.

Selbstredend entbindet Resilienz eine Gesellschaft nicht davon, immer wieder normativ zu debattieren und politisch zu diskutieren, ob jetzt eher Ökonomie oder Ökologie, Wachstum oder Verteilung, kurz- oder langfristige Ziele verfolgt werden sollen. Es bleibt einer Gesellschaft unbenommen, am Nachhaltigkeitsparadigma festzuhalten, aber Resilienz als Verfahren einzusetzen, um den Wohlstand für alle Kindeskinder wirklich nachhaltig zu sichern.

Spontane Anpassungen ermöglichen

Zu einem grundsätzlich weitreichenden ökonomischen Resilienzverständnis gehört auch, dass nicht im Voraus die eine gegenüber einer anderen Anpassung bevorzugt oder abgelehnt wird. Auch deshalb macht eine Festlegung auf Nachhaltigkeit per se oder eine Trennung in kurz- und langfristige Orientierung wenig(er) Sinn. Eine vorzeitige Prävention, um unliebsame Veränderungen zu verhindern, zu vermeiden oder sich frühzeitig auf deren Wirkungen vorzubereiten und Folgekosten zu mildern, entspricht genauso einem ökonomisch resilienten Verhalten wie eine nachträgliche Übernahme neuer Gesetzmäßigkeiten. Menschen sollen eher agieren, Politik eher reagieren. Menschen benötigen Freiräume für ihr Tun und Lassen. Politik soll hierfür Voraussetzungen und Rahmen schaffen, aber nicht so sehr einzelne Personen steuern wollen – wohin auch angesichts von Unschärfe und Unberechenbarkeit kommender Entwicklungen?

Ob die Vermeidung disruptiver Prozesse oder eine Anpassung an deren Folgen oder eine Kombination beider Strategien zur klügsten Verhaltensweise wird, ist immer wieder von Neuem nüchtern zu bewerten, was angesichts der schwer kalkulierbaren Effekte unfassbar schwierig ist. Gerade weil Disruption so viele unsichere, unbestimmte und im frühen Voraus nicht einmal ansatzweise erkennbare kurz- wie langfristige Wirkungen entfaltet, verlangt ökonomische Resilienz nach einer immer wieder situativ angepassten Bewertungskorrektur, ständigen Perspektivenwechseln und steter Neuorientierung. Disruptiven Prozessen ist mit dynamischen Lernprozessen zu begegnen. Das gilt für einzelne Personen genauso wie für die Reaktion von Gesellschaften insgesamt.

Ziele, nicht Wege vorgeben

Resilienz ist eine Ordnung, die auf Unordnung basiert. Sie orientiert sich an einer Freiheit, die aus der Ungewissheit kommt. Es geht nicht darum, konkrete oder gar detaillierte Handlungen festzuschreiben.[158] Gefordert sind allgemeine Grundregeln und abstrakte Verfahren. Nicht ein bestimmter Plan ist umzusetzen. Resilienz gibt nicht vor, was zu tun ist, sondern wie die Abläufe zur Lösungsfindung zu gestalten sind. Sie will Freiräume dafür schaffen, dass eine zweckmäßige und situationsgerechte Anpassung spontan erfolgt, als Summe unabhängiger Handlungen vieler einzelner Menschen von unten und eben nicht als politische Anordnung von oben.

Ökonomische Resilienz zielt auf endogene Mechanismen, die als spontane Reaktionen auf disruptive Entwicklungen von innen her, selbstregulierend ausgelöst werden. Es geht um mehr oder weniger automatisch und reflexhaft ausgelöste Selbstheilungskräfte, die Menschen und Gesellschaften immer wieder ermächtigen, effizient und effektiv auf disruptive Prozesse (re)agieren zu können. Wie Kriseninterventionskräfte in unzähligen Trainingsstunden einüben, was in Notfällen zu tun ist, meint ökonomische Resilienz die Fähigkeit, nüchtern und sachlich, ohne blockierende Ängste und Sorgen, stets wieder kluge Übernahme- und Anpassungsstrategien an neue Herausforderungen zu finden und zweckmäßig umzusetzen. Dazu gehört auch ein Verständnis, dass es in einer Gesellschaft nicht nur auf die Interessen Einzelner ankommt. Ebenso spielt das Zusammenspiel, das Zusammenwirken sowie das Ausbalancieren unterschiedlicher Erwartungen sich stets ändernder Bewertungen und Absichten eine entscheidende Rolle.

Letztlich orientiert sich ökonomische Resilienz am Leitbild »spontaner Ordnung« von Friedrich August von Hayek, dem Wirtschaftsnobelpreisträger des Jahres 1974. Disruption ist so komplex und erfolgt so dynamisch, dass es schlicht anmaßend wäre, heute vorauszusagen, was morgen sein wird oder gar sein soll. Resilienz akzeptiert, dass die Zukunft unbestimmt und unsicher ist und Kindeskinder andere normative Maßstäbe haben werden als heutige Generationen. Sie maßt sich nicht an, heute bereits zu wissen, wie die Welt ist, morgen sein oder gar werden soll. Sie übt Demut und Bescheidenheit. Sie ist ein Verfahren und keine Handlungsanweisung. Sie liefert Orientierung, keine Maßnahmenkataloge. Sie zielt lediglich darauf ab, Menschen und Gesellschaften zu ermächtigen, sich kommenden unbekannten Veränderungen entsprechend eigenen Wünschen und Erwartungen anzupassen – selbstverantwortet, rechtzeitig und effektiv.

12. Resiliente Wirtschaftspolitik: Anpassung durch Entdeckung

Die Versuchung ist groß, wirtschaftspolitische Agenden zu entwerfen und Konzepte vorzuschlagen, wer wann was machen soll, damit es den Kindeskindern im 21. Jahrhundert besser als ihren Vorfahren gehen wird. Die Ratgeberliteratur mit ökonomischen Vorschlägen füllt bereits Regale.[159] Es finden sich da »Gesamtkonzepte für Deutschlands Zukunft« genauso wie ein »Masterplan Deutschland« oder Vorschläge, »wie Deutschland noch zu retten ist«.[160] Die »fünf Weisen«, der Sachverständigenrat zur Begutachtung der gesamtwirtschaftlichen Entwicklung, werden Jahr für Jahr nicht müde, in ihrem Jahresgutachten »für eine zukunftsorientierte Wirtschaftspolitik« (so 2017), für eine »Zeit für Reformen« (so 2016) oder für »mehr Vertrauen in Marktprozesse« (so 2014) zu werben und akribisch, gut begründet und wissenschaftlich belegt »wichtige wirtschaftspolitische Weichenstellungen« (so 2018) vorzuschlagen, »gegen eine rückwärtsgewandte Wirtschaftspolitik« (so 2013) anzugehen und zu fordern, die »Zukunftsfähigkeit in den Mittelpunkt« (so 2015) zu stellen.[161]

Mit so viel Sachverstand als Fundament ließe sich problemlos eine weitere Liste notwendiger Reformschritte anführen. Ohne viel Mühe würden sich stichhaltige Vorschläge von A bis Z, von Agrarsubventionsabbau bis Zollverzicht finden. Weniger Bürokratie und Regulierungen und dafür mehr Markt und Wettbewerb sind immer wiederkehrende Postulate. Genauso richtig wie wichtig sind Forderungen nach dezentralen Entscheidungsstrukturen, einer institutionellen Arbeitsteilung nach föderalen Gesichtspunkten und einem Äquivalenzprinzip, womit gemeint ist, dass, wer öffentliche Güter bestellt, auch mit eigenen Steuern dafür zu zahlen hat. Viele andere kluge Ideen ließen sich zu einem Gesamtkonzept zusammenschweißen.

Das Zeitalter der Disruption aber setzt Masterplänen enge Grenzen. Das Wegbrechen bestehender Orientierungsmarken stellt die konkrete Machbarkeit großer Würfe in Frage. Unsicherheit verkürzt einen einigermaßen umsetzbaren Planungshorizont. Wenn nicht erkennbar ist, wohin sich das große Ganze bewegt, wirken langfristige Maßnahmenkataloge wenig schlüssig. Von oben die Richtung vorzudenken und aus einem Guss gleich heute die notwendigen Schritte der Umsetzung vorzugeben, ist angesichts der vielen Unbestimmtheiten wenig Erfolg versprechend.

Selbst wenn Wissenschaft insgesamt, künstliche Intelligenz und Algorithmen im Speziellen der Menschheit helfen, klüger zu werden, ist der Mensch noch lange nicht klug genug, alle kommenden Brüche, dynamischen Eigenprozesse, Fehlinformationen, Herdenverhalten, Blasenbildungen, Präferenzänderungen, Missernten, Rohstoffengpässe, Innovationen, Missbrauch und (un)gewolltes Fehlverhalten rechtzeitig zu erkennen und verhindern zu können. Noch weniger – nämlich gar nicht – werden neue Technologien dem Menschen normative Entscheidungen abnehmen (können). Was ethisch vertretbar ist, sollten immer Menschen und niemals Maschinen bestimmen. Deshalb kann es gar nicht darum gehen, mit Regeln von heute alle Krisen von morgen ausschließen zu wollen. Es soll nur darum gehen, sich möglichst gut vorzubereiten, um die Folgekosten disruptiver Veränderungsprozesse und resilienter Anpassungsschritte zu minimieren.

Disruption stellt generell und ganz grundsätzlich das Wesen der Wirtschaftspolitik in Frage. Die Datenökonomie lässt sich mit herkömmlichen makroökonomischen Theorien und Methoden weder erfassen noch durch alte volkswirtschaftliche Konzepte in eine gewünschte Richtung lenken. Die Dynamik der Veränderungen und die Komplexität möglicher Reaktionen sprengen komplett den Rahmen dessen, was mit gängigen makroökonomischen Modellen erfassbar ist. Entsprechend schlecht lassen sich daraus wirtschaftspolitisch gehaltvolle Vorschläge oder gar Masterpläne ableiten.

Verstärkt wird die Fundamentalkritik am Nutzen der Makroökonomik für die Wirtschaftspolitik dadurch, dass Daten keinen physischen Raum benötigen und damit keiner Nationalökonomie zurechenbar sind. Wissenschaftliche Analysen zur »Makroökonomik offener Volkswirtschaften« bieten lediglich auf einem Abstraktionsniveau Abhilfe, das für konkrete wirtschaftspolitische Umsetzungen völlig unzulänglich ist. Die aus Einzelbeobachtungen zu gesamtwirtschaftlichen Makrogrößen stilisierten Zusammenhänge zu Dienstleistungshandel, Migrationsfragen, Direktinvestitionen, Produktionsverlagerungen und zur Datenökonomik sind so realitätsfern, dass bestenfalls grobe Ideen über vorstellbare, nicht aber tatsächliche sozioökonomische Folgeeffekte ableitbar sind.

Hinzu kommt: Bevormundung bis hin zur Schindluderei zeigt sich bei der Frage, was denn genau ein gesamtwirtschaftliches makroökonomisches Interesse sei. In früheren Zeiten mag es so etwas wie ein allgemeines Grundverständnis für gesellschaftliche Solidarität und Zusammengehörigkeit gegeben haben. Disruption führt jedoch auch hier zu einem Bruch lange gültiger Beziehungen. Wenn als Folge der zunehmenden Vielfalt in der Bevölkerung der größte gemeinsame Nenner immer kleiner wird, wird es auch immer schwieriger, eine Wirtschaftspolitik zu finden, die den Erwartungen und Hoffnungen der meisten Menschen einigermaßen entspricht. Individualisierung und Polarisierung kratzen am Selbstverständnis, dass aus Einzelinteressen ein Gesamtinteresse abgeleitet werden könne. Es gibt mehr als genügend Belege dafür, dass es so etwas wie ein Gemeinwohl schlicht nicht gibt.[162] Eher ist es eine arrogante »Anmaßung des Wissens«, wenn Interessenvertreter behaupten, dem Allgemeininteresse zu dienen und besser als die Betroffenen selber zu wissen, was gut für die Gesellschaft und somit auch gut für Einzelne sei.[163] Der Vorwurf trifft noch weit mehr zu, wenn es darum geht, aus heutiger Sicht zu beurteilen, was Kindeskinder in Zukunft für gut oder besser halten und was sie ablehnen werden.

Evolution als Vorbild

Eine resiliente Wirtschaftspolitik legt nicht die gesamte Reiseplanung auf einmal am Anfang fest. Vielmehr bleibt sie offen dafür, dass sich sowohl gesellschaftliche Ziele wie auch die Instrumente zu deren Erreichung immer wieder in heute völlig unvorhersehbarer Weise ändern können. Ökonomische Resilienz bedeutet eine Anpassung durch Entdeckung über einen Wettbewerb der Ideen. Vorbild hierfür liefert die Evolution. Auch die Evolution folgt keinem vorher festgelegten großen Masterplan. Vielmehr ist sie eine Mischung aus »Zufall und Notwendigkeit«, wie der französische Molekularbiologe Jacques Monod, Medizin-Nobelpreisträger des Jahres 1965, seine »Philosophischen Fragen der modernen Biologie« überschreibt.[164]

Auf dem langen, stetigen, unumkehrbaren Weg nach vorne kommt es bei der Evolution immer wieder von Neuem zu zufälligen Störungen des normalen Ablaufs, Unschärfen, Unfällen, Schwankungen, Abweichungen von der Norm, Fehlern und spontanen Veränderungen. Jede dieser zufälligen mikroskopischen Mutationen ist einem Ausleseprozess unterworfen. Die Auslese erfolgt nicht zufällig oder gar willkürlich. Sie folgt einem Selektionsverfahren, dem ein ebenso klares Bewertungsprinzip zugrunde liegt: die Überlebensfähigkeit des makroskopischen Systems. Im Laufe der Jahrmilliarden ist aus dem Einzeller erst ein Organverband und dann in einem langen evolutionären Prozess die Menschheit entstanden. Jeder einzelne kleine Schritt auf diesem nahezu unendlich langen Pfad verdankt seine mikroskopische Form dem Zufall. Der Prozess der Auslese jedoch und damit die Evolution folgen einer unabwendbaren Notwendigkeit. Aus Milliarden und Abermilliarden von Mutationen setzen sich im Laufe der Zeit zwangsläufig und unbeirrbar jene Veränderungen durch, die makroskopischen Systemen die beste Anpassungs- und Reproduktionsfähigkeit ermöglichen.

Eine resiliente Wirtschaftspolitik ist wie bei der Evolution eine Abfolge von Zufall und Notwendigkeit ohne Masterplan oder Blaupause, wie ein Schritt auf den nächsten zu folgen hat. Volkswirtschaften, Unternehmen und Menschen müssen sich stets von Neuem an geänderte Umstände und Umweltbedingungen anpassen, um erfolgreich überleben zu können. Jared Diamond beschreibt in seinem Buch »Kollaps« am Beispiel der Maya, Wikinger und vieler anderer mehr als deutlich, »warum Gesellschaften überleben oder untergehen«, während andere sich behauptet haben.[165] Mangelnde Voraussicht, ungenügende Wahrnehmung, gesamtwirtschaftlich irrationales Verhalten als Folge individuell rationalen Verhaltens, Fehlentscheidungen und gescheiterte Lösungsversuche sind für den Anthropologen die wichtigsten Erklärungsfaktoren.

Mancur Olson bestätigt in seinem aus einer ökonomischen Sicht geschriebenen Buch »Aufstieg und Niedergang von Nationen« am Beispiel Großbritanniens, dass Gesellschaften verkrusten können, wenn einzelne Interessengruppen nur noch egoistisch ihr eigenes Süppchen kochen und jeder Fortschritt als Angriff auf die eigenen Pfründe verstanden und bekämpft wird.[166] Mikroökonomisches Gewinnstreben führt dann zu makroökonomischem Untergang. Wettbewerb wirkt in solchen Gesellschaften wie eine

Frischzellenkur. Er verbessert die Anpassungs- und damit die Überlebensfähigkeit von Gesellschaften.

Zufall und Notwendigkeit

Wie bei der biologischen Evolution im Wechselspiel von Zufall und Notwendigkeit die Menschheit in ihrer heutigen Ausprägung einer gezogenen »Losnummer in einem Glücksspiel« entspricht, so Jacques Monod[167], dient der Wettbewerb als Verfahren zur Entdeckung resilienter Anpassungsprozesse der ökonomischen Evolution. Er filtert unter abertausenden, um die Gunst des Publikums werbenden Ideen, Erfindungen und Neuerungen die für den Fortschritt der Menschheit bestgeeigneten heraus. »Im Sport oder bei Prüfungen, bei dem Vergeben von Regierungsaufträgen oder der Verleihung von Preisen für Gedichte und nicht zuletzt in der Wissenschaft, wäre es offensichtlich sinnlos, einen Wettbewerb zu veranstalten, wenn wir im Voraus wüssten, wer der Sieger sein wird. Wettbewerb ist ein systematisches Verfahren zur Entdeckung von Tatsachen, die ohne sein Bestehen entweder unbekannt bleiben oder doch zumindest nicht genutzt werden würden.

Die Tatsache, dass der Wettbewerb nicht nur zeigt, wie die Dinge besser gemacht werden können, sondern alle, deren Einkommen vom Markt abhängt, zwingt, die Verbesserungen nachzuahmen, ist natürlich einer der Hauptgründe für die Abneigung gegen den Wettbewerb. Er stellt eine Art unpersönlichen Zwanges dar, der viele Individuen dazu veranlassen wird, ihr Verhalten in einer Weise zu ändern, die durch keinerlei Anweisungen oder Befehle erreicht werden könnte.« So beschreibt von Hayek die evolutionäre Kraft des Wettbewerbs in seinem berühmt gewordenen Kieler Vortrag von 1968.[168]

Beim sportlichen Wettkampf treibt das Ziel, zu siegen, Menschen zu körperlichen Höchstleistungen. Analog dazu soll in einer resilienten Wirtschaftspolitik der Wettbewerb um Aufmerksamkeit, Anerkennung, Kunden, Umsätze und die damit verbundenen Profite Menschen motivieren, mehr zu leisten, höhere Risiken einzugehen und neue Ideen zu verfolgen. Wer die Nase vorne hat und die Trends frühzeitig erkennt, wird mit Gewinnen reich belohnt. Wer technisch zurückbleibt, aufs falsche Pferd setzt oder schlicht zu teuer bleibt, wird durch Verluste hart bestraft. Der Wettbewerb ist sozialpolitisch blind. Er legt nicht im Voraus fest, was gut und was schlecht ist. Das macht ihn für viele so unangenehm und für andere so grausam. Für die Gesellschaft insgesamt aber ist diese Ergebnisoffenheit des Wettbewerbs die fundamentale Triebfeder der wirtschaftlichen Entwicklung. Keine Veränderung oder Neuerung wird bevorteilt. Alle müssen gleichermaßen den Härtetest der Praxis bestehen. Was langfristig die Fähigkeit der Menschheit zu Adoption und Adaption insgesamt verbessert, soll sich durchsetzen können.

Gute Regeln sind wichtiger als gute Spieler

Eine resiliente Wirtschaftspolitik verlangt nach mehr Bescheidenheit. Sie folgt einem gut begründeten Verhaltensmuster: »Ob ein Spiel gut ist, hängt mehr von guten Regeln ab als von guten Spielern« – so lautet die finale Einsicht von Geoffrey Brennan und James Buchanan, dem Wirtschafts-Nobelpreisträger des Jahres 1986, in deren Standardwerk über das Wesen von Regeln.[169] Sind die Regeln gut, werden Menschen mehr oder weniger von allein motiviert, das Richtige zu tun und das Falsche zu lassen. So wird weniger zu mehr.

Eine resiliente Wirtschaftspolitik soll sich auf abstrakte Verfahrensgrundsätze beschränken und auf konkrete Vorgaben und Handlungsanweisungen verzichten. Sie sagt nicht, was zu tun ist. Sie soll für gutes Wetter sorgen, aber den einzelnen Menschen überlassen, was sie daraus machen. Sie gibt Hinweise, wie Politik zu organisieren ist, damit rasch und zielgerichtet reagiert werden kann, wenn aus heute noch unsicher und nur schemenhaft erkennbaren Gewitterwolken Stürme, Donner und Blitze werden.

Damit im Rahmen einer resilienten Wirtschaftspolitik der Wettbewerb als Triebfeder der sozioökonomischen Evolution optimal wirken kann, bedarf es der Freiräume für ein erfolgreiches Wechselspiel zwischen Adoption und Adaption – der Übernahme neuer Möglichkeiten und der Anpassung alter Strukturen. Viel mehr braucht es nicht.

13. Resiliente Innovationspolitik: Ziele, nicht Wege vorgeben!

Die Bedrohungen der Welt sind gewaltig, und es sind (zu) viele. Klimawandel, Erderwärmung, Zerstörung der Ozeane, der Wälder oder die rapide Ausrottung einzelner Tierarten sind existenzielle Herausforderungen für die Menschheit. Die wissenschaftlichen Belege sind eindeutig: Die Risiken unumkehrbarer ökologischer Veränderungen gefährden das Überleben kommender Generationen. Die »Doomsday Clock«, die Uhr, die anzeigt, wie viel Zeit noch vor dem Weltuntergang bleibt, steht auf zwei Minuten vor zwölf – Mitte des letzten Jahrhunderts war die Apokalypse noch sieben Minuten entfernt.[170] Es wird eng werden. Da fällt Optimismus schwer.

Je größer die Not, umso stärker die Notwendigkeit

Aber vielleicht hilft die Erinnerung, dass die Menschheit schon vielfach am Rande des Abgrunds stand – wobei wohl noch nie so nahe wie heute –, dann aber, wenn die Not am größten war, immer wieder Abhilfe fand. Denn bereits »Grenzen des Wachstums« war ein Buch, das in den frühen 1970er Jahren den Anfang vom Ende der guten Tage prophezeite. »Schon vor dem Jahr 2000 ... muss selbst unter der optimistischen Annahme, dass alles potentiell bebaubare Land landwirtschaftlich genutzt würde ... eine hoffnungslose Landknappheit auftreten.«[171] Nahrungsmittel und Rohstoffe würden dadurch nicht mehr ausreichen, um die Weltbevölkerung zu ernähren. Die Menschheit käme in Existenznöte. Das war eindeutig und genauso unmissverständlich wie viele andere apokalyptische Voraussagen von Dennis Meadows und seinen Co-Autoren vom renommierten Massachusetts Institute of Technology (MIT).

Um zu veranschaulichen, wie nahe die Menschheit an ihrem Untergang bereits sei, benutzten die MIT-Wissenschaftler eine Parabel. Sie beschreibt, wie in einem großen Gartenteich eine kleine Seelilie jeden Tag auf die doppelte Größe wächst. Innerhalb von 30 Tagen hat sich die Lilie so ausgebreitet, dass sie den ganzen Teich mit der Folge bedeckt, dass alles andere Leben im Wasser erstickt. Noch am 29. Tag erkennt niemand die Gefahr, denn noch ist ja die Hälfte des Teiches lilienfrei. Erst am nächsten Tag ist dann schlagartig kein Wasser mehr zu sehen, und das Ökosystem kollabiert. Wie dumm, dass niemand rechtzeitig gewarnt, das exponentielle Wachstum gestoppt und das Wuchern der Seelilie unterbunden hat – lange bevor der Sauerstoff knapp wurde.

Für Meadows und sein Team war zu Beginn der 1970er Jahre Tag 29 für die Menschheit schon angebrochen.[172] Es bliebe wohl kaum mehr genug Zeit, um der Erdbevölkerung den Erstickungstod des Teichlebens zu ersparen – so die Prognose. Was die MIT-Forscher völlig unterschätzten, war die urtypische menschliche Fähigkeit, auf Veränderungen im Umfeld rasch zu reagieren, das Verhalten anzupassen, nach anderen Lösungen zu suchen und rechtzeitig mit neuen Ideen Engpässe zu verhindern, zu überwinden oder zu vermeiden. Plötzlich gab es autofreie Sonntage, wurde der Müll getrennt und Abfall wieder- und weiterverwertet. Motoren wurden kleiner und effizienter. Der Katalysator wurde alltäglich, Kühlschränke gab es nur noch ohne FCKW. Ertragreicheres Saatgut, besserer Dünger, künstliche Bewässerung und leistungsfähigere Erntemaschinen, Lager- und Vertriebssysteme vergrößerten die Hektarerträge dramatisch. Angebotszunahme wie Nachfragerückgang sorgten gemeinsam dafür, dass kaum eine der pessimistischen Voraussagen von Meadows eintrat. Im Gegenteil: Dank neuer Fördertechnologien ist die zeitliche Reichweite (definiert als bekannte Vorkommen dividiert durch den weltweiten Jahresbedarf) für die meisten Rohstoffe heutzutage länger und nicht kürzer als vor fünfzig Jahren.[173]

Viele halten das unerschütterliche Vertrauen in die Innovationskraft der Menschen für naiven »Ökonomismus«. Einige beschreiben es als »Geschwätz vom Wachstum«. Während die Disruption alles in Frage stellt, mag ein ungebrochener Fortschrittsoptimismus tatsächlich blauäugig scheinen. Wieso eigentlich?

Innovationen sind nicht endlich

Wenn richtig ist, dass der Krieg der Vater aller Dinge ist, dann gilt ebenso, dass die Krise die Mutter der meisten Innovationen war. Not hat schon immer erfinderisch gemacht. Die Peitsche des Mangels war für die Menschen seit eh und je der wirkungsvollste Anreiz, um Ressourcen schonender und besser zu nutzen und schneller nach neuen Technologien zu suchen. Erreichten Ängste und Pessimismus in der Menschheitsgeschichte einen Höhepunkt, waren Wille und Bereitschaft immer schon am stärksten, nach neuen Lösungen zu suchen. Knappheit ist sowohl dominante wie inspirierende Quelle des technischen, sozialen und wirtschaftlichen Fortschritts.

Anders als von den Pessimisten dargestellt, ist die Erde eben kein geschlossenes System. Sie ist kein Raumschiff, dessen Ressourcen begrenzt und eines Tages aufgezehrt sein werden. Das Innovationspotenzial ist nicht endlich. Seine unerschöpflichen Quellen liegen in der Resilienz, in Adaption und Adoption, dem Wissen und dem Können der Menschen und ihrer Kreativität, immer von Neuem künftige Probleme lösen zu können. Das alles hat mit der Begrenztheit natürlicher Ressourcen nichts zu tun. »Mit den Grenzbedingungen unseres Universums hat es sicher etwas Besonderes auf sich, und was könnte ›besonderer‹ sein, als dass es keine Grenze gibt. Das menschliche Streben sollte jedenfalls keine Grenze haben.«[174] So klipp und klar positioniert sich einer der renommiertesten Physiker, Stephen Hawking, in seinem posthum veröffentlichten intellektuellen Vermächtnis »Kurze Antworten auf große Fragen«.

Je mehr wir wissen, umso besser. Wissen ist nichts, was durch den Gebrauch abnutzt und geringer wird. Wissen nimmt durch Anwendung nicht ab, sondern zu. Genauso wenig ist geteiltes Wissen halbes Wissen. Im Gegenteil: Der Nutzen aus Wissen wird durch Teilung größer, nicht kleiner. Hier liegt auch die Logik der Wissensgesellschaft. Sie erklärt, wieso vom Wissen alle und nicht nur die Wissensträger profitieren. Wissen, genauso wie Innovationen, haben einen für die Menschheit wunderbaren Vorteil. Sie vergrößern die Handlungsspielräume.

Zwar profitieren nicht alle Menschen von Innovationen gleichermaßen. Wer etwas Neues und Besseres gesucht und gefunden hat, kann früher als alle anderen aus den gewonnenen Erkenntnissen Nutzen ziehen. Mit innovativen Problemlösungen lässt sich viel Geld verdienen. Die Hoffnung auf Gewinne und Reichtum hat bei vielen Erfindungen, Entdeckungen und Erneuerungen Pate gestanden. Das war so zu Zeiten der Griechen und Römer, bei den mittelalterlichen Seefahrern oder den Vätern der Industrialisierung. Das ist so in der Gegenwart bei der Suche nach weiteren Energiequellen, noch schnelleren Schaltkreisen, klügeren Datenanalysen oder wirksameren Medikamenten. Knappheit, entsprechend starke Zahlungsbereitschaft der Nutznießer und demzufolge hohe Preise und satte Gewinne sind für kreative Tüftler und risikofreudige Geldgeber die klarsten Signale, um Zeit und Geld in die Suche nach neuen Produkten, intelligenten Dienstleistungen, verbesserten Verfahren oder fortschrittlichen Organisationsabläufen zu investieren. Bei Erfolg winkt die Chance, so reich zu werden wie die Brüder Rothschild, John D. Rockefeller, Jean Paul Getty, Steve Jobs, Larry Page, Bill Gates oder Jeff Bezos.

Innovationen provozieren Kettenreaktionen

Von Innovationen profitiert jedoch nicht nur der erfolgreiche Investor. Innovationen lösen eine Kettenreaktion aus, an deren Ende mehr Menschen besser als vorher dastehen. Der gesamtwirtschaftliche Vorteil einer Innovation liegt darin, dass niemand vom Erkenntnisfortschritt ausgeschlossen werden kann. Einmal vorhandenes Wissen kann durch Imitation und Reproduktion relativ billig weitergegeben und vervielfacht werden. Das gilt mehr denn je für die Datenwirtschaft. Neue Algorithmen oder Software zu entwerfen, digitale Netzwerke zu bauen, verursacht riesige Forschungs- und Entwicklungskosten. Algorithmen oder Software zu kopieren oder Netzwerke zu nutzen, kostet kaum noch etwas dazu. Anders formuliert sind die Fixkosten einer Innovation enorm hoch, die Grenzkosten von Nutzung und Imitation aber außerordentlich gering.

Auch wenn vielfältige Geheimhaltungsmanöver oder Patente dem Erfinder und damit auch dem Innovator eine Alleinverwertung sichern wollen, können sie nicht verhindern, dass zumindest ein Teil des mit Innovationen verbundenen neuen Wissens in unterschiedlichen Formen früher oder später auf alle überschwappt. Zunächst profitiert nur die unmittelbare Nachbarschaft, später die weitere Umgebung, zuletzt die ganze Welt. Besseres Wissen über die Bewältigung existenzieller Lebensrisiken, über die Beschaffung von Nahrungsmitteln, über die Behandlung von Krankheiten und über die Analyse von Daten kommt früher oder später allen zugute.

Aber auch naturwissenschaftlich gilt es die Endlichkeitsthese der Zukunftspessimisten zu relativieren. Der Erde fließt von der Sonne ständig Energie in Form von Strahlung zu – zwar wohl nicht in alle Ewigkeit, aber doch mindestens noch ein paar Hundert Millionen Jahre.[175]

Sonne genauso wie Wind und Gezeiten können genutzt werden, um erschöpfbare durch erneuerbare Rohstoffe zu ersetzen. Technisch ist das heute schon machbar. Es gibt praktisch keinen Rohstoff, der nicht durch Elemente ersetzt werden könnte, die auf der Erde nahezu unbegrenzt vorhanden sind. Schlimmstenfalls lassen sich knapp werdende Mineralien oder Metalle auf anderen Himmelskörpern abbauen und mit Raumschiffen zur Erde transportieren.

Genauso wie es zwar momentan noch total verrückt erscheint, jedoch bald schon Realität werden könnte, dass Menschen den Mars erschließen, so wie die Europäer Amerika besiedelten. Keine Zweifel bestehen hierbei für Stephen Hawking in seinem posthum veröffentlichten Vermächtnis. »Die Erkundung des Weltraums mit dem Ziel, alternative Planeten zu finden, auf denen wir leben können«, sei voranzutreiben.[176] So wäre für die Menschheit trotz eines Weltuntergangs ein Überleben möglich, wenn auch nicht mehr auf der Erde.

Wann und wie weit welche Technologie zum Tragen kommen wird, ist nahezu ausschließlich eine Frage der Verfügbarkeit von Energie. Und solange die Sonne scheint, der Wind weht und die Gezeiten gelten, gibt es genug Energie. Ob sie genutzt wird, ist dann eine Folge des Zusammenspiels von Kosten und Preisen sowie des Entwicklungsstandes einer Volkswirtschaft. Vor einem halben Jahrhundert war es für die MIT-Forscher um Dennis Meadows unvorstellbar, dass wir heute das intellektuelle Universum in der Hosentasche tragen und jederzeit und überall darauf zugreifen können. Was früher in Tausenden von Büchern, Zeitschriften und Zeitungen gedruckt oder erst auf Schallplatten und später CDs aufgezeichnet wurde, findet nun auf einem Quadratzentimeter Platz.

Wie viele Tonnen Papier, Plastik und Fässer Benzin für den Transport in die Buchregale, Musikgeschäfte und Briefkästen der Kunden dadurch eingespart werden können? Und wir stehen erst am Anfang. Virtuelle Wolken ersetzen in immer mehr Gebieten physische Güter. Dienstleistungen in Bildung, Gesundheit, Finanzierung und Versicherung können ohne persönlichen Kontakt von Herstellern und Kunden geliefert werden. Das macht Materialtransporte genauso wie Geschäftsreisen überflüssig.

Gerade der Vergleich des heutigen Alltags mit jenem vor zehn, hundert oder noch mehr Jahren macht überdeutlich, wie unfassbar falsch es ist, von der Endlichkeit der Welt und den Grenzen des ökonomischen Wachstums auszugehen. Die Vorstellung, was möglich sein wird, kennt keine kognitiven Schranken. Die Fantasie ist frei, alles zu denken. Danach bedarf es nur noch der Kreativität, des Mutes und der Tatkraft, um aus einem Gedanken eine Idee, eine Verbesserung und schließlich eine Innovation zu machen. Das war und ist immer so und wird immer so bleiben. Innovationen sind nicht alles, aber sie machen alles einfacher. Und ohne sie wird es noch schwieriger, die zunehmende Komplexität zu bewältigen. Sie werden die Weichen dafür stellen, ob die besten Jahre hinter oder vor der Menschheit liegen.

Mehr Demut und Gelassenheit wagen!

Eine resiliente Innovationspolitik kann zumindest mithelfen, die Chancen der Bewältigung der großen Zukunftsprobleme zu vergrößern. Leitidee ist, nicht besserwisserisch Masterpläne zur Problemlösung vorzulegen. Vielmehr soll Politik lediglich die Ziele vorgeben. Tragfähige Kompromisse zu finden, wird in einer Demokratie schon schwierig genug sein. Da sollte offenbleiben, wie die politisch vereinbarten Ziele umzusetzen sind. Kindeskinder müssen die Freiräume haben, nach Wegen und Instrumenten zu suchen, die sie für sachgerecht und zweckmäßig halten.

Eine resiliente Innovationspolitik ist beides, demütig und gelassen. Sie ist bescheiden, weil sie lediglich vorgibt, was zu tun ist, aber nicht, wie es zu tun ist. Sie maßt sich nicht an, heute bereits zu wissen, welche Technologien am besten geeignet sein werden, Klimawandel, Erderwärmung und Umweltzerstörung zu verhindern oder zu bewältigen. Sie ist offen für Adoption, Adaption und kluge Problemlösungen, an die heute noch niemand denkt.

Und eine resiliente Innovationspolitik ist gelassen, weil sie an die schöpferische Erneuerungskraft glaubt, die seit der Vertreibung aus dem Paradies die Menschheit immer wieder vor dem Untergang bewahrt hat. »Innovation ist der berechtigte Anlass für die Hoffnung, dass es besser wird. Dass es einen Fortschritt gibt, eine Perspektive«, so Wolf Lotter in seiner Streitschrift für ein barrierefreies Denken.[177] Der Optimismus kann auch im 21. Jahrhundert eine Wende zum Guten provozieren, wenn auf allen Ebenen das Innovationstempo erhöht wird. Neue Technologien müssen helfen, Verschwendung zu verringern, Effizienz zu steigern und mit weniger ökologischem Aufwand dafür zu sorgen, dass die Menschen ihre Wünsche nach mehr Wohlstand realisieren können. Dafür muss alles, was produziert wird, besser und um Dimensionen effizienter werden, als es heute der Fall ist. Dieses Ziel ist durch Verzicht oder Einsparung alleine nicht rechtzeitig erreichbar.

Nur Innovation kann die Kräfte freisetzen und die Dynamik auslösen, die eine rechtzeitige Anpassung ermöglichen. Und nichts kann hier schneller und effektiver zum Erfolg führen als die mit der Digitalisierung einhergehen-

den neuen Optionen – genau das meint das Zusammenspiel von Adoption und Adaption. Algorithmen, künstliche
Intelligenz, Big Data und alles, was damit möglich wird,
trägt das Wesen für Effizienzsteigerungen in sich. Disruptive Prozesse, also radikaler Neuanfang anstatt pfadabhän-
gige Fortschreibung alter Verhaltensweisen, erweisen sich
weniger als Ursache von Problemen, sondern vielmehr –
und für die Menschheit entscheidender – als Hilfe bei deren Bewältigung.

Weniger ist mehr!

Wenn mehr Innovation mehr Wohlstand und bessere Lebensbedingungen für alle bedeutet, stellt sich natürlich
sogleich die Frage, wie denn eine Gesellschaft die Inno-
vationsgeschwindigkeit erhöhen könnte. Vieles spricht
für eine Politik der staatlichen Zurückhaltung. Weil im
Zeitalter der Disruption niemand weiß, wann wo wer die
zündende Idee hat, lassen sich Innovationen nicht anordnen, nicht befehlen und auch nicht erzwingen. Natürlich
kann der Staat im Einzelfall innovativ sein. Eine nüchterne
Analyse des real existierenden Sozialismus macht jedoch
deutlich, dass die Sowjetunion zwar in der Lage war, als
erste Nation einen Sputnik ins All zu schießen. Sie war
aber unfähig, mit dem schnellen Tempo Schritt zu halten,
mit dem in den offenen, demokratischen Gesellschaften
des kapitalistischen Westens flächendeckend und eben
nicht nur punktuell eine Neuerung im einen zur nächsten
Idee in einem anderen Bereich führte.

Es sind die Dynamik und die Breite von Adoption und
Adaption, die eine Innovationslawine auslösen, die zur
Quelle gesamtwirtschaftlicher Produktivitätssteigerun-
gen und zum Motor für mehr Wachstum wird. Da müs-

sen staatliche Planwirtschaften auf der Strecke bleiben. Ihnen fehlt schlicht das Informationsnetzwerk, das sich in Marktwirtschaften aus dem permanenten, freien Zusammenspiel von Menschen ergibt, die ständig und überall Güter, Dienstleistungen und vor allem Ideen anbieten, kaufen oder tauschen. Diese unglaubliche Fülle vielfältiger Informationen zu Innovationen zu verdichten und vor allem die enorme Geschwindigkeit, mit der es zu lernen, zu entscheiden und zu handeln heißt, muss – abgesehen von Einzelfällen – Politik, Regierungen und jede Behörde überfordern.

Angesichts der Komplexität, der Dynamik und der Unsicherheit disruptiver Entwicklungen ist der Verzicht auf eine aktive Innovationspolitik die beste Innovationspolitik. Wer mehr Innovationen fordert, muss vielmehr den Mut haben, zu tun, was Innovationen fördert. Innovationen verlangen nämlich nicht nach mehr Politik. Sie brauchen weniger Vorgaben und mehr Freiheit. Unbekanntes oder Zufall lassen sich nun einmal nicht planen. Innovationen zu fördern, verlangt zuallererst danach, Freiräume zu schaffen – damit Neues entstehen kann, muss Altes wegfallen. Innovationen sind Angriffe auf bestehende Besitzstände, sie zerstören gut eingespielte politökonomische Gleichgewichte. Neue Technologien entwerten alte. Kurz: Innovationen sind die Antriebskraft des Strukturwandels. Sie sind beides zugleich: Zerstörung und Schöpfung. Somit schafft jede resiliente Politik, die Adaption und Adoption fördert und nicht bremst, den Nährboden für Innovationen.

Wer Konkurse und Entlassungen nicht verhindert, träges Verhalten nicht belohnt und erfolgreiche Eigeninitiative nicht bestraft, hat die wichtigsten Voraussetzungen für Innovationen bereits erfüllt. Notwendig ist eine passive Innovationspolitik, die auf die Kraft des Einzelnen und nicht auf die Kraft von oben erlassener Vorgaben vertraut. Sie muss auf die nicht planbare, spontane Eigeninitiative und nicht auf Anordnungen aus Ministerien, Verwaltung und Bürokratie setzen. Sie muss auf den Hayek'schen Wettbewerb als Entdeckungsverfahren vertrauen und auf eine staatliche Anmaßung des Wissens verzichten. Sie muss Anreize schaffen, damit es sich für Menschen aus Eigeninteresse und -verantwortung lohnt, in Hinterhöfen und Garagen, in Labors und Büros nach Neuerungen zu suchen, um dann zusammen mit risikofreudigen Investoren nicht nur persönliche Anerkennung zu erlangen, sondern auch Geld zu verdienen.

Eine passive Innovationspolitik muss ein Klima erzeugen, das Neues als Chance und nicht als Gefahr für das Alte sieht. Sie muss Markteintritts- und Austrittsschranken abbauen – auch für (ausländische) Konkurrenten. Sie muss für ein soziales Milieu sorgen, in dem sich Grübler, Erfinder und Gründer wohlfühlen. Kurz: Eine resiliente Innovationspolitik, die auf Freiheit und Eigenverantwortung baut, ordnungs- und nicht prozesspolitisch ausgerichtet ist, die Wandel und Offenheit als Schlüssel zum langfristigen Erfolg versteht, ist automatisch auch eine gute Innovationspolitik. Sie stimuliert technologische und organisatorische Fortschritte, beschleunigt das wirtschaftliche Wachstum und schafft so die fundamentale Voraussetzung für den Wohlstand für alle – auch in Zukunft und trotz aller Dramatik existenzbedrohender Herausforderungen.

14. Resiliente Wettbewerbspolitik: Monopole erst schützen, dann angreifen

Wen eigentlich gilt es zu schützen: das Neue vor dem Alten oder das Alte vor dem Neuen? Soll das Bestehende erhalten oder die Veränderung gefördert werden? Eine resiliente Wettbewerbspolitik setzt parteiisch auf die Pioniere einer schöpferischen Zerstörung. Sie fördert innovative Ideen jenseits ausgetretener Pfade und motiviert Firmen zu Neuerung anstatt zu Nachahmung. Mehr noch: Sie schützt Innovatoren vor Imitatoren. Sie akzeptiert Monopolstellungen und vertraut darauf, dass die Profite der Pioniere clevere Konkurrenten anspornen, den Platzhirschen den Gewinn abzujagen.

Resiliente Politik vertraut der evolutionären Kraft des Wettbewerbs. Sie folgt Erkenntnissen des österreichischen Ökonomen Joseph Alois Schumpeter, der die Metapher des gleichermaßen »zerstörenden wie schöpferischen Wettbewerbs« prägte. Dynamische Unternehmer streben nach Einzigartigkeit, die es ihnen ermöglicht, sich von der Konkurrenz abzusetzen. Sie kämpfen aus Gewinnstreben, Siegerwillen oder Freude am Gestalten darum, Vorreiter zu sein. Sie erkennen und nutzen innovative Verbesserungen der bisherigen Produktionstechnologie. Dank einzigartiger Technologien sind sie in der Lage, Monopolstellungen aufzubauen. Stoßen ihre Innovationen auf die Gegenliebe der Kunden, erhalten sie als Belohnung für ihr wagemutiges Vorangehen einen Pioniergewinn.

Dem Impuls des lockenden Gewinns folgen jedoch bald viele Nachahmer. Sie versuchen, die Erfolge des Innovators zu kopieren. Deshalb übernehmen sie lieber früher als später die Neuerungen. Nun schwappt der technologische Fortschritt auf die ganze Wirtschaft über, und es kommt zu einem breiten Innovationsschub. Davon profitiert dann die gesamte Gesellschaft.

In einem harten Wettbewerb setzen sich bessere Technologien mehr oder weniger flächendeckend durch – das gilt vor allem für eine Allzwecktechnologie wie die Digitalisierung. Veraltete, ineffiziente Betriebe verschwinden. So wurden Dampfmaschinen durch Elektrogeräte verdrängt, Propellerflugzeuge durch Düsenjets, Tischtelefone durch smarte mobile Alleskönner. In einem stetigen Prozess der schöpferischen Zerstörung sorgte der Wettbewerb immer wieder von Neuem für eine dynamische gesamtwirtschaftliche Wachstumsbeschleunigung. Das sollte er auch und ganz besonders im Zeitalter disruptiver Prozesse schaffen.

Eine resiliente Wettbewerbspolitik sieht Disruption nicht als Bedrohung, sondern als Chance. Sie erkennt im Aufbrechen alter Strukturen den Motor des Fortschritts, und zwar nicht nur in der Wirtschaft, sondern genauso in Gesellschaft und Politik. Sie versteht die Evolutionsgeschichte der Menschheit als Erfolgsgeschichte fortlaufender Anpassungsschritte.

Fortschritte werden in die Wege geleitet von Pionieren, die, getrieben vom Kampf ums schiere Überleben, Abenteuerlust und Risikofreude, Erfolgs- und Gewinnerwartungen, Armut und Elend, Stillstand und Verkrustung hinter sich lassen und nach vorne streben wollen. So wie die Siedler, die am Anfang der Moderne in Europa auf ein Schiff stiegen, um der Alten Welt für immer den Rücken zu kehren und in der unbekannten Neuen Welt oder gar im Wilden Westen ihr Glück zu versuchen. Den Pionieren des Fortschritts folgten in Massen Mitläufer und Nachahmer, die in fernen Welten und neuen Märkten am »Gold Rush« teilhaben wollten. Und so entwickelte sich im zeitlichen Wechselspiel von Neuerung und Nachahmung die

Menschheit ökonomisch Schritt für Schritt von einer über Jahrhunderte einfachen Agrarwirtschaft zu einer Industrie-, dann Dienstleistungs- und nun Wissens- und Technologiegesellschaft des Zeitalters der Disruption.

Monopole sorgen für Fortschritt

Resiliente Wettbewerbspolitik ist eher defensiv als offensiv. Sie ist eher pro als kontra Monopole. So verbietet sie Monopole nicht, sondern fördert sie sogar. Zwar nicht aktiv, aber passiv. Denn mit dem Patentschutz schützt der Staat das Monopol vor Imitatoren. Davon sollte auch im Zeitalter der Disruption nicht abgewichen werden.

Die Milde der resilienten Wettbewerbspolitik gegenüber Monopolen hängt mit einer Janusköpfigkeit der Pioniere einer schöpferischen Zerstörung zusammen. Das Sonnengesicht zeigt das Streben nach Innovationen. Nur als Monopolist hat der Schumpeter'sche Unternehmer die Option, Preise durchzusetzen, die allen Kosten entsprechen, und Deckungsbeiträge zu erwirtschaften.[178] Deckungsbeiträge jedoch sind unverzichtbar, um die im Datenkapitalismus enormen Fixkosten für die Programmierung von Algorithmen und innovativer Software sowie für Aufbau, Betrieb und Pflege von Netzwerken finanzieren zu können. Es gilt somit die einfache Logik: ohne Monopole keine Innovationen.

Das Schattengesicht der Monopole zeigt sich dann, wenn einzelne Unternehmen eine marktbeherrschende Rolle zum Schaden der Gesamtwirtschaft erlangen können. Gibt es in der Datenwirtschaft für die großen Big-Tech-Konzerne keine Konkurrenz, sind sie ohne große Mühe in der Lage, alle Kosten auf ihre Kunden abzuwälzen und Preise für ihre Daten und Dienstleistungen so zu setzen, dass sie enorme Profite einstreichen können. Die Macht, Preise entsprechend allen Kosten festzusetzen und im Markt durchzudrücken, verursacht zudem einen fundamentalen Mangel. Sie zwingt den Leistungserbringer nicht dazu, alle Kräfte darauf zu konzentrieren, die Kosten zu minimieren. Wer weiß, dass er die Kosten auf die Kunden abwälzen kann, muss sich nicht ständig anstrengen, effizienter zu produzieren. Was eine akademische Wortklauberei zu sein scheint, hat dramatische realwirtschaftliche Konsequenzen. Die Marktmacht, Preise entsprechend der Kosten verlangen zu können, führt zu fehlendem Kostenbewusstsein, Verschwendung, Missachtung von Kundenwünschen und geringer Innovationsdynamik. Dann wechselt die einfache Logik ihr Vorzeichen: Mit Monopolen gibt es keine Innovation.

Das Dilemma des Datenkapitalismus

Resiliente Wettbewerbspolitik soll danach streben, stets von Neuem ein der Dynamik disruptiver Entwicklungen angepasstes Gleichgewicht auszubalancieren zwischen der Innovationskraft von Pionieren und der schöpferischen Zerstörung alter Strukturen auf der einen Seite und auf der anderen Seite dem harten Preiswettbewerb, der monopolistische Komfortzonen schmelzen und Gewinne zulasten der Allgemeinheit verschwinden lässt. Disruption macht diese Aufgabe nicht einfacher, sondern schwieriger.

Disruption bricht mit herkömmlichen Sichtweisen auf Marktmacht, Preisbildung und die Aufteilung von Handelsvorteilen zwischen Herstellern und Kunden. Preise werden durch selbstlernende Algorithmen festgelegt. Plattformen schieben sich zwischen Käufer und Verkäufer. Kollusion – also gemeinsame Absprachen der Anbieter zulasten der

Nachfrage – wird eher erleichtert als erschwert.[179] In Summe zeigt sich in der Datenwirtschaft eine starke Tendenz zu einer Monopolisierung, die vielfach mit einer marktmächtigen Position der Big-Data-Konzerne einhergeht.[180]

Andererseits sprechen die enormen Fixkosten für die Entwicklung digitaler Innovationen und positive Netzwerkeffekte für eine Akzeptanz von Big-Data-Monopolen. Nur so lassen sich digitale Leistungen zu Massenangeboten skalieren, was für die Nutznießer zu sinkenden Kosten führt. Noch nie war es auch nur annähernd möglich, so viele Informationen so schnell und so billig weltweit und in Echtzeit auszutauschen wie heute. Und ein Ende dieser kundenfreundlichen Entwicklung ist nicht in Sicht – vielleicht gerade dank, in jedem Falle jedoch trotz der Monopolstellung von Amazon oder Facebook, Apple oder Google.[181]

An vielen Stellen wird nun jedoch der Vorwurf an die Big-Tech-Konzerne lauter, dass sie Monopolisten mit einer so starken Marktmacht geworden seien, dass sie nicht nur konkurrierende Unternehmen, sondern ganze Branchen dominierten. Und das nicht etwa nur in ihrem Kerngeschäft – also Big Data –, sondern auch in vor- oder nachgelagerten Märkten, also bei der Hard- und Software, Logistik oder Werbung. Die marktbeherrschende Stellung würde es den Monopolisten ermöglichen, milliardenschwere Gewinne zu erzielen, die auf Kosten ihrer Partner und insbesondere zulasten kleinerer Unternehmen gingen. Zudem würden sie das Tempo von Innovation und Fortschritt nicht nur bestimmen, sondern aus Eigeninteresse bremsen.

Zerschlagen hilft nicht weiter

Das wirtschaftspolitische Dilemma des Datenkapitalismus zwischen einer Akzeptanz von Monopolen als Innovationsmotoren und einem Verbot von Monopolen als Innovationsbremsern ist nicht einfach zu lösen.[182] In der Praxis blicken die USA und Europa aus einer unterschiedlichen Perspektive auf Monopole. In den USA steht der Schutz des Verbrauchers vor zu hohen Preisen im Vordergrund, in Europa der Schutz des funktionierenden Wettbewerbs. Deshalb kommen auf den beiden Seiten des Atlantiks auch differierende Instrumente zum Einsatz. Marktmächtigen Monopolisten droht in den USA die Zerschlagung, in Europa die Regulierung.

In den USA hat der staatliche Holzhammer die großen Netzmonopolisten des Industriezeitalters zertrümmert. So wurde die Standard Oil Company (die Quelle des Reichtums der Rockefeller-Dynastie), das zu seiner Zeit größte Erdölraffinerie-Unternehmen der Welt, mit einem Marktanteil in den USA von mehr als achtzig Prozent, auf staatlichen Zwang in über dreißig Einzelfirmen zerlegt. AT&T, die American Telephone and Telegraph Company, wurde Mitte der 1980er Jahre entflochten und in regionale Telekomanbieter aufgeteilt. Und die Monopolmacht der Eisenbahngesellschaften wurde durch strikte Preisvorschriften gebrochen. Gleiches kann sehr rasch auch den Big-Data-Monopolen passieren.

In Europa nutzen Politik und Staat eher die feineren Werkzeuge der Regulierung, um den Missbrauch einer Monopolstellung zu verhindern. Monopole werden hierzulande nicht per se als schädlich bewertet, sondern nur, wenn sie einen funktionierenden Wettbewerb verhindern oder das Innovationstempo drosseln. Entscheidender beurteilt wird die Frage, ob Markteintritte potenzieller Konkurrenten problemlos möglich sind und wie weit Preise in unangemessener Weise von den Kosten abweichen.

Die vor allem in den USA populäre Forderung nach einer Zerschlagung der Big-Tech-Konzerne dürfte für Europa viel zu kurz greifen. Denn damit würde das Tempo des digitalen Fortschritts eher gebremst als beschleunigt werden. Europa jedoch bedarf bei der Digitalisierung mehr und nicht weniger Dynamik. Aus europäischer Sicht ist es deshalb viel klüger, nach einer griffigen Regulierung zu suchen. Sie sollte dafür sorgen, dass die Marktposition einzelner Personen gegenüber den Datenfirmen gestärkt wird. Private Daten gehören den Menschen und nicht den Firmen. Sie sollten von anderen kommerziell nur genutzt werden dürfen, wenn die Urheber explizit zustimmen und dafür materiell entschädigt werden. Ein Missbrauch dieser Grundregel muss von den Geschädigten einfach einklagbar sein, und er ist mit abschreckend hohen Bußgeldern zu ahnden. Dieser Absicht folgen neue europaweit geltende Datenschutzverordnungen.

Märkte müssen offen und bestreitbar sein

Das mikroökonomische Gewinnstreben des einzelnen Unternehmers führt nahezu zwangsläufig zu einem makroökonomischen Erfolgserlebnis in Form eines allgemein gestiegenen Lebensstandards. Allerdings basiert der makroökonomische Segen der Monopole auf einer wesentlichen Voraussetzung: Märkte müssen offen und bestreitbar sein.[183] Ist der Markteintritt für Wettbewerber nicht oder nur schwer möglich, freut sich der Monopolist, weil er mit wenig Anstrengung weiterhin als exklusiver Anbieter Gewinne zulasten seiner Kunden einstreichen kann. Um die exklusive Komfortzone des Monopolisten nicht ausufern

zu lassen und Konkurrenten zu einem Angriff auf Platzhirsche zu animieren, werden in Deutschland durch das
Kartellamt, die Monopolkommission und die Bundesnetz-
agentur immer wieder Marktmacht, Marktoffenheit und
Marktergebnis untersucht und gegebenenfalls korrigiert.

Das Konzept der bestreitbaren Märkte ist das Kernstück
einer resilienten Wettbewerbspolitik. Sie erachtet es als
nachrangig, dass im Datenkapitalismus als Folge gewaltiger Netzwerkeffekte – also hoher Fixkosten für den Aufbau der Netze und Grenzkosten für deren Nutzung nahe
null, was bedeutet, dass weitere Nutzer, die davon Gebrauch machen, nur ganz geringe zusätzliche Kosten verursachen – so etwas wie natürliche Monopole entstehen.[184]
Man lässt die Big-Tech-Giganten erst einmal machen, prüft
aber, ob sie ihre Marktmacht über Gebühr zulasten von
Kunden ausnutzen und sich durch strategisches Verhalten
Konkurrenten langfristig vom Halse halten. Erst wenn das
geschehen sollte, müssten staatliche Wettbewerbshüter
aktiv werden und Monopole in die Schranken weisen.

Folgerichtig soll resiliente Wettbewerbspolitik darauf
ausgerichtet sein, Märkte offen zu halten, um so möglichen Konkurrenten der Big-Data-Monopolisten den Markteintritt zu erleichtern. Paradoxerweise verlangt das eher
weniger und nicht mehr Regulierung für neu in einen
Markt eintretende Firmen und besonders für Start-ups, für
die sehr oft gerade die vielen Vorschriften ein No-Go zur
Folge haben.

Monopole wie Einzelkinder behandeln hilft

Natürliche Monopole entstehen, wenn es wegen hoher
Fixkosten billiger ist, nur einen Anbieter zu haben. Beispielsweise ist es ökonomisch sinnlos, parallel neben ei-

nem bestehenden Eisenbahnnetz noch einmal Schienen oder neben ein bereits ausgebautes Glasfasernetz noch ein weiteres Breitbandkabel zu legen und damit doppelte Kosten für die Infrastruktur zu haben. Wenn es aber nur ein einziges Festnetz, eine einzige Dateninfrastruktur, einen einzigen Satelliten gibt, dann stellt sich die Frage, wie teuer im Einzelfall die Nutzung des Schienennetzes, des Breitbandnetzes, der »letzten Meile« beim Festnetzanschluss oder der Nutzung von Algorithmen und künstlicher Intelligenz tatsächlich sein darf.

Gäbe es Konkurrenz, wäre die Antwort einfach(er). Die Wettbewerber würden, um Kunden zu gewinnen, mit attraktiven Angeboten locken. Der dadurch entstehende Preiswettbewerb müsste dann dafür sorgen, dass die Preise einigermaßen den Kosten entsprechen – billiger geht es dann für Nutzer und Käufer nicht.

Wenn aber natürlicherweise, wie das in vielen Bereichen des Datenkapitalismus und bei nahezu der gesamten (digitalen) Netzinfrastruktur der Big-Data-Wirtschaft der Fall ist, ein einziger, monopolistischer Anbieter immer billiger ist als mehrere, sodass es gar nicht erst zu einem Wettbewerb kommt, wird es schwierig. Dann lautet die Frage, wie mit der Marktmacht natürlicher Monopole umzugehen ist. Sollen natürliche Monopole privatisiert, jedoch streng reguliert oder zerschlagen oder verstaatlicht werden?

Die Forschung des Nobelpreisträgers Jean Tirole liefert viele Antworten, mit welchen Spielregeln sich verhindern lässt, dass es zwischen privaten Monopolisten und staatlichen Regulierungsbehörden zu einem Katz-und-Maus-Spiel um Kosten und Gewinne kommt, und verhindert werden kann, dass private Monopolisten hohe Kosten geltend machen, nur um gegenüber der Regulierungsbehörde hohe

Preise durchzusetzen.[185] Die Grundidee von Jean Tirole lautet: Man muss dem privaten natürlichen Monopolisten Anreize geben, sich fair zu verhalten und nur Kosten anzuzeigen, die er wirklich hat. Eltern mit Einzelkindern sollte dieser Vorschlag nicht unbekannt sein. Im Verhältnis mit ihren Kindern sind sie der Regulierer, und das Einzelkind ist der natürliche Monopolist. Wenn es darum geht, wann der Zögling abends (bzw. morgens) nach der Party wieder zu Hause sein soll, lässt sich bei einem Einzelkind nicht auf die vorbildlichen älteren Geschwister verweisen. Benötigt wird eine faire Regel, für die es kein wirkliches Vorbild gibt.

Wenn die Eltern klug sind, setzen sie erst einmal eine ihnen selber vernünftig scheinende Frist des Nachhausekommens fest. Dann werden sie das Kind belohnen, wenn es die elterliche Regel die ersten Male erfüllt hat, indem sie sukzessive die zeitlichen Fristen des Nachhausekommens lockern und – wenn alles vertrauensvoll läuft – eines Tages sogar ganz darauf verzichten. Ohne feste Regel zu Beginn kommt es am Ende zu einer fairen Lösung. Das Kind wird das Nachhausekommen der tatsächlichen aktuellen Situation anpassen und nicht mit seinen Eltern Katz und Maus über die vermutet richtige Zeit spielen, weil es so mit Freiheiten belohnt und nicht mit schärferen Restriktionen bestraft wird.

Eine resiliente Wettbewerbspolitik folgt dem Beispiel kluger Eltern. Sie sollte die Existenz von (natürlichen) Monopolen als positiven (bzw. unvermeidlichen) Teil digitaler Märkte akzeptieren. Sie müsste jedoch den privaten Monopolisten wissen lassen, dass ökonomische Werkzeuge zur Gegenwehr bereitliegen, die aber erst dann zum Einsatz gebracht werden, wenn Marktmacht zulasten der Gesellschaft missbraucht wird. Durch glaubwürdige Drohungen staatlicher Wettbewerbsbehörden kann es so gelingen,

Monopolisten der Datenwirtschaft dazu zu bringen, sich nicht wie böse Gewinnmaximierer zu verhalten. Vielmehr agieren sie, um staatliche Gegenmaßnahmen zu vermeiden, wie langfristige Wettbewerber – zum Wohle der Bevölkerung insgesamt, weil damit die Innovationskraft der Monopolisten ausgeschöpft und nicht per Gesetz verboten wird. Eine resiliente Wettbewerbspolitik strebt danach, den Konkurrenzkampf zu beleben und Märkte offen zu halten. Sie bekämpft nicht Monopole, sondern deren Marktmacht und vor allem deren Missbrauch.

15. Resiliente Steuerpolitik: Unternehmer statt Unternehmen besteuern

Wer eigentlich zahlt künftig noch Steuern? Die 3 E – also die Entterritorialisierung und Loslösung der Produktion oder des Konsums von Standorten, die Entstaatlichung und Loslösung von Volkswirtschaften und die Entdinglichung und Loslösung von physischen Gegenständen durch Verlagerung ökonomischer Aktivitäten ins Internet und virtuelle Clouds – machen es für nationale Steuerbehörden schwer, zu Einnahmen für die Staatskassen zu kommen. Wer sein Geld in virtuellen Welten der Datenwirtschaft verdient, kann seine Gewinne irgendwo erwirtschaften und – wenn überhaupt – dort versteuern, wo er will. Das aber bringt Nationalstaaten in die Bredouille. Sie müssen irgendwie die Steuern einnehmen, mit denen sie öffentliche Güter wie Regierung und Verwaltung, Gerichtswesen und innere oder äußere Sicherheit, Infrastruktur, Bildung und Gesundheit finanzieren oder auch eine Sozialpolitik und die Unterstützung der weniger Wohlhabenden.

Spätestens mit der Datenwirtschaft zeigt sich deutlicher denn je, dass eine dem Prinzip der »kongruenten Territorialität« folgende Philosophie der Unternehmensbesteuerung (die anstrebt, die Unternehmensgewinne dort zu besteuern, wo sie entstehen), deren historische Wurzeln in der britischen Kolonialzeit des 19. Jahrhunderts zu finden sind, im 21. Jahrhundert der Digitalisierung und Globalisierung ihre Eignung, Effektivität und Effizienz verloren hat und zunehmend weiter verlieren wird.

Internationale Zusammenarbeit fehlt

Ökonomische Transaktionen des Digitalisierungszeitalters lösen sich mehr und mehr von Standorten und somit von Territorialität und Nationalstaat. Dadurch aber wird es erschwert bis unmöglich, festzustellen, wo der Ort der Produktion und wo der Ort von Umsatz und Gewinnentstehung liegen und inwieweit die beiden deckungsgleich sind. »Wo findet die ›Produktion‹ statt, wenn ein Deutscher bei Amazon einkauft? In dem Land, wo die Server stehen? Wo das Versandzentrum ist? Wo die entscheidenden Technologien, wie z.B. die Empfehlungsalgorithmen, entwickelt wurden? Diese Zuordnung ist in einer Welt mit zunehmender Digitalisierung mehr und mehr willkürlich geworden.«[186]

Wenn überhaupt, können nur die Firmen selbst mit Hilfe betriebsinterner Verrechnungsschlüssel, Gemeinkosten- und Deckungsbeitragsrechnungen eine Zuordnung ihrer Gewinne auf einzelne Standorte und Länder vornehmen. Damit aber begibt sich der Fiskus in die Hände der Betroffenen und deren Willen zur ehrlichen Kooperation. Bei der Messung, wo Konzerne wann welche Gewinne erwirtschaften, bleibt jedoch vieles Ermessen, grobe Schätzung und damit willkürlich. Auch schärfste Gesetze vermögen daran nichts zu ändern. Das gilt übrigens auch bei der Frage, ob eine Firma in- oder ausländisch, deutsch oder amerikanisch oder sonst was sei. Geht es hier um die Eigentümer, die Umsätze oder die Produktionsstätten?

In Zeiten von Globalisierung und Digitalisierung müssen sich Nationalstaaten mehr und mehr eingestehen und damit abfinden, dass es faktisch immer schwieriger wird, Unternehmen national zu besteuern. Firmen sind mobiler geworden. Einfacher denn je können sie Erträge und Kosten von einem Land ins andere verschieben. Betriebsinterne Verrechnungsschlüssel tun ein Übriges, um mit von Land zu Land unterschiedlichen Steuersätzen zu jonglieren, Gewinne und Verluste mit einfachen Tricks über Staatsgrenzen hin und her zu transferieren und mit nationalen Finanzbehörden Katz und Maus zu spielen. Auch weil mit der Digitalisierung ein immer größer werdender Anteil der Wertschöpfung und Umsätze losgelöst von der Erde irgendwo im Orbit des Internets und in weltumspannenden Clouds produziert wird. Damit aber wird eine nationale Erfassung, Bilanzierung und Besteuerung ohnehin mehr oder weniger willkürlich.

Einkommensverwendung statt Einkommensentstehung besteuern

Wohl am einfachsten ließe sich die Frage, wer noch Steuern zahlt, beantworten, wenn der nationale Fiskus nicht die Produktion (also die Einkommensentstehung), sondern den Konsum (also die Einkommensverwendung) belangen würde. Da Verbraucher(innen) relativ gesehen weniger mobil sind als Firmen, könnten sie der Steuerbelastung weniger einfach ausweichen als Unternehmen. Ein ganz offensichtlicher Vorteil einer Konsumsteuer würde darin bestehen, dass dann mehr oder weniger automatisch auch gleich die Wertschöpfung der Roboter und der künstlichen Intelligenz mitbesteuert werden könnte. Das würde die heute bestehende Schieflage korrigieren, dass bei einer Einkommenssteuer zwar Arbeiter, nicht aber Roboter besteuert werden. Menschen müssen mit ihren Lohnabgaben den Sozialstaat finanzieren, Maschinen und Automaten bleiben davon jedoch zunächst einmal befreit. Wird die Einkommensverwendung der Eigentümer der Roboter und Automaten besteuert und dafür auf die Besteuerung der Löhne verzichtet, werden Menschen und Maschinen vom Fiskus gleichermaßen zur Kasse gebeten.

Eine Konsumbesteuerung hätte im Zeitalter der 3 E gewaltige Vorteile, Der Konsum privater Endkunden ist vergleichsweise einfach erfassbar, denn Menschen geben das meiste Geld an gut feststellbaren physischen Orten fürs Wohnen, bei der Arbeit, in der Freizeit oder für alltägliche Einkäufe in Geschäften, Restaurants, Hotels oder Reisen aus. Selbst wenn sie im Internet einkaufen, werden am Ende Pakete nach Hause oder zu festen Orten geliefert, sodass auch dort die Umsätze national erfasst und damit besteuert werden könnten. Das gilt auch, wenn Netflix oder Spotify den Nutzern Rechnungen senden, auch hier gibt es eindeutig identifizierbare Leistungen, deren Kaufsummen örtlich präzise den Adressen zugerechnet werden könnten.

Aber die Theorie stammt aus einer Zeit eher geschlossener Volkswirtschaften. Bei der Konsumsteuer würde bei offenen Grenzen für Tagesreisende und Tourist(inn)en ein Einkaufstourismus so lange attraktiv, wie im benachbarten Ausland nicht Konsumgüter, sondern Einkommen besteuert werden. Wenn die Konsumsteuersätze international divergieren, gewinnt der nationale Fiskus gegenüber der

Einkommensbesteuerung somit nicht so viel wie erhofft. Eine internationale Angleichung der Konsumsteuersätze auf hohem Niveau (als Kompensation für abgesenkte Einkommensteuersätze) oder Ideen, über Umsatzsteuern die Gewinne der Datenökonomie im Lande des Konsums zu besteuern, sind bestenfalls im Anfangsstadium. Die Details sind jedoch noch nicht einmal ansatzweise ausgearbeitet. Somit bleibt richtig, dass zwar »eine international koordinierte Lösung wünschenswert wäre – aber diese wird nicht leicht zu erreichen sein«.[187]

Zudem fällt ein wesentliches Merkmal der Konsumsteuern negativ ins Gewicht. Sie wirken regressiv und damit anders als progressive Einkommensteuern (mit Freibeträgen). Regressiv bedeutet, dass Haushalte mit geringerem Einkommen eine höhere Steuerlast zu tragen haben als Besserverdienende – zwar nicht in absoluten, aber eben doch in relativen Größen. Das hat damit zu tun, dass Ersparnisse und deren Erträge genauso wie das Kapitaleinkommen – also Zinsen, Mieten und Gewinne – zunächst einmal steuerfrei bleiben – und der Fiskus erst dann seine Taschen füllen kann, wenn Geld für Konsum ausgegeben wird. Wer wenig verdient, muss jedoch alles Geld für den alltäglichen Lebensunterhalt ausgeben, trägt also die volle Steuerlast. Wer besser verdient, kann hingegen einen Teil des Einkommens sparen und wird vorerst verschont.

Über viele Generationen mag sich die Belastung über Konsumsteuern für Reiche und Arme langfristig ausgleichen. Irgendwann werden auch Reiche ihr Geld ausgeben und sich Luxusgüter oder Immobilien kaufen, die dann mit der Konsumsteuer zu belasten wären. Allerdings stellt sich dann auch die Frage, wie die Eigennutzung von Immobilien (also der sogenannte Eigenmietwert) oder von Verkehrsmitteln (wie Privatflugzeuge oder Luxusautos) steuerlich zu belangen und zu bewerten ist. In der Summe kann eine regressive Konsumsteuer zu einer Ungleichbehandlung führen, die gesellschaftlich als unfair bewertet wird.

Wer hat die Steuerlast zu tragen?

Um eine lange Geschichte kurz zu machen: Die Antwort auf die Frage, wer vom nationalen Fiskus noch in welchem Umfang zur Kasse gebeten werden kann, zeigt, dass das schwächste Glied in der Besteuerungskette immer der Dumme ist. Wer Familie, Kinder, Haus und Hund oder eine Beschäftigung hat, die nicht so einfach kündbar ist, kann nicht so problemlos verschwinden, wie sich Erträge und Gewinne multinationaler Unternehmen im virtuellen Orbit hin und her verschieben und vor der fordernden Hand nationaler Finanzämter verstecken lassen. Wer sesshaft oder aus anderen Gründen nicht mobil ist, ist gefangen, er ist für die Steuerbehörden ein einfaches Opfer. Gerade die Digitalisierung macht ihn zum gläsernen Bürger, der tapfer seine Steuern zu bezahlen hat, da andernfalls die Finanzämter die Maschinerie der Steuergerichtsbarkeit anwerfen.

Ganz anders sieht die Lage für Unternehmen aus. Sie haben dank der Digitalisierung völlig neue Möglichkeiten, sich weltweit jene Staaten herauszupicken, die ihnen attraktive Angebote machen und auf eine Besteuerung weitgehend verzichten. Das aber führt zu einem als *Race to the Bottom* bezeichneten Abwärtstrend bei der Besteuerung von Firmen und deren Profiten. »Angesicht der zunehmenden Mobilität von Unternehmen senken viele Länder ihre Steuern, um Investitionen und Jobs ins Land zu holen. Gleichzeitig nutzen vor allem multinationale Unternehmen Möglichkeiten, die ihnen das teils hochkomplexe internationale Steuerrecht bietet, um Steuern zu vermeiden und Gewinne in Steueroasen zu verlagern. Das verstärkt den Abwärtsdruck auf Gewinnsteuersätze, denn hohe Steuersätze verstärken den Anreiz zur Gewinnverlagerung.«[188]

Natürlich gibt es unterschiedliche Versuche der Nationalstaaten, sich einem *Race to the Bottom* zu widersetzen. Die einfachste Reaktion wäre eine verstärkte internationale Zusammenarbeit, sodass multinational agierende Firmen auch multinational organisierten Steuerbehörden gegenüberstehen. Dann könnte am Territorialprinzip in dem Sinne festgehalten werden, dass Unternehmensgewinne irgendwo entstehen können, sie wären aber nach international gleichermaßen gültigen Konzepten zu versteuern, sodass eine Steuervermeidung durch Transfers der Gewinne in Steueroasen entweder nicht mehr möglich oder nicht mehr lohnend wäre. National erhobene Unternehmensteuern multinational tätiger Firmen müssten demgemäß nach einem Verteilungsschlüssel weltweit an die übrigen Finanzämter weitergeleitet und verteilt werden. Ebenso könnten steuerliche Rahmenbedingungen multilateral vereinbart werden, beispielsweise könnten Mindeststeuersätze festgelegt oder gemeinsame Erfassungsrichtlinien beschlossen werden.

Seit Jahren wird eine verstärkte internationale Zusammenarbeit bei der Unternehmensbesteuerung vor allem innerhalb der G20 und der OECD angestrebt.[189] Die Erfolge sind eher bescheiden und beschränken sich primär auf offensichtliche Fälle von Steuerbetrug. Eine politisch koordinierte Annäherung oder gar Harmonisierung von Bemessungsgrundlagen und Unternehmensteuersätzen der Datenökonomie ist nicht erkennbar. Selbst in Europa und innerhalb der Europäischen Union ist eine Aufgabe nationalstaatlicher Steuerkompetenzen wenig wahrscheinlich.

Zu stark divergieren die nationalen Vorstellungen, wie weit eine steuerliche Zusammenarbeit, Harmonisierung oder eine europäische Fiskalunion zu gehen habe. Für die nächsten Jahre ist somit davon auszugehen, dass es bei einer nationalen Unternehmensbesteuerung bleiben wird. Jedes Land dürfte weiterhin seine nationalen Interessen verfolgen – unbesehen der Auswirkungen auf andere. Und viele Staaten dürften gewaltige Anreize haben, Steueroasen zu Lasten Dritter zu werden. Denn für sie wäre bereits ein kleines Stück vom großen Kuchen allemal besser, als gar nichts abzubekommen. Damit aber haben die Datenkonzerne leichtes Spiel für Steuervermeidungsstrategien.[190]

Digital- oder Datensteuer sind der falsche Weg

Die Big-Data-Konzerne – wie Alphabet (Google), Amazon, Apple, Microsoft – machen Geschäfte in Deutschland, versteuern ihre Profite und Erträge aber irgendwo außerhalb in Steueroasen wie Irland oder Zypern. Das dürfte den Vorwurf verstärken, dass amerikanische Technologiekonzerne hierzulande zu wenig Steuern bezahlen: »Apple ist eine Geldmaschine, wie es auf der Welt nur wenige gibt. An jedem einzelnen iPhone verdient der Konzern rund 400 Dollar. Grob überschlagen, könnte Apple mit deutschen Kunden rund zehn Milliarden Euro Umsatz machen – fünf Prozent seines Gesamtumsatzes. Rund zwei Prozent von Apples Mitarbeitern sind in Deutschland am Werk. Doch für seine beiden deutschen Gesellschaften hat der Konzern nur rund 0,2 Prozent der weltweiten Steuerlast abgeführt: 25 Millionen Euro – so schätzen es Steuerberater aus den Jahresabschlüssen.«[191]

Im heiligen Zorn gefühlter Ungerechtigkeit verlangen viele nach einer Digital- oder Datensteuer. Entweder sollen die Gewinne oder doch wenigstens die Umsätze der Datenwirtschaft besteuert werden. Maßgeblich könnten die Erträge aus der Erbringung digitaler Dienstleistungen, die Zahl der Onlinenutzer oder die Zahl abgeschlossener Verträge über digitale Dienstleistungen sein. »Die vorgeschlagene Digitalsteuer würde zu einem Steuersatz in Höhe von 3 % auf in der EU erzielte jährliche Bruttoerträge aus bestimmten digitalen Dienstleistungen angewandt.«[192] So lautet ein aktueller Vorschlag aus Brüssel.

Digital- oder Datensteuern gehen mit enormen Problemen einher. Wann ist im Zeitalter der allgegenwärtigen Digitalisierung ein Betrieb der Datenwirtschaft zuzurechnen, und wann ist eine Unternehmung lediglich ein Datennutzer? Erfassung, Abgrenzung und Messung sind schwierig. Vermeidungs- und Umgehungsstrategien sind bei ortsungebundenen Aktivitäten gang und gäbe, solange es nicht weltweit einheitliche Lösungen gibt. Deshalb setzen Regeln des internationalen Steuerregimes einer nationalen Vorgehensweise enge Grenzen.[193] Vor allem aber sind Digital- oder Datensteuern kaum ergiebig. Die Europäische Kommission, als starke Befürworterin, rechnet selber nur mit einem jährlichen Steueraufkommen von rund fünf Milliarden Euro innerhalb der gesamten EU.[194]

Digital- oder Datensteuern führen jedoch ganz grundsätzlich in die Irre. Es wirkt wie ein schlechter Witz eines hektischen Aktionismus, wenn man erst lauthals Europas Rückstand in der Digitalökonomie beklagt und mit Milliardensubventionen versucht, die Datenwirtschaft in Schwung zu bringen, um dann mit der Steuerkeule Erfolge gleich wieder zu zertrümmern. »Eine unüberlegte Belastung digitaler Geschäftsmodelle mit Sondersteuern birgt das Risiko, dass neue digitale Dienstleistungen zuerst in anderen Märkten entwickelt und eingeführt werden, mit dem Ergebnis, dass Europa in der Digitalwirtschaft weiter an Boden verliert.« Dieser zutreffenden Warnung des Präsidenten des ifo-Instituts München, Clemens Fuest, ist wenig mehr hinzuzufügen.[195]

Nicht den Hund, sondern den Hundehalter besteuern

Die Hundesteuer diente Professoren bei Generationen von Studierenden als illustratives Lehrstück, um gängige Fehlschlüsse über die Wirkungsweise von Steuern offenzulegen. Als Running Gag wurde gefragt: »Wer wird durch die Hundesteuer belastet?« Und nicht einmal die größten Kritiker ökonomischer Analysemethoden konnten widersprechen, dass nicht der Hund, sondern sein Halter die finanzielle Last einer Hundesteuer zu tragen hat. Deshalb ist der Halter, nicht der Hund für das Finanzamt von Interesse.

Exakt die gleiche Logik wie bei der Hundesteuer gilt auch bei der Unternehmensteuer. Nicht Unternehmen, sondern deren Halter, also die Eigentümer, sollten im Fokus des Fiskus stehen. Unternehmen sind keine Personen, deshalb zahlen sie eigentlich auch – wie Hunde – keine Steuern. Am Ende tragen immer ausschließlich Menschen und nicht Unternehmen die Last von Unternehmensteuern. Unternehmen führen lediglich in Form von Gewinn-, Körperschafts- oder Gewerbesteuern das Geld an den Fiskus ab. Das ist ein rein technischer Vorgang. Aber hinter den Unternehmen stehen deren Besitzer. Genauso wie der Hundehalter das Geld anstatt für die Hundesteuer für andere Zwecke hätte ausgeben können, »verlieren« die Eigentümer der Unternehmen als Folge der Steuerleistungen ihrer Firmen Geld, das sie entweder als Profite oder Dividenden an sich selber oder in Form höherer Löhne an die Belegschaften hätten ausschütten können.

Aber auch hier trügt der erste Schein. Es sind nämlich nicht zwangsläufig die Unternehmensbesitzer, die durch Gewinn-, Körperschafts- oder Gewerbesteuern belastet werden. Entscheidend ist vielmehr, wie einfach Unternehmen die ihnen aufgebürdeten Steuerlasten auf andere abwälzen können. Denn auch wenn vordergründig der Halter und nicht der Hund die Hundesteuer ans Finanzamt überweist, bleibt offen, ob nicht der Hundehalter beispielsweise seinem Arbeitgeber vorjammert, dass er mehr Lohn haben müsse, weil seine Lebenshaltungskosten (als Folge einer Hundesteuer) höher sind. Genauso ist es bei Unternehmen. Sie werden versuchen, die heiße Steuerkartoffel weiterzugeben. Entweder erhöhen sie ihre Absatzpreise, oder aber sie üben Druck auf die Zulieferer aus, um für Vorleistungen weniger bezahlen zu müssen. Es kommt zu einer Reise nach Jerusalem, und alle versuchen, anderen die Steuern aufs Auge zu drücken.

Am Ende einer Kaskade der Steuerüberwälzung zeigt sich etwas ganz anderes als ursprünglich geplant. Die von den Brauereien auf der Grundlage ihres Jahresausstoßes erhobene Biersteuer liefert dafür ein anschauliches Beispiel. Sie spülte in Deutschland in den letzten Jahren etwa 700 Millionen Euro in die Länderkassen.[196] Entweder gelang es den Brauereien, mehr Geld von den Wirten oder dem Handel zu verlangen, die dann ihrerseits wiederum danach strebten, soweit möglich die höheren Einkaufspreise an ihre Kunden weiterzugeben, sodass die Bierpreise und damit die Steuerbelastung der Biertrinkenden anstiegen. Oder aber die Brauereien erzwangen von den Lieferanten von Hopfen und Malz Preisnachlässe, sodass sicherlich ungewollt die Landwirte zu Leidtragenden der Biersteuer wurden. In beiden Fällen sind nicht die Brauereien oder deren Profite die Leidtragenden, sondern – nicht wirklich überraschend – auch hier die schwächsten Glieder der Bierwirtschaft, die friedlichen Feierabendtrinker oder der kleine Hopfenanbauer.

Aus der Hundesteuer-Analogie wird deutlich, wieso es ein so tragischer Fehler ist, Unternehmen zu besteuern und dabei zu glauben, man tue etwas Gutes für Wirtschaft und Gesellschaft.

Das Gegenteil ist richtig. Ein vollständiger Verzicht auf eine Unternehmensbesteuerung wäre für Beschäftigung, Wachstum und damit Wohlstand die klügste Strategie. Das gilt insbesondere und in steigendem Maße im Zeitalter der Digitalisierung.

Unabhängig von der Rechtsform, ob Personen- oder Kapitalgesellschaft, sind Unternehmen nämlich hauptverantwortlich dafür, dass in einer Volkswirtschaft die Masse der Menschen Arbeit findet. Sie sorgen für eine Wertschöpfung, die den Belegschaften in Form von Löhnen und den Kapitalgebern in Form von Zinsen zugutekommt. Beides kann vom Staat als Einkommen besteuert werden, sobald Löhne oder Kapitalerträge an Privatpersonen bezahlt werden. Neben dem Selbstzweck dienen Firmen somit ganz automatisch einem gesamtwirtschaftlichen Nutzen. Wieso sollen sie da noch Steuern zahlen?

Klüger, als eine aus vielen Gründen international kaum realisierbare Standardisierung der Firmenbesteuerung anzustreben, dürfte ein anderes Vorgehen werden. Es ist darauf ausgerichtet – so wie man auch den Halter und nicht den Hund besteuert –, nicht die Unternehmen, sondern deren Eigentümer – also das ausgeschüttete Kapitaleinkommen und nicht das Kapital in den Firmen – zu besteuern. Und es folgt der Überzeugung, dass Firmen zu besteuern im 21. Jahrhundert ganz grundsätzlich ein falscher Ansatz ist.[197] Denn er provoziert Überwälzungseffekte, die zu effektiven Steuerlasten führen, die weder gewollt noch gerecht sind.

Erzielen Unternehmen Gewinne, sollen diese dann, aber eben erst dann und nicht früher, besteuert werden, wenn sie ausgeschüttet werden. Einbehaltene Gewinne bleiben steuerfrei. Sobald Dividenden, Tantiemen, Boni oder andere Auszahlungen bezahlt werden, kann und soll der Fiskus zugreifen. Das gilt auch, wenn Unternehmen Löhne und Gehälter an ihre Beschäftigten, Fach- und Führungskräfte auszahlen oder wenn Selbstständige oder Familienbetriebe Geld in welcher Form auch immer aus ihren Firmen entnehmen. Die Begünstigten müssten jeden Zufluss von Geld und somit auch die Ausschüttungen von Unternehmensgewinnen zu ihrem übrigen Einkommen schlagen. Die Summe aller Einkommen bildet dann die Grundlage, auf der die Finanzbehörde die fällig werdenden Einkommensteuern berechnet. Im Wesentlichen entspricht dieses Vorgehen dem heute für Personengesellschaften und Selbstständige gültigen Verfahren der Gewinnbesteuerung. Nun würde es auch für Kapitalgesellschaften gelten.

Stellt man Unternehmen steuerfrei und besteuert stattdessen die Eigentümer beziehungsweise jene Personen, die von den Gewinnen und Auszahlungen profitieren, trifft man mehrere Fliegen auf einen Schlag:

- Die Unternehmen werden steuerlich entlastet, was deren internationale Wettbewerbsfähigkeit stärkt. Ebenso steigt der Anreiz für multinationale Konzerne, Hauptsitze in Staaten und an Standorten ohne Unternehmensbesteuerung anzusiedeln. Beides wirkt sich positiv auf die Beschäftigungslage aus, was wiederum den Staatshaushalten zugutekommt, weil alles Einkommen natürlicher Personen weiterhin national besteuert werden könnte.

- Solange Gewinne von Unternehmen einbehalten werden, sollten sie steuerfrei bleiben. Einbehaltene Gewinne sind für die Unternehmen die einfachste und billigste Möglichkeit, die Eigenkapitaldecken zu verstärken, Finanzierungsrisiken zu verringern und neue Investitionen zu finanzieren. Das verbessert auch die makroökonomische Stabilität und sorgt gesamtwirtschaftlich für Nachhaltigkeit bei Wachstum, Wertschöpfung und Beschäftigung. Der Verzicht einer direkten Unternehmensbesteuerung heute führt somit für den Fiskus indirekt zu höheren Steuereinnahmen in der Zukunft.

- Das Thema einer Erbschaftsteuer bei einer Unternehmensnachfolge fällt bei einem Verzicht der Besteuerung einbehaltener Gewinne weg. Solange bei einer Betriebsfortführung die Erben auf eine Auszahlung verzichten, verbleibt alles, wie es ist, und es wird nichts besteuert. Der Eigentümerwechsel bleibt steuerfrei. Insbesondere können keine Probleme entstehen, sollten Erben nicht in der Lage sein, eine Erbschaftsteuer auf das Betriebsvermögen zu bezahlen. Es gibt keine Erbschaftsteuer bei einer Unternehmensnachfolge.

- Die mit der Abgeltungsteuer geschaffene Differenz bei der Besteuerung von Unternehmensgewinnen und privaten Kapitalerträgen (insbesondere gilt das für eigenfinanzierte Unternehmensinvestitionen) würde beseitigt. Die am heutigen System notwendigen schwierigen Korrekturen einer dualen Einkommensteuer würden sich erübrigen.

- Selbstverständlich sollen alle Firmen, unabhängig ob in- oder ausländische, dafür bezahlen, dass sie die Infrastruktur nutzen und von Rechtsstaat, öffentlichen Einrichtungen und dem friedlichen Miteinander profitieren. Dafür aber sind nutzer- und verursachergerechte Gebühren und Abgaben präzisere Instrumente, um Nutzen und Kosten in Einklang zu bringen. Mit einer konsequenten Anwendung des Äquivalenzprinzips ließe sich auch gleich eine grundlegende Reform der Gewerbesteuer angehen, die ja eigentlich ein Entgelt dafür sein sollte, dass die Gemeinden den Unternehmen Infrastrukturleistungen wie Wasser-, Energieversorgung, Abwasser- und Müllentsorgung, Verkehrsanbindung, ein funktionierendes Verwaltungs- und allgemeines Bildungssystem zur Verfügung stellen. In der Realität hat sich die Gewerbesteuer jedoch längst von einer nutzungsorientierten Abgabe zu einer Ertragssteuer der Kommunen entwickelt. Deshalb »besteht heute ein weitgehender Konsens darüber, dass die Gewerbesteuer eine schlechte Steuer sei. ... Besser wäre es, sie durch ein Gebührensystem zu ersetzen, das diese Nutzungen widerspiegelt.«[198] Ein Konzept »Preise bzw. Nutzergebühren anstatt Unternehmensteuern« würde einen sachgerechten Orientierungsrahmen bieten.

• Anstelle von Unternehmen deren finanzielle Ausschüttungen an Eigentümer, Management und Beschäftigte zu besteuern, entspricht der Forderung nach einer wesentlichen Vereinfachung des deutschen Steuerrechts. Alles Einkommen, das von Unternehmen an Personen fließt, müsste gleichermaßen besteuert werden, unabhängig davon, ob es als Löhne durch Menschen, als Kapitalerträge durch Roboter und Maschinen oder eben als Gewinne durch Unternehmen geschaffen wurde. Das würde auch dem Sachverhalt Rechnung tragen, dass im

Zeitalter der Digitalisierung die Arbeit von Menschen nicht anders als die Arbeit von Robotern und physische Dinge nicht anders als virtuelle Daten zu besteuern sind.

Auf eine Besteuerung der Unternehmen zu verzichten, wird vorschnell als Kapitulation vor der Macht der Unternehmen bewertet. Dann würden Personen ja stärker belastet, weil sie nun alles und die Firmen nichts zum Steueraufkommen beitragen müssten. Das stimmt, bedeutet aber nicht, dass es deswegen weniger gerecht zugehen würde. Denn richtig ist eben auch, man erinnere sich an die Hundesteuer, dass »Steuerlasten grundsätzlich nur von Menschen getragen werden können, nicht von ›Unternehmen‹«.[199] Wie der Chef des Münchner ifo-Instituts für Wirtschaftsforschung, Clemens Fuest, und seine Co-Autoren eindrücklich nachweisen, belasten im heutigen System Unternehmensteuern weniger die Unternehmenseigner als vielmehr die Arbeitnehmer(innen).[200] Höhere Unternehmensteuern führen vor allem bei niedrigqualifizierten oder jungen Arbeitnehmer(inne)n zu signifikant geringerem Lohnwachstum.

Einkommen und nicht Unternehmen zu besteuern, ist die richtige Antwort auf Globalisierung und Digitalisierung. Unternehmensteuern abzuschaffen, dafür aber Unternehmensbesitzer stärker zu besteuern, ist weder verrückt noch ungerecht, noch ein Weg in eine fiskalische Sackgasse. Es ist eine zeitgemäße und für alle wohlstandsfördernde Herangehensweise an Herausforderungen disruptiver Prozesse.

Nicht Roboter, sondern ihre Eigentümer besteuern

Die Verlagerung des Steuerfokus von Unternehmen zu den Unternehmensbesitzern, also von juristischen zu natürlichen Personen, ist auch aus ganz anderen Gründen eine Erfolg versprechende Strategie einer resilienten Politik im Zeitalter disruptiver Entwicklungen. Die Digitalisierung setzt ein Sozialversicherungssystem unter Druck, das bei der Finanzierung auf Beiträge unselbstständiger Lohnbezieher setzt. Einerseits verdrängen Automatisierungsprozesse den Menschen. Jobs gehen verloren, auch qualifizierte Formen der Arbeit verschwinden. »Andererseits aber soll an dem Modell, das seit der Industrialisierung die (Lohn-)Arbeit zum entscheidenden Faktor der Wertschöpfung, zum wichtigsten Kriterium für das Selbstwertgefühl des Menschen und zur vorrangigen Quelle für die Einnahmen des Staates gemacht hat, unerbittlich festgehalten werden. Das kann nicht gutgehen.«[201]

Digitalisierung erschwert die Finanzierung des Sozialstaates mehr oder weniger alleine über die Löhne. Weniger Menschen schaffen mit Hilfe von Automaten, Maschinen und Robotern mehr Werte. Mehr noch als in der Vergangenheit wird in Zukunft neben das Arbeitseinkommen ein Kapitaleinkommen treten, das von lernenden Maschinen, selbstfahrenden Fahrzeugen und Automaten mit künstlicher Intelligenz generiert werden wird. Einseitig nur den Besitzern des Internets der Dinge den Mehrwert zufließen zu lassen, führt zu einer sich öffnenden Schere zwischen Kapital- und Arbeitseinkommen. Es braucht eine beschäftigungsneutrale Finanzierung des Sozialstaates über allgemeine Steuern auf alle Einkommen – also sowohl Arbeits- wie Kapitaleinkommen. Arbeitskräfte in die Sozialversicherungspflicht einzuspannen, Roboter aber davon frei zu halten, beschleunigt ansonsten einen arbeitssparenden Fortschritt noch einmal zusätzlich. Genau aus diesem Grund wird die Forderung lauter, nicht Menschen, sondern Roboter zu besteuern.[202]

Eine Robotersteuer könnte dem mit der Digitalisierung einhergehenden Strukturwandel helfen, gesellschaftlich an Akzeptanz zu gewinnen. Sie würde bei menschlicher Arbeit und dem Roboter mit seiner künstlichen Intelligenz für gleiche Lasten bei der Finanzierung des Sozialstaates sorgen. Eine Robotersteuer hat allerdings den Nachteil, dass sie – wie die seit dem Beginn der Industrialisierung immer wieder geforderte Maschinensteuer – einen Schuss ins eigene Knie bedeutet.

Eine Robotersteuer bremst den Einsatz von Automaten und Maschinen. Das mag auf den ersten Blick gewollt sein. Bei genauerem Hinsehen wird jedoch deutlich, dass eine Verdrängung des Roboters aus dem Wirtschaftsprozess dem Menschen, der geschützt werden soll, schadet und nicht nützt. Die Arbeitsproduktivität, also was Menschen pro Stunde an Mehrwert schaffen, wird dann nämlich gedämpft.

Wenn Menschen von Hand Briefe sortieren, schaffen sie den Bruchteil dessen, was kluge Roboter leisten – fehlerfrei, rund um die Uhr ohne Leistungsabfall. Reine Handarbeit statt Roboterunterstützung wirkt sich negativ auf die Lohnentwicklung aus. Längerfristig können durch eine Verlangsamung der Robotorisierung die Wettbewerbsfähigkeit und als Folge davon sogar Beschäftigung und Wachstum gefährdet werden. Am Ende verliert dann der scheinbar geschützte Mensch seinen Job – vielleicht nicht an den Roboter, sondern an das Ausland.

Die wohl am ehesten praktikable Reaktion des Sozialstaates auf die Entdinglichung, die Flucht der Wertschöpfung durch die Digitalisierung in den raumlosen Orbit virtueller Netzwerke und den Ersatz menschlicher Arbeit durch selbstregulierte, mit künstlicher Intelligenz ausgestattete Automaten dürfte sich bei einer Besteuerung nicht der Roboter, sondern der Eigentümer der Roboter finden lassen. Sobald Firmen Gewinne an ihre Aktionäre ausschütten, muss der Staat einen Anteil der Profite erhalten (egal, ob die Eigentümer im In- oder Ausland leben und steuerpflichtig sind). Also nicht eine Robotersteuer, sondern eine Besteuerung der Robotereigentümer ist die beste Antwort auf den Angriff der Automaten auf menschliche Arbeitsplätze.

Teilhabe für alle ermöglichen – Wertschöpfung besteuern

Ziel einer resilienten Steuerpolitik muss es sein, die Bevölkerung auf breiter Front an der durch die Digitalisierung steigenden Produktivität teilhaben zu lassen. Güter und Dienstleistungen werden mit immer mehr Technik und immer weniger Arbeitskraft hergestellt. Das spricht dafür, das Produktionsergebnis, also die Wertschöpfung insgesamt und nicht allein die Arbeitskraft als Grundlage der Besteuerung zu nehmen. Sobald das Unternehmen das Geld verteilt, das es durch die Wertschöpfung verdient hat, und Löhne für Beschäftigte, Gehälter für Manager und Führungskräfte, Zinsen für Fremdkapital und an die Eigentümer der Roboter sowie Gewinne an die Eigentümer der Firma ausschüttet, sollte der Fiskus zugreifen und diese Geldflüsse besteuern.

Nicht der Prozess, sondern das Ergebnis des Wirtschaftens ist zu besteuern. Vieles spricht für ein Steuersystem, das auf alle Quellen gleichermaßen zugreift, also auf Erwerbs- und Kapitaleinkommen. Nicht nur die gezahlten

Löhne, sondern auch die erwirtschafteten Mieten und Pachten, Fremdkapitalzinsen, die verdienten Abschreibungen sowie die erzielten Gewinne und Dividenden oder Tantiemen müssen Teil einer gesamtwirtschaftlichen Wertschöpfungssteuer werden.[203]

Eine Wertschöpfungssteuer ist in der Vergangenheit auf den erbitterten Widerstand der Kapitalisten gestoßen. Sie sehen bei einer Gleichbehandlung von Kapital- mit Arbeitseinkommen ihre Privilegien gefährdet. Warum eigentlich? Wäre es nicht am Beginn eines neuen Zeitalters angebracht, alte Modelle und Verhaltensweisen zu überprüfen? Sicher: Eine Wertschöpfungssteuer löst nicht alle Probleme und verursacht einige neue. Dazu gehört die durch die Digitalisierung verschärfte Schwierigkeit, dass natürlich auch die Wertschöpfung im globalen Internet der Dinge in zunehmendem Maße international mobil wird.[204] Mehrwert kann und wird virtuell und somit physisch losgelöst von geografisch abgrenzbaren Märkten geschaffen.

Für den (nationalen) Staat ist es enorm schwierig, eine derartige standortungebundene Wertschöpfung mit einer Steuer zu erfassen und zu besteuern.[205] Aber wenn sich eine Erfassung an digitaler Quelle als zu schwierig erweisen sollte, kann die Wertschöpfung immer noch in dem Moment besteuert werden, in dem das Geld aufs Konto der Menschen fließt. Wer Einkommen bezieht, egal ob als Selbstständiger oder Unselbstständiger, als Angestellter oder Manager, als Firmeninhaber oder Aktionär, Vermieter oder Verpächter, kann sich nicht in Luft auflösen und so einfach das Weite virtueller Welten suchen. Auch im Zeitalter der Digitalisierung behalten Menschen in der Regel einen Wohnsitz, haben Familien ein Zuhause, gehen Kinder in der Nähe in Schulen und Studierende zur Universität. Erhalten sie Geld, schlägt der Fiskus zu. Dann besteht auch zu einer Konsumsteuer kein allzu großer Unterschied mehr. In der Theorie kommt am Ende für den Staat das gleiche Steuervolumen zusammen, unabhängig davon, ob er die Einkommensschaffung oder die Einkommensverwendung besteuert.

Wieso nicht viel offensiver und proaktiv nach einem konsensfähigen System der Wertschöpfungsbesteuerung für das 21. Jahrhundert suchen – selbst wenn einige Probleme ungelöst bleiben? »Yes, we understand« sollte nicht nur für die Insider der Digitalisierungsbranche gelten. Gerade um zu verhindern, dass sich bei der Digitalisierung die traurige Geschichte der Abkehr von der Globalisierung wiederholt, weil die Elite es nicht vermocht hat, die Bevölkerung zu überzeugen, dass die Vorteile offener Grenzen die Nachteile bei Weitem überwiegen und allen gleichermaßen in fairer Art und Weise zugutekommen. Nicht mehr primär menschliche Arbeit wie zu Zeiten der Industrialisierung, sondern die gesamte Wertschöpfung – auch von Daten und Algorithmen – muss im 21. Jahrhundert zum Strom werden, aus dem der (Sozial-)Staat zu finanzieren ist.

IV. Resiliente Soziale Marktwirtschaft

Die Soziale Marktwirtschaft ist die DNS der bundesrepublikanischen Nachkriegsgesellschaft. Sie war Ursprung des Wirtschaftswunderlandes und hat zu »Wohlstand für alle« geführt. Sie ist ein Erfolgsmodell, das stärker als alles andere das ökonomische Verständnis, das wirtschaftspolitische Handeln und die gesellschaftliche Identität in Deutschland prägte.

Grunddoktrin der Sozialen Marktwirtschaft ist die Symbiose von Freiheit und Sicherheit. In »sozialer Irenik«, also in harmonischer Versöhnung, sollen liberale und soziale Weltanschauungen vereint werden.[206] »Sinn der Sozialen Marktwirtschaft ist es, das Prinzip der Freiheit auf dem Markte mit dem des sozialen Ausgleichs zu verbinden«, schrieb 1956 Alfred Müller-Armack, der als einer der wichtigsten Stammväter der Sozialen Marktwirtschaft den damaligen Wirtschaftsminister Ludwig Erhard als Staatssekretär maßgeblich beriet.[207] Eine auf dem Leistungsprinzip und Wettbewerb basierende freie Marktwirtschaft soll demgemäß erstens einmal jenen möglichst großen Mehrwert schaffen, der dann zweitens die Grundlage des Sozialen bildet, also Basis für eine Umverteilung von ökonomisch Stärkeren zu Schwächeren ist.

Die Soziale Marktwirtschaft der Nachkriegszeit folgte der Kaskade erst Bildung als Voraussetzung für Arbeit und danach Sozialpolitik für alle, die es nicht von alleine schaffen, sich aber wenigstens selbst um ein Mithalten bemühen. Das subsidiäre Zusammenspiel von eigener und gesellschaftlicher Verantwortung verlangte vom einzelnen Menschen primär aktive Eigenleistung und Selbsthilfe. Wer arbeitsfähig ist, sollte arbeiten und mit den selbst erwirtschafteten Erträgen die eigene Existenz finanzieren. Erst sekundär kommen soziale Ausgleichsmechanismen zum Tragen. Die Hilfe anderer darf nur erwarten, wer unverschuldet in Not gerät.

Erst fördern, dann fordern

Die disruptiven Kräfte erzwingen nun jedoch einen 180-Grad-Richtungswechsel auch für eine erfolgreiche Fortschreibung der Geschichte der Sozialen Marktwirtschaft. Wenn Bisheriges abrupt wegbricht und langfristige Planungen obsolet werden lässt, stellt sich die Frage der unverschuldeten Not völlig neu. Wie weit sind im Zeitalter der Disruption Prävention und Absicherung tatsächlich nur eine individuelle Entscheidung? Ab wann muss eine Gesellschaft fairerweise aktiv werden, damit auch wirklich alle über Möglichkeit, Geld und Zeit für eigene Vorsorge, Vorbeugung, Weiterbildung und Neuorientierung frei und selbstständig verfügen, bevor sie zum Sozialfall werden? Wie weit ist Resilienz eine Angelegenheit einzelner Personen, und wann und wo wird Anpassungsfähigkeit eine öffentliche Aufgabe, so wie es bei der Bildung immer (auch schon) der Fall war?

Das Kindergeld von heute liefert bestes Anschauungsmaterial dafür, was zu tun ist. Es wird ohne jede kritische

Diskussion richtigerweise bedingungslos an alle Kinder gewährt, unbesehen davon, ob die Eltern wohlhabend oder arm sind. Es folgt der Überzeugung, dass Investitionen in Prävention und Selbstermächtigung die besten aller Strategien sind. Kinder sollen ermächtigt werden, als Erwachsene selbstständig ihren Weg zu gehen. So sind sie später in der Lage, Einkommen zu erwirtschaften und Steuern zu bezahlen. Die Gesellschaft geht in Vorkasse, im Wissen und im Vertrauen, dass die Investition von heute zu staatlichen Steuereinnahmen von morgen führt.

Das Kindergeld muss zum ebenso selbstverständlichen »Lebensgeld für alle in jeder Lebenslage« werden. Was für Kinder Gültigkeit hat, soll auch für Erwachsene gelten: erst fördern, dann fordern. Disruption bedeutet ja, dass Menschen auch in fortschreitendem Alter stets wieder zu lernen haben werden, mit neuen Herausforderungen zweckmäßig umgehen zu können. Und Resilienz kann sich weniger denn je nur auf junge Jahre beschränken. Sie wird zur immer wiederkehrenden, lebenslangen Daueraufgabe.

Prävention ist billiger als Reparatur

Es genügt nicht mehr, Menschen in jungen Jahren einmal mit einem Rucksack voller Bildung auszustatten, der dann im Laufe von Erwachsensein und Erwerbstätigkeit langsam abgetragen wird, bis am Ende der Ruhestand wartet. Im 21. Jahrhundert werden Menschen länger leben und länger aktiv bleiben. Sie werden stets von Neuem angemessen auf Veränderungen zu reagieren haben. Dazu bedürfen sie immer wieder Lernphasen, um sich für neue Herausforderungen vorzubereiten. Dafür braucht es finanzielle Mittel, aber mehr noch – und ganz besonders bei disruptiven Entwicklungen – Auszeiten, um sich an das

Neue anpassen zu können. Bildung für Erwachsene bedeutet nicht nur ein passives Konsumieren. Es bedarf des aktiven Mitmachens, das wiederum einer Menge ergänzender Unterstützung bedarf. Ein Teil davon kann und soll privat, selber finanziert und selbstständig geleistet werden. Aber für viele ist öffentliche Mithilfe unverzichtbar – und zwar eben im Voraus, bevor Probleme überhaupt erst entstehen. Deshalb muss Sozialpolitik in Zukunft aktiv den Menschen stets von Neuem Freiräume vorauseilend eröffnen. Sie soll nicht passiv warten, bis Komplikationen entstanden sind, die es dann im Nachgang als vermeintliche Sozialfälle zu reparieren gilt. Resiliente Sozialpolitik ändert die Perspektive radikal. Nicht mehr Reparatur, sondern Prävention hat im Fokus zu stehen.

Der empirisch einschlägig belegte Grundsatz, dass Prävention billiger ist als Reparatur, gilt sowohl mikroökonomisch wie gesamtwirtschaftlich und in einer disruptiven Zukunft noch weit ausgeprägter als in der Vergangenheit. Deshalb gehört in einer resilienten Wirtschaftspolitik für das 21. Jahrhundert das Soziale an den Anfang und nicht nachrangig ans Ende staatlichen Handelns. Weit weniger als in früheren Zeiten geht es künftig darum, Menschen im Laufe ihres Lebens vor Veränderungen zu schützen. Vielmehr steht von Kindesbeinen bis ins hohe Alter die stete Fähigkeit, sich an neue Situationen effektiv anpassen zu können, im Zentrum einer resilienten Sozialpolitik.

Freiheit und Sicherheit bedingen sich gegenseitig – auch in einer resilienten Sozialen Marktwirtschaft. Weder müssen noch dürfen sich marktwirtschaftliche Effizienz und sozialer Ausgleich ausschließen. Im Gegenteil gehören sie zusammen, untrennbar, wie das Yin und Yang. Aber mehr noch als in der Nachkriegszeit gilt es, sie harmonisch – also irenisch – zu verbinden. Mit steigender Unbestimmtheit und zunehmender Komplexität dürfte die Sicherheit an Bedeutung gewinnen. Sie ist aber nicht in einer vergangenheitsorientierten Abschottungs- und Protektionismusstrategie zu finden, die sich an veralteten Strukturen homogener Volkswirtschaften und Nationalökonomien orientiert. Ein offensives, zukunftsgewandtes Sicherheitsangebot von liberaler, weltoffener Seite vermag Resilienz weit verlässlicher zu garantieren. Es sollte im Kern Freiheit im Denken und Tun tragen. Wer gleichzeitig frei und sicher ist, hat eher Mut und Gewissheit, aber eben auch Handlungsfreiräume, sich selbst im Kleinen rasch und flexibel, sachgerecht und zweckmäßig an eine Zukunft anzupassen, für die es keine Blaupausen aus der Vergangenheit gibt. Menschen, die sich sicher fühlen, trauen sich, das Unbekannte disruptiver Prozesse als Chance und nicht als Gefahr zu bewerten. Deshalb muss eine resiliente Soziale Marktwirtschaft beides leisten: Sie muss ermächtigen und sichern, aber eben primär vorbeugend von vornherein und nicht als Reparatur danach.

16. Resilienter Neoliberalismus: Interessen- vertreter für alle, nicht nur für das Kapital

Globalisierung: Kein anderes Wort als dieses prägte die wirtschaftlichen Entwicklungen in der zweiten Hälfte des letzten Jahrhunderts stärker. Sie war das ökonomisch dominante Merkmal der Nachkriegszeit. Dafür sorgten technische und politische Neuerungen gleichermaßen. Größere (Container-)Schiffe, weltumspannende Datenübertragung in Echtzeit sowie multilaterale Handelsabkommen oder gar supranationale Verträge haben nationale Märkte dem internationalen Wettbewerb geöffnet. Arbeitsteilung und Spezialisierung erlangten eine weltweite Dimension. Märkte wurden global, die Vorteile der Massenproduktion entsprechend größer. Steigende Stückzahlen führten zu sinkenden Durchschnittskosten. Und der harte Wettbewerb sorgte dafür, dass die niedrigeren Produktionskosten in hohem Maße an die Kunden weitergegeben werden mussten. Das Leben wurde günstiger, die Kaufkraft der Löhne höher. Im Ergebnis führte Globalisierung zu mehr Effizienz und damit zu mehr Wohlstand.

Als der Eiserne Vorhang fiel, war die Diagnose offensichtlich: Der Kapitalismus hatte gesiegt. Der Markt ist effizienter als der Plan und globale Arbeitsteilung effektiver als nationale Abschottung. Also schien auch die Prognose eindeutig: Es könne nur noch eine Frage der Zeit sein, bis sich Marktwirtschaft und mit ihr die Globalisierung überall durchsetzen würden. Das Ende des Klassenkampfs zwischen den Arbeiter- und Bauernstaaten des Ostens und dem kapitalistischen Westen ließ einige das »Ende der Geschichte« ausrufen – so auch der Titel des Bestsellers von Francis Fukuyama.[208] Erwartet wurde, dass mehr oder weniger automatisch, gelenkt von der unsichtbaren Hand des Marktes, ökonomisch zurückliegende Länder gegenüber den reicheren und ärmere gesellschaftliche Schichten gegenüber den wohlhabenderen aufholen.

Die vergessene Verteilungsfrage ...

Die Globalisierung hat Verteilungsfragen verdrängt. Erwartet wurde, dass die Flut des Fortschritts von alleine alle Boote anhebt und voranbringt. Als *Trickle-down-Effekt* würden die Erfolge einiger auf die Gesellschaft insgesamt durchsickern. So könnten alle vom steigenden Wohlstand profitieren.[209] Zwar wurde dieses neoliberale Versprechen weitgehend eingelöst. Die heutigen Generationen leben länger und gesünder als ihre Vorfahren. Das gilt nicht nur für Deutschland oder Europa, es ist nahezu weltweit gültig. Die Lebenserwartung ist überall deutlich angestiegen, die Zahl der Analphabeten ist gewaltig zurückgegangen, ebenso der Anteil der Bevölkerung, der in absoluter Armut lebt.[210] Und dort, wo es heute schlechter geht als früher, wie in einigen Ländern Afrikas oder in Nordkorea, ist oft gerade die fehlende Öffnung von Nationalökonomien die Ursache für Diktaturen und politischer Gewalt, die Verelendung und Hoffnungslosigkeit verstärken.

Was im Prinzip richtig ist – dass durch die Offenheit liberaler Marktwirtschaften alle gewinnen –, trifft in der Praxis nur teilweise zu. Von den Vorteilen der Globalisierung haben nicht alle gleichermaßen stark profitiert. Man kann es drehen und wenden, wie man will. Das Mindeste, was erkennbar wird, ist, dass zwar die Gleichheit zwischen den Volkswirtschaften geringer geworden ist. Innerhalb der Volkswirtschaften jedoch fällt die Ungleichheit eher stärker als schwächer aus.[211] Dabei ist es ohnehin vergleichsweise unwichtiger, ob die Gewinne von Arbeitsteilung und globalem Wettbewerb tatsächlich ungleich verteilt wurden. Oder ob eine wachsende Ungleichheit lediglich eine allgemeine Stimmung wiedergibt, so wie es gerade für weite Teile der Bevölkerung in den USA und dem Vereinigten Königreich und dort ganz besonders außerhalb der großen Metropolen der Fall ist.

Ein großer und wachsender Teil der Bevölkerung hat das Gefühl, dass mit der Globalisierung vieles falsch laufe. Der Staat bediene einseitig die Interessen der Eliten. Die Nöte der Massen hingegen würden vernachlässigt. (Zu) viele Menschen empfinden, dass in guten Zeiten Gewinne privatisiert und in schlechten Zeiten Verluste sozialisiert werden. Dass Reiche immer wohlhabender und Arme immer hoffnungsloser würden. Noch federn die europäischen Wohlfahrtsstaaten einen Teil der Polarisierung ab – das trifft insbesondere für Deutschland zu. Aber es könnte rasch nur noch eine Frage der Zeit sein, bis auch auf dem Kontinent und auch in Deutschland der Protest lauter und der Populismus stärker werden.

Wie schnell sich Stimmungen nämlich drehen können, veranschaulicht der Umgang Europas mit den starken Flüchtlingsbewegungen im laufenden Jahrzehnt. Zu Beginn des Anstiegs der grenzüberschreitenden Aktivitäten in der zweiten Hälfte des letzten Jahrhunderts blieb die Globalisierung vorerst ein Phänomen des Güterhandels. Im Laufe der Zeit folgte eine Internationalisierung der Kapital- und Finanzmärkte.[212] Grenzüberschreitende Migration von Arbeitskräften hingegen blieb die Ausnahme. Gemessen an den absoluten Bevölkerungszahlen, war sie relativ unbedeutend.[213]

Trotz der absolut geringen Anzahl von Wanderungswilligen wird in den Zielregionen Europas vor allem in der Wahrnehmung jedoch eine Überfremdung befürchtet – so beispielsweise in Deutschland von Pegida (den sogenannten »Patriotischen Europäern gegen die Islamisierung des Abendlandes«) oder in der Schweiz, in der eine Initiative »Gegen Masseneinwanderung« die Zustimmung einer Volksbefragung fand. Vielerorts führen die stärksten Flüchtlingsbewegungen seit dem Zweiten Weltkrieg zu Widerstand gegen offene Grenzen und einer Stärkung nationaler oder gar nationalistischer Protestparteien.[214]

Bei allem Respekt vor den Herausforderungen der Migration sollten die ökonomischen Wirkungen der Einwanderung von beiden Seiten – weder von den Befürwortern

im Guten noch von den Kritikern im Schlechten – nicht
überschätzt werden. Bei allen Unterschieden belegen empirische Untersuchungen über die makroökonomischen
Migrationseffekte eines nahezu unisono: Sie zeigen, dass
sich die Zuwanderung für die Aufnahmegesellschaft gesamtwirtschaftlich positiv auswirkt, wenn auch eher
schwach als stark. Die Zuwanderung – auch von Flüchtlin-
gen – hat den Einwanderungsländern nicht geschadet.[215]

... führt zu einer Rückkehr von Populismus und Protektionismus

Aber ganz offensichtlich spielen bei der Beurteilung der
Migrations- wie auch der Globalisierungsfolgen objektive
Fakten eine geringere Rolle als subjektive Bewertungen.
Was schert mikroökonomisch die einzelnen Menschen
der gesamtwirtschaftliche Gewinn, wenn sie überzeugt
sind, dass mit Migration, Globalisierung und Digitalisierung und der damit einhergehenden Disruption das Leben
härter, die Arbeitsbelastung stärker und die Zukunft der
Kinder düsterer geworden ist?

Wahrnehmung und Erwartung bestimmen menschliches Verhalten. Weniger sind es objektive Fakten, sondern
subjektive Bewertungen, die Entscheidungen prägen. Nicht
so sehr, was tatsächlich ist, sondern vielmehr der Glaube,
wie etwas empfunden wird, lässt Menschen so oder anders
handeln.[216] Menschen lassen sich von gefühlten, nicht von
tatsächlichen Ungleichheiten und Ungerechtigkeiten leiten.[217] Als Folge von kognitiven Verzerrungen gibt es den
Wunsch, am Bestehenden festzuhalten.[218] Man kennt, was
man hat, und misstraut dem Unbekannten und Neuen.
Weil man den Verlust des Bekannten fürchtet, bleiben Veränderungen aus, selbst wenn alle objektiven Daten und

Fakten anzeigen, dass nach einer (kurzen) Phase des Trennungsschmerzes das Leben danach besser werden würde.

Den Unterschied zwischen individueller Wahrnehmung und tatsächlicher Realität haben die Brexit-Unabhängigkeitskämpfer und in den USA Donald Trump und seine Anhänger mit kaltem Kalkül in die politische Waagschale geworfen. Sie haben die Bevölkerung in ihrer subjektiven Wahrnehmung bestärkt. Sie haben mit Glauben und nicht mit Tatsachen argumentiert. Sie haben aus Einzelfällen allgemeingültige Phänomene konstruiert und behaupten ohne Beleg, dass mit simplen Lösungen komplexe Zukunftsfragen schnell und einfach beantwortet werden können.

Wer Nationalismus und Populismus verhindern will, muss zwangsläufig bei den Ursachen der Polarisierung der Gesellschaft ansetzen. Er muss die Verteilungsfragen ganz oben auf die politische Agenda setzen. Die Statistiken, die eine wachsende Ungleichheit und eine Öffnung der Schere zwischen Arm und Reich wiedergeben, mögen für Deutschland unzureichend sein.[219] Das ändert aber nicht das Geringste an der subjektiv negativen Einschätzung jener Bevölkerungsgruppen, die sich durch Veränderungen als Verlierer fühlen. Ein gefühlter Nachteil lässt viele Menschen zu den Gegnern von Offenheit, Veränderung und Anpassung an das Neue und Unbekannte überlaufen.[220] Psychologie und Verhaltensökonomik können nachweisen, dass bei wirtschaftspolitischen Maßnahmen nicht nur die wirtschaftliche Effizienz entscheidend ist.[221] Ebenso wichtig ist, dass die Bevölkerung die Verteilung der Effizienzvorteile als fair bewertet. Klaffen Einkommen, Vermögen und Chancen innerhalb einer Gesellschaft zu weit auseinander, sinkt die Akzeptanz, und Menschen lehnen Markt- oder Politikergebnisse ab, auch wenn sie damit nicht nur der Gesellschaft insgesamt, sondern auch sich selbst materiell schaden.

Genauso wie sich Globalisierung und Digitalisierung nicht verhindern lassen und aufgrund der gesamtwirtschaftlich positiven Effekte auch nicht verhindert oder gar zurückgedreht werden sollten, hilft es im Zeitalter der Disruption nicht weiter, nur einseitig an Effizienztheorien festzuhalten. Lediglich einäugig auf die makroökonomischen Vorteile von Globalisierung und ihrer genuinen Nachfolgerin, der Digitalisierung, zu setzen, ist zu wenig. Es gilt auch Fairness und Fragen von mikroökonomischem Profit und gesamtwirtschaftlichem Benefit einzubeziehen. Neben Effizienz entscheidet Verteilung, in welche Richtung sich eine Gesellschaft entwickelt. Bei einer Zeitenwende kann eine kleinteilige Reparatur einer als Schieflage bewerteten Verteilungspolitik keine nachhaltige Stabilität liefern. Es ist ja nicht so, dass der Staat zu wenig Geld hätte. Aber zu viel wird zu schlecht gemacht, vergeudet und verschwendet. Disruption erfordert einen wirtschafts- und sozialpolitischen Neubau. Er muss der Alltagswirklichkeit des 21. Jahrhundert genügen und nicht Glaubensgrundsätzen aus der Hochzeit der Industrialisierung.

Sosehr Ungleichheit im Ziel zu Globalisierung und Digitalisierung, Marktwirtschaft und Kapitalismus gehören muss, weil Menschen ungleiche Wünsche und Bedürfnisse, Kompetenzen und Fähigkeiten haben, sosehr muss für die Chancengleichheit am Start gesorgt werden. Bevölkerungen können ein durchaus beträchtliches Maß an Ungleichheit ertragen, ohne gleich das Wirtschafts- und Gesellschaftssystem in Frage zu stellen. Kritisch wird es jedoch, wenn der Fahrstuhl nach oben defekt ist und wer unten lebt, immer unten bleiben muss. Noch schwerer zu ertragen ist für Randgruppen, Außenstehende und Minderheiten, wenn der wirtschaftliche Status zementiert ist und vererbt wird und ein Aufstieg nicht von eigenen Fähigkeiten, sondern vom Vermögen der Eltern und Großeltern abhängig ist. Chancengleichheit am Start und eine Durchlässigkeit nach oben als Folge eigener Leistung sind unverzichtbar für eine Akzeptanz von Ungleichheit.

Da zeigen sich in Europa und Deutschland Defizite, die mit hoher Priorität zu beheben sind. Geburt und Herkunft dürfen den wirtschaftlichen Erfolg nicht so dominant bestimmen, wie das heute der Fall ist.[222] »Die Eliten leben in einer Blase. Sie gehen auf die gleichen Colleges, heiraten untereinander, wohnen in den gleichen Quartieren und arbeiten in den gleichen Büros und erwarten, dass die meisten Menschen mit dem wachsenden materiellen Wohlstand zufrieden sind«, so der *Economist*, wahrlich kein Propagandablatt für einen Klassenkampf.[223] Vielmehr muss gerade eine marktwirtschaftlich organisierte Bürgergesellschaft mit aller Kraft dafür sorgen, dass in jeder Lebenslage und immer wieder von Neuem Wege für Menschen offenstehen, aufzusteigen und nicht unten verharren zu müssen – im schlimmsten Fall sogar über Generationen.

Neue Soziale Marktwirtschaft

Im Zeitalter der Resilienz geht es darum, das in der Nachkriegszeit so erfolgreiche freiheitliche, marktwirtschaftliche und offene Wirtschaftsmodell der Sozialen Marktwirtschaft für disruptive Entwicklungen fit zu machen. Das kann nur gelingen, wenn sich der Neoliberalismus als ideologischer Überbau der Sozialen Marktwirtschaft an seine Wurzeln erinnert und eben auch Verteilungsfragen offensiv und positiv anspricht. Die Erfolge der Vergangenheit sind keine Garantie dafür, dass der Neoliberalismus auch in Zukunft die Gunst der Bevölkerung finden wird. (Partei-)Politische Loyalität wird es im Zeitalter der Disruption weniger denn je geben.

Der Neoliberalismus will eigentlich nur, dass möglichst viele Menschen nach eigenem Gutdünken entscheiden können, was sie tun oder lassen wollen.[224] Dabei soll die Vorsilbe Neo signalisieren, dass ein radikaler Liberalismus mit einem Nachtwächterstaat, also einem Minimalstaat, der nur das Nötigste staatlich regelt – insbesondere den Schutz des Privateigentums und die Aufrechterhaltung der öffentlichen Sicherheit und Ordnung –, einem Manchester-Kapitalismus und einer Laissez-faire-Gesellschaft zu kurz greift. Denn die Wirtschaftsgeschichte liefert genügend Beispiele dafür, dass ein ungezügelter Liberalismus eben gerade nicht die Freiheit aller schützt. Vielmehr führt er zu Macht und deren Missbrauch in Politik, Wirtschaft und Gesellschaft und damit zum Nutzen weniger, aber dem Schaden vieler. Deshalb setzt der Neoliberalismus der absoluten Freiheit Grenzen. Für Neoliberale ist es unstrittig, dass es ohne einen die individuellen politischen, wirtschaftlichen und gesellschaftlichen Freiheiten sichernden Staat keine dem Wohle aller dienende Marktwirtschaft und damit auch keinen »Wohlstand für alle« geben kann.

So absurd es ist, den (Neo-)Liberalismus oder die Marktwirtschaft als Ursache aller ökonomischen Fehlentwicklungen zu verdammen, so richtig ist es eben auch, dass über die vergangenen Jahrzehnte ein »Kapitalismus für die Wirtschaft« den »Kapitalismus für die Menschen« verdrängte.[225] »Der Erfolg hat aus Liberalen eine selbstgefällige Elite gemacht.«[226] Es sind nicht die Gegner, sondern die liberale britische Wochenzeitschrift The Economist, die mit den Liberalen so hart ins Gericht geht.

Resilienz verlangt nach einem neuen Gesellschaftsvertrag. Sollte dieser hehre Anspruch zu weit gegriffen sein, sollte wenigstens ein weltoffenes, aufgeklärtes liberales Manifest für einen Neuanfang sorgen. Der *Economist* hat in Gedenken an seine 175-jährige Geschichte eine Blaupause hierfür entworfen.[227] Sie startet mit der Einsicht, dass Liberalismus zwei Erwartungen zu genügen hat. »Die erste ist Freiheit: Es ist nicht nur gerecht und weise, sondern auch rentabel, die Menschen tun zu lassen, was sie wollen. Die zweite ist das gemeinsame Interesse und das Wohlergehen aller.« Die Doppelstrategie von Freiheit und Gemeinsamkeit führt aus Sicht des *Economist* zur Forderung, dass »sich Liberale auf die Seite der Massen stellen sollten, um gegen die Eliten für mehr Wohlstand für alle zu sorgen. Sie müssen ihre Überzeugung von der individuellen Würde und Selbstständigkeit wiederentdecken, indem sie ihre eigenen Privilegien einschränken.«[228] Der Liberalismus muss Interessenvertreter aller sein, nicht nur einseitig des Kapitals.

Marktwirtschaft bedeutet auch aus liberaler Perspektive, die Wirtschaftspolitik auf *pro market* und nicht auf *pro business* auszurichten.[229] Es geht um die besten Voraussetzungen für alle und nicht um *big profits* für wenige. Weder sind abstrakt *die* Wirtschaft noch konkret einzelne Interessen zu unterstützen. Regulierungen und Wettbewerbsgesetze sollen Eigeninteressen so zügeln, dass das Verhalten Einzelner auch dem Gemeinwohl zugutekommt. Machtballung beim Staat, Monopolen oder Interessengruppen ist zu verhindern. Nur so stehen allen Menschen möglichst große Handlungs- und weite Gestaltungsspielräume offen. Das gilt im Zeitalter der Digitalisierung in besonderer Weise auch für Nachrichten, Informationen und Daten. Nicht Marktmacht und auch nicht Gewinne von Monopolen und Kartellen sind durch Staat und Politik zu schützen, sondern die individuellen Freiheitsrechte – dazu gehört aber auch die Ermächtigung, sich stets anpassen und Freiräume wahrnehmen zu können. Dafür jedoch bedarf es sowohl des Geldes wie auch der Zeit. Andererseits ist die individuelle Freiheit so weit einzuschränken, dass freie Marktkräfte ihre unschlagbare Koordinationsfunktion reibungslos ausüben können – zum Nutzen aller und nicht nur zugunsten weniger.

Der fundamentalen Veränderungen disruptiver Prozesse wegen sollten Liberale nicht auf *business as usual* setzen und trotzig an veralteten sozialpolitischen Konzepten festhalten, obwohl deren gesellschaftliche Akzeptanz schwindet und auch die ökonomische Effektivität und Effizienz kaum mehr gegeben sind. Wenn selbst der mit Sicherheit nicht des Sozialismus verdächtige *Economist* aus Großbritannien einen neuen Gesellschaftsvertrag einfordert und nun gar der Internationale Währungsfonds ein *Rethinking the social contract* anmahnt, wird es Zeit für einen Neuanfang.[230] Zu lange wurde im guten Glauben daran festgehalten, dass Effizienz alleine genügt, Wohlstand für alle zu generieren und so die Zustimmung der Gesellschaft für den Liberalismus zu finden. Die Praxis zeigt nicht eine Konvergenz, sondern eine Divergenz der ökonomischen Entwicklung. Es kommt nicht zu einem Ausgleich, sondern einer Polarisierung von Einkommen und mehr noch von Vermögen. Das aber stärkt den Liberalismus nicht, es schwächt ihn.

Neoliberaler Gesellschaftsvertrag

Ein neoliberaler Gesellschaftsvertrag, der den Anforderungen des Zeitalters von Disruption und Resilienz genügt, sollte Effizienz gleichermaßen für die Marktwirtschaft und für das Soziale verfolgen. Kern sollte eine resiliente Wirtschafts- und Verteilungspolitik sein, die Menschen ermächtigt, zu tun, was sie freiwillig machen wollen, und zu verhindern, was sie nur mit Zwang zu erledigen bereit sind.

Das Zeitalter der Globalisierung war ein Zeitalter der Effizienz und des Wachstums. Im Zeitalter der Disruption wird ein neues Gleichgewicht von Freiheit und Sicherheit zu finden sein. Dominierte in der Nachkriegszeit die unsichtbare Hand des Marktes das wirtschaftspolitische Handeln, wird im Zeitalter von Disruption und Resilienz die absichernde Hand an Bedeutung gewinnen. Neben Freiheit wird Sicherheit zur zentralen gesellschaftlichen Forderung an Wirtschaft und Politik. Es wird kein Mehr an Freiheit ohne ein Mehr an Sicherheit geben. Deshalb ist dem Neonationalismus, der zurzeit die Weltwirtschaftsordnung der Freiheit zersetzt, ein Neoliberalismus entgegenzusetzen, der den Bevölkerungen mehr Sicherheit garantiert als Voraussetzung für mehr Freiheit und mehr Wohlstand für alle.

Disruptive Prozesse verlangen nach einer klugen, nachhaltigen sozialen Sicherheitspolitik mit Maß und Mitte gegen die Polarisierung. Mehr Gleichheit bei den Startchancen für Erfolg und bei einer immer wieder neu ermöglichten Teilhabe sorgen für bessere Akzeptanz der Ungleichheit der Ergebnisse von Globalisierung und Digitalisierung. Es bedarf neuer wirtschafts- und sozialpolitischer Konzepte, die den Verteilungseffekten disruptiver Prozesse stärker Rechnung tragen, als es bisher der Fall gewesen ist. Effizienz ist die Grundlage des Wohlstands für alle, Verteilung aber eben auch. Deshalb sollten Liberale offensiv und proaktiv im eigenen ideologischen bzw. ökonomischen Interesse einer verunsicherten Bevölkerung

zeitgemäße Alternativen für Wohlfahrtsstaat, Verteilungspolitik, Teilhabe, Aufstiegschancen und Abstiegsgefahren
anbieten. Zeiten der Disruption verlangen nach einem
»Grundausstattungs-Marktliberalismus«, um Lord Dahrendorf zu zitieren.[231]

17. Resiliente Arbeitsmarktpolitik: Trampoline statt Sicherheitsgurte

Natürlich wird auch im 21. Jahrhundert die Gesellschaft
eine Arbeitsgesellschaft sein. Für die meisten Menschen
wird Arbeit der zentrale Dreh- und Angelpunkt des Lebens
bleiben. Das mit eigener Anstrengung erarbeitete Einkommen wird weiterhin für die Masse die wichtigste Quelle
zur Finanzierung des persönlichen Konsums sein. Insgesamt dürfte Disruption eher positive als negative Gehalts-
effekte entfalten. Für nahezu alle Tätigkeiten müssten die
Stundenlöhne eigentlich steigen, dafür sorgt die höhere
Arbeitsproduktivität. Sie nimmt als Folge künstlicher Intelligenz und klügerer Automaten zu. Was eben verdeutlicht,
dass Maschinen und Kapital, Roboter und Algorithmen
nicht die Feinde menschlicher Arbeit sind, sondern deren
Freunde. Sie sind es, die das Arbeitsergebnis wertvoller machen und damit die Löhne steigen lassen.

Aber Roboter und künstliche Intelligenz erhöhen auch
das Arbeitsangebot, was einen Lohndruck nach unten erzeugt und in vielen Bereichen das, was Arbeit leisten kann,
billiger werden lässt. So viel Arbeit wie früher wird nicht
mehr benötigt, somit wird es auch nicht mehr so viel Arbeit für alle wie früher geben.

Deshalb muss eine resiliente Arbeitsmarktpolitik auf

eine Symbiose von Sach- und Humankapital, Mensch und Automaten setzen. Sie folgt der Logik, dass mehr Kapital – sei es Sach- oder Humankapital – die Arbeitskräfte produktiver werden lässt. Digitalisierung sollte nicht gebremst, sondern beschleunigt werden. Sie ist unverzichtbare Voraussetzung für mehr Wohlstand für alle.

Aber Arbeit wird im Zeitalter der Disruption einen anderen Stellenwert einnehmen als bisher. Sie wird in unterschiedlichen Phasen eines länger werdenden Lebens unterschiedliche Bedeutung haben. Eine lebenslang ungebrochene Erwerbstätigkeit wird eher seltener werden. Vielmehr werden sich Zeiten der Beschäftigung in Vollzeit mit Tätigkeiten in Teilzeit und Auszeiten ohne Erwerbstätigkeit abwechseln – teils gewollt, teils den äußeren Umständen geschuldet. In Zukunft wird es Phasen geben, in denen gearbeitet wird, parallel oder danach folgen Eltern- oder Weiterbildungszeit. Andere verlangen nach einem Sabbatical, um sich vom Arbeitsstress zu erholen und mit neuen Ideen und höherer Produktivität wieder ins Berufsleben einzusteigen. Einfache Arbeitgeber-Arbeitnehmer-Muster werden genauso verschwinden, wie die Trennung in Erwerbsleben und Ruhestand oder Arbeits- und Privatleben aufweichen wird. Dem disruptiven Charakter künftiger Beschäftigungsverhältnisse sollte eine resiliente Arbeitsmarktpolitik Rechnung tragen.

Ende der Massenbeschäftigung

Die Digitalisierung wird Millionen heutiger Jobs wegfallen lassen. Nun kann man gebetsmühlenartig darauf beharren, dass andernorts ebenso Millionen neuer Aktivitäten geschaffen werden. Das mag richtig sein, aber es ändert nichts daran, dass der Mensch für mehr Tätigkeiten als jemals zuvor verzichtbar werden wird. Es wird schlicht nicht mehr gebraucht, weil Automaten und Maschinen ihn erst ergänzen, danach ersetzen. Man kann natürlich, aber man muss nicht mehr, Menschen Dinge erledigen lassen, die Roboter und künstliche Intelligenz besser und fehlerfrei rund um die Uhr 24/7 tun können. Deshalb setzt eine Strategie am falschen Ende an, die danach trachtet, möglichst viele neue Jobs zu schaffen, um möglichst viele Menschen in Zukunft zu beschäftigen. Die lebenslange, ungebrochen geleistete 40-Stunden-Woche ist ein Auslaufmodell, das weder gesamtwirtschaftlich notwendig ist, noch dem Wunsch vieler entspricht. Den Chancen des 21. Jahrhunderts besser gerecht wird eine resiliente Arbeitsmarktpolitik, die danach sucht, den Menschen erst zu entlasten und später zu entlassen, wenn neue Technologien als Ersatz zur Verfügung stehen. Nicht mehr Menschen in Arbeit zu bringen, sondern sie von der Arbeit zu befreien, ist Ziel der Resilienz.

Eine resiliente Arbeitsmarktpolitik erkennt den disruptiven Charakter künftiger Veränderungen an. Sie akzeptiert, dass sich für Millionen heutiger Beschäftigungsverhältnisse weder weiterhin Bedarf noch Ersatz finden lassen wird. Sie räumt ein, dass es kein Zurück zu einer industriellen Massenbeschäftigung geben wird. Und – das normative Werturteil sei hier angebracht – sie wird von der Absicht geleitet, dass es weder eine Rückkehr zu alten Zeiten geben soll noch geben muss.

Es ist auch – oder gerade – aus ökonomischer Sicht völlig richtig, dass man in Zukunft Maschinen und nicht mehr Menschen arbeiten lässt. Roboter und Automaten sollen die Dinge erledigen, die ohne Zwang niemand freiwillig zu den gegebenen Bedingungen bereit ist zu tun. Und die gegebenen Bedingungen orientieren sich eben mikroökonomisch an der Produktivität, die aber für menschliche Arbeit ohne viel Humankapital so weit unterhalb jener der Roboter ist und sein wird, dass am Ende, wenn Dinge der Beschäftigung wegen durch Menschen erledigt werden sollen, die Bezahlung zu menschenunwürdigen Bedingungen führen muss. Sortieren nämlich Menschen statt Automaten Briefe von Hand, entspricht die Wertschöpfung heutzutage nicht mal mehr einem Hungerlohn. Und so ist es in nahezu allen arbeitsintensiven Tätigkeiten, die vergleichsweise nur geringes Humankapital voraussetzen. Aber wieso überhaupt will man Menschen zwingen, etwas zu tun, was Maschinen besser und billiger können?

Im Zeitalter der Digitalisierung ist es mehr denn je wirtschaftlich unsinnig, Menschen zu drängen, Arbeiten zu erledigen, die der amerikanische Bestsellerautor David Graeber als *Bullshit Jobs* bewertet.[232] Um nicht anmaßend zu sein und aus dem akademischen Elfenbeinturm von ferne die Tätigkeiten anderer in überheblicher Manier als sinnlos, unnötig oder schädlich zu definieren, gibt es als Alternative einen ganz einfachen Lackmustest. Sind Menschen nicht freiwillig, sondern nur per Zwang bereit, zu den gegebenen Bedingungen einen Job anzunehmen, beziehungsweise finden Arbeitgeber niemanden, der eine Aufgabe billiger und besser als Maschinen erledigt, braucht es diese Beschäftigung eigentlich nicht mehr.

Dann ist der Mensch erst recht ökonomisch zu wertvoll, um ihm gefährliche, riskante und gesundheitsschädigende Arbeiten aufzubürden und ihn dann Jahrzehnte bis zum Lebensende krank durch den Sozialstaat zu schleppen. Das führt zu einer Privatisierung der Arbeitserträge und einer Sozialisierung der Folgekosten, und das kann weder mikro- noch makroökonomisch effizient sein. Es muss doch alles, was möglich ist, getan werden, damit Menschen bei der Arbeit körperlich und auch geistig gesund bleiben und nicht krank, ausgebrannt oder sogar nachhaltig versehrt werden – nicht nur ihretwegen, sondern auch der Gesellschaft wegen.

Die Digitalisierung wird dazu führen, dass Automaten und Roboter den Menschen aus der Produktion verdrängen. Nicht nur standardisierte, einfache Arbeiten am Fließband, an Supermarktkassen oder im Büro werden verschwinden. Auch bei qualifizierteren Tätigkeiten wie Lokomotivführer, Versicherungsmakler oder Buchhalter werden Menschen zunehmend überflüssig. Das ist vor allem dort ein Segen, wo bisher Menschen gefährliche, schmutzige oder risikoreiche Jobs im Hoch- und Tiefbau, auf Dächern und in Tunneln, in Schlachtereien und Labors oder bei Kontroll- und Wachdiensten ausüben mussten.

Es spricht überhaupt nichts dagegen, in Zukunft Bauroboter Ziegel schleppen und Fenster montieren zu lassen. Industrieroboter können neue Materialien, Bau-, Wirk- und Wertstoffe anwenden; intelligente Automaten und selbstgesteuerte Drohnen mit Kameras werden prüfen, bewachen, kontrollieren und reagieren. Dreidimensional einsatzfähige Polizeiroboter sorgen für die innere Sicherheit. Überall wird es möglich sein oder muss es möglich gemacht werden, Menschen in ihrer unantastbaren Würde vor physischer und psychischer Schädigung zu schützen und sie in der frei gewordenen Zeit für bessere und weniger strapaziöse Jobs weiter auszubilden.

Im Zeitalter disruptiver Prozesse wird Qualität wichtiger als Quantität. Deshalb lohnt es sich, in das Wissen und Können der Beschäftigten und deren Fähigkeiten zu investieren. Bildung wird rentabel. Und zwar für alle. Einmal für die Arbeitgeber, weil dadurch die Produktivität weiter steigt. Anstatt in Maschinen investieren sie in Menschen.

Humankapital anstelle des Sachkapitals wird zur treibenden Kraft des Produktivitätsfortschritts.

Aber auch die Beschäftigten profitieren vom Wechsel von Quantität zu Qualität bei der Suche nach Mitarbeitenden. Mehr Bildung macht sich für die Arbeitskräfte nämlich genauso bezahlt. Weil ihre Arbeitsproduktivität weiter steigt, verbessern sich die Wahlmöglichkeiten der Beschäftigten. Sie können die Rendite ihrer Bildungsinvestitionen entweder in Form von mehr Geld (also höheren Löhnen) oder mehr Zeit (also weniger Arbeitsstunden) geltend machen.

Arbeitslosigkeit ist Erfolg, kein Misserfolg

Arbeitslosigkeit wird im Zeitalter der Digitalisierung weniger denn je Ergebnis eines Scheiterns sein, sondern mehr und mehr zum Zeichen des Erfolgs. Sie ist nicht wie in der Vergangenheit die ungewollte Konsequenz einer hoffnungslosen Volkswirtschaft auf dem abschüssigen Weg in die Armut. Im Gegenteil: Sie wird zur Errungenschaft einer hocheffizienten Gesellschaft, die nicht mehr den Menschen malochen lässt, sondern ihm mehr und mehr erlaubt, einen immer größer werdenden Anteil seiner Lebenszeit nach eigenen Vorstellungen zu gestalten. Eine an sich paradiesische Entwicklung!

Dank der Digitalisierung wird es in Zukunft nicht mehr erforderlich sein, alle Menschen ein immer länger werdendes Leben lang zur Arbeit zu zwingen. Weder bedarf es makroökonomisch so vieler Personen, die ein Leben lang vollbeschäftigt arbeiten. In immer mehr Bereichen werden Automaten und Roboter das meiste nicht nur genauso gut wie Menschen, sondern besser, billiger und fehlerfrei erledigen können. Noch scheint es für manche Tätigkeit ökonomisch sinnvoll zu sein, Menschen aus Existenznot zu gewissen Arbeiten zu verpflichten, die gesundheitsgefährdend, gefährlich, schmutzig oder schlecht bezahlt sind. Dafür wird es jedoch – neuer Technologien sei Dank – in Zukunft immer mehr und bessere unbemannte Lösungen geben, die in jeder Beziehung effektiver als Menschen sind. Das ist erfreulich, nicht bedrohlich.

Eine resiliente Arbeitsmarktpolitik will nicht krampfhaft (alte) Arbeitsplätze erhalten und (heutige) Jobs sichern, die genauso gut – wenn nicht in der Regel sogar weit besser (also mit höherer Produktivität) – durch Automaten oder Roboter erledigt werden können. Ein falsch verstandenes Festhalten an Arbeit, die sich nur noch rechnet, weil sie scheinbar billig ist, führt nämlich lediglich zu einem eigendynamischen Teufelskreis. Es wird dann langfristig zu arbeitsintensiv produziert. Dadurch aber verbessert sich die Arbeitsproduktivität – wenn überhaupt – so nur langsam. Als Folge davon steigen die Löhne nur geringfügig an. Die Gesellschaft bleibt in einer Billiglohnfalle gefangen. Eine Billiglohnstrategie der Beschäftigung um der Beschäftigung willen und Menschen zu schlecht bezahlter Arbeit zu zwingen, nur damit der Schein eines Arbeitsethos einer lang vergangenen Industriegesellschaft gewahrt wird, kann keine Erfolgsgrundlage für einen Wohlstand für alle im 21. Jahrhundert sein.

Beschäftigungsfähigkeit wird wichtiger als Beschäftigung

In der modernen Arbeitswelt des 21. Jahrhunderts wird es immer wichtiger werden, die Anpassungsfähigkeit und insbesondere Mobilität und Flexibilität an sich rasch ändernde Umstände zu fördern. Nicht die lebenslang ungebrochene Erwerbsbiografie ist in Zukunft das Maß aller ökonomischen Dinge. Vielmehr wird der Wechsel von Tätigkeit und Beruf, Arbeitsstelle und Arbeitsort zur Regel und die Treue zum gleichen Unternehmen vom Lehrling bis zum Senior die seltene Ausnahme. Nicht Employment – also Beschäftigung –, sondern Employability – also Beschäftigungsfähigkeit – treten in den Vordergrund.

»Wer eine Arbeit hat, soll die Arbeit behalten dürfen«, galt lange Zeit als Leitmotiv für Beschäftigungsverhältnisse. Für eine Industriewirtschaft war das in beiderseitigem Interesse. Die Arbeitgeber erhielten Planungssicherheit, die Arbeitnehmer Beschäftigungssicherheit. Die fest am Standort verankerten Fabriken wollten sich ihrer Belegschaften stetig und ständig sicher wissen, sodass sich Investitionen in betriebsspezifische Aus- und Fortbildung auch wirklich bezahlt machten – rund um die Uhr und ein Leben lang. Das entsprach durchaus den Erwartungen der sesshaften Beschäftigten, die in der Nähe ihrer Betriebe Häuser bauten und Kinder zur Schule schickten und somit über die Jahre immobiler und dadurch abhängiger von ihrem Arbeitgeber wurden. Da war ein gut ausgebauter Kündigungsschutz wichtig und richtig.

Im Laufe der Zeit jedoch wirkte der als Austrittshemmnis gedachte Kündigungsschutz manchmal sogar wie ein Einstellungshindernis. Der gut gemeinte Beschäftigungsschutz kann unter Umständen verhindern, dass neue Beschäftigung überhaupt erst entsteht. Arbeitgeber zögern, neue Mitarbeiterinnen und Mitarbeiter einzustellen, wenn sie die Kosten einer Entlassung nicht verlässlich kalkulieren können.

Wenn Arbeitnehmern unter Einhaltung gesetzlich festgelegter Fristen und unter Bezahlung einer im Voraus fix vereinbarten Abfindung leichter gekündigt werden könnte, würden Ein- und Austrittsschranken des Arbeitsmarktes abgebaut.

Allein schon die Geschwindigkeit disruptiver Prozesse und das Tempo des strukturellen Wandels zwingen zu mehr Bescheidenheit in der Arbeitsmarktpolitik. Wenn Disruption dazu führt, dass nicht mehr Konstanz, sondern Wandel das prägende Merkmal von Beschäftigungsverhältnissen darstellt und Brüche in der Erwerbsbiografie nicht mehr Ausnahmen sind, sondern zur Regel werden – nicht immer, aber doch manchmal durchaus auch von Arbeitnehmerinnen und Arbeitnehmern so gewollt sind, um Auszeiten nehmen zu können –, dann kann es immer weniger darum gehen, durch rechtliche Eingriffe den Status quo und das Bestehende schützen zu wollen.

Eigentlich bleibt in einer Marktwirtschaft für staatliche Politik wenig mehr übrig, als für gute Rahmenbedingungen für private Arbeitsverhältnisse zu sorgen und sich sonst darauf zu konzentrieren, arbeitsuchenden Menschen den (Wieder-)Einstieg ins Erwerbsleben so einfach wie irgend möglich zu machen. Es gilt somit, Ein- und Austrittsschranken in den Arbeitsmarkt weitgehend abzubauen. Das gilt natürlich dann auch für den Kündigungsschutz, der naturgemäß nicht darauf ausgerichtet ist, neue Arbeitsplätze zu schaffen.

Nicht bestehende Beschäftigung zu bewahren und zu schützen, sondern stets von Neuem ein ganzes, immer längeres Leben lang neue Beschäftigung zu ermöglichen und zu sichern, ist das Ziel resilienter Arbeitsmarktpolitik. Trampoline, die Arbeitssuchende in die Erwerbstätigkeit zurückkatapultieren, werden wichtiger als Sicherheitsgurte, die sie festbinden, oder als Sicherheitsnetze, die arbeitslos werdende Personen auffangen. Wenn schon Sprungtücher ausgelegt werden, sollten diese alle auffangen und nicht nur jene, die gerade ihren Job verlieren. Als Katapulte zurück in das Erwerbsleben sollten Umschulungs-, Weiter- und Fortbildungsmaßnahmen wirken. Sie dienen dazu, Humankapital auf- statt durch lange Arbeitslosigkeit abzuwerten und die Beschäftigungsfähigkeit bestmöglich zu erhalten.[233]

Resiliente Arbeitsmarktpolitik geht davon aus, dass eine Beschäftigung zu haben nur noch der eine Teil einer Arbeitsbeziehung ist. Beschäftigungsfähig zu bleiben, ist der andere, immer wichtiger werdende Aspekt. Deshalb sollten Menschen zu lebenslangem Lernen ermächtigt und dazu befähigt werden, lernen zu lernen. Neben einem *Training on the job* ist eine intensive und aktuelle (Weiter-)-Bildung *off the Job* erforderlich. Dazu brauchen Mitarbeitende nicht nur die notwendige Bereitschaft, sondern auch die erforderliche zeitliche Freiheit.

Arbeitgeber fürchten sich vor einem Trittbrettfahren zu ihren Lasten. Sie würden die Kosten des Erhalts der Beschäftigungsfähigkeit ihrer Belegschaften zu tragen haben. Dann aber werden die besonders wertvollen Mitarbeitenden von den Konkurrenten abgeworben, die auf diesem Wege sehr kostengünstig zu leistungsfähigen Fachkräften kommen. Weil Betriebe, die nicht ausbilden, durch die Abwerbungsstrategie Kosten sparen können, die andere zu tragen hätten, würde das zu einem Wettbewerbsnachteil der Ausbildungsbetriebe führen. So richtig das Argument auf den ersten Blick ist, so sehr führt es zu falschen Schlussfolgerungen.

Betriebe, deren Belegschaften nicht als (auch andernorts) beschäftigungsfähig gelten, werden gar nicht erst mehr gute Mitarbeitende anwerben können. Denn Hochqualifizierte wollen gefördert werden. Und Hochqualifizierte wollen auch am liebsten in einem Umfeld von

Hochqualifizierten arbeiten. Sie wissen, dass ihre Attraktivität für andere Firmen ohne stetige Weiterqualifizierung schwindet und sie deshalb mehr und mehr vom aktuellen Arbeitgeber abhängig werden. Und Abhängigkeit bedeutet, nur noch eingeschränkte oder gar keine Optionen mehr zu haben.

Um diesen Teufelskreis gar nicht erst entstehen zu lassen, werden Hochqualifizierte einen weiten Bogen um jene Unternehmen machen, in denen sie ihre Beschäftigungsfähigkeit verlieren. Somit sollten kluge Unternehmen stets in die Beschäftigungsfähigkeit ihrer Belegschaften investieren – beispielsweise durch Ausgaben für Weiterbildung und Persönlichkeitsentwicklung. Damit steigt zwar das Risiko, dass einige gute Mitarbeiter(innen) tatsächlich abgeworben werden und den Betrieb verlassen. Wenn aber die Besten wissen, dass sie ihre Beschäftigungsfähigkeit bewahren oder gar verbessern, dann sind sie eher bereit, zu einem Unternehmen zu kommen und (längere Zeit) zu bleiben. Das wirkt auf den ersten Blick durchaus paradox – entspricht aber genau dem neuen Denken disruptiver Arbeitswelten. Betriebe, die Beschäftigungsfähigkeit fördern, haben gute Mitarbeiter(innen), die auf Schnellstraßen unterwegs sind und überall hin könnten. Andere, die das nicht tun, finden eher jene, die andernorts keine Chancen haben und in betrieblichen Sackgassen enden.

Beschäftigungsverhältnisse werden hybrid
Zu einer resilienten Arbeitsmarktpolitik gehört auch, Freiräume zu schaffen, um mikroökonomisch rascher und flexibler auf disruptive Prozesse reagieren zu können. Die Komplexität der Arbeitswelt wird noch einmal gewaltig zunehmen. Beschäftigungsverhältnisse werden hybrid, also

vielfältig, brüchig und ohne feste Strukturen. Nicht nur für Volkswirtschaften, sondern auch für Firmen sowie Arbeitgeber- und Arbeitnehmerbeziehungen werden Abgrenzungen schwieriger und der Normalfall schwammiger. Es wird für Beschäftigte immer einfacher, Fesseln abzustreifen und Arbeitgeber, Arbeitsplatz und Arbeitsort zu wechseln. Das gilt in besonderem Maße für Fach- und Führungskräfte. Leistungsfähige haben jederzeit die Möglichkeit, überallhin zu ziehen und für den Arbeitgeber tätig zu werden, der ihren individuellen Wünschen am besten entspricht. Neben klassische Arbeitgeber-Arbeitnehmer-Beziehungen werden Crowdworking, Coworking, Gig-Working und viele andere neue Formen individualisierter Beschäftigungsverhältnisse treten.[234]

Sowohl räumliche wie fachliche Mobilität werden beschleunigt voranschreiten. Das sorgt für größere örtliche und berufliche Unabhängigkeit, aber auch geringere Loyalität in geschäftlichen Beziehungen. Der Rhythmus von Veränderungen wird rascher, was ein höheres Maß an Flexibilität erforderlich macht – und zwar für beide Seiten, Unternehmen und Mitarbeitende. Eindimensionale, hierarchische, auf Befehl und Gehorsam setzende Strukturen von oben nach unten werden der Vielfalt der Möglichkeiten und Erwartungen nicht mehr gerecht. Sie werden genauso scheitern wie gleichgeschaltete Anreiz- und Sanktionsmodelle oder rechtliche Vorgaben zu Arbeitszeit und Renteneintrittsalter, die gleichermaßen für alle gelten sollen.

Ähnlich wie Nationalökonomien und Volkswirtschaften verblassen und eine Trennung in Wir und Andere (oder das Fremde) durch Migration und neue Social Media schwieriger wurden, werden in Zukunft die Unternehmensgrenzen unschärfer werden. Lebenslange Karrieren bei demselben Arbeitgeber, früher die Regel, werden zur Ausnahme. Betriebsangehörige können rasch(er) zu Konkurrenten werden, und umgekehrt kann, wer gestern noch Fremder war, heute schon Kollege sein – oft auch, weil von der Kapitalseite her Fusionen, Übernahmen und Veräußerungen in rascherem Rhythmus erfolgen.

Resiliente Arbeitsmarktpolitik verlangt nach Individualisierung

In der Vergangenheit war einigermaßen klar, an welchen Eckwerten sich die Unternehmen orientieren konnten, wenn es galt, betriebliche Normen zu definieren, um für alle gleichermaßen geltende Verhaltensweisen und Umgangsformen zu schaffen – beispielsweise bei der Lohnfindung, der Arbeitszeiterfassung oder der Arbeitsplatzgestaltung. Es gab Auszubildende, Mitarbeitende und Rentner(innen). Familienväter arbeiteten Vollzeit, Frauen Teilzeit oder zeitweise gar nicht, und um in der Führungshierarchie nach oben zu kommen, war es hilfreich, älter, männlich, verheiratet und deutsch zu sein. Dieser Normalfall traf für einen Großteil der Unternehmen durchaus zu.

Das Spektrum der Mitarbeitenden wird im Zeitalter der Disruption wesentlich breiter werden. Die Spreizung zwischen dem ältesten und dem jüngsten Betriebsangehörigen wird größer. Ebenso wird die gesellschaftliche, kulturelle und religiöse Verankerung der Mitarbeitenden vielfältiger sein. Führungskräfte sind nicht zwingend inländischer Herkunft. Und schließlich wird die Spezialisierung weiter voranschreiten, sodass innerhalb der Firmen die gemeinsame Wissensbasis schmaler und die Unterschiede im Bildungsstand ausgeprägter werden. Alles in allem nimmt die Vielfalt zu, was zur Folge hat, dass der

Durchschnitt immer weniger in der Lage ist, dem Einzelfall gerecht zu werden.

Für Unternehmen gibt es kaum mehr so etwas wie einen Durchschnittsarbeiter. Wenn aber die Unterschiede zwischen den Menschen und damit auch zwischen den Beschäftigten zunehmen, muss auch die Arbeitsmarktpolitik individualisiert werden. Da aber eine Einzelfallpolitik eigentlich das Ende einer Politik bedeutet, da ihr das verbindende große Ganze abhandengekommen ist, spricht auch hier vieles für mehr Bescheidenheit und weniger Ehrgeiz, regulierend und lenkend in den Arbeitsmarkt eingreifen zu wollen.

Die Möglichkeiten und Wünsche einzelner Unternehmensangehöriger werden immer weiter auseinanderdriften. Da scheitern Standardisierungen, die auf einen Durchschnitt ausgerichtet sind, der für die Gesamtheit der Mitarbeitenden nicht mehr repräsentativ ist. Je nach individueller Lebenssituation, Lebensplanung und Lebensphase wollen die Beschäftigten unterschiedlich behandelt werden. Sie erwarten vom Unternehmen entsprechende, auf ihre aktuellen Wünsche zugeschnittene Angebote. Dazu gehören die Flexibilität, die Arbeitszeit weitgehend selbstständig einteilen und zunehmend ortsungebunden auch von anderen Arbeitsplätzen, von unterwegs oder von zu Hause aus arbeiten zu können, und Optionen, die Arbeitszeit abzusenken, um zum Beispiel mehr Zeit für Kinder, pflegebedürftige (ältere) Familienangehörige oder die eigene Weiterbildung zu haben. Dazu gehört aber auch die Option, nach einer Auszeit die Arbeitszeit wieder hochfahren zu können, wenn man das wünscht.

Standardisierte Lohnfindungsprozesse dürften in Zukunft lediglich noch als Ausgangslage eine Rolle spielen – also beispielsweise bei der abstrakten Festlegung, in welchem Verhältnis fixe und variable Gehaltsbestand-teile stehen sollen oder wie die Leistung Einzelner bei Teamarbeiten zu bewerten ist.[235] Immer stärker werden Löhne und Arbeitsbedingungen einzelfallweise zu ver-handeln sein. Dabei wird es zwischen Arbeitgebern und Arbeitnehmer(inne)n zu individuell angepassten zeitlichen (Wann wird gearbeitet?), örtlichen (Wo wird gearbeitet?) und sachlichen (Was ist zu leisten?) Vereinbarungen kom-men. Im Zusammenspiel von Unternehmen und Mitar-beitenden werden Transparenz und Fairness wichtig sein. Geheimhaltung im Internetzeitalter ist nicht mehr mög-lich. Moderne Kommunikationssysteme und Social Media sorgen sowieso dafür, dass offenbart wird, wer wofür wie entlohnt wird.

Starre, für alle gleichermaßen gültige Arbeitszeitmodel-le werden nicht mehr zeitgemäß sein. Viele werden wäh-rend gewisser Lebensphasen weniger, in anderen länger arbeiten wollen. Verlangt wird eine persönliche Autono-mie über die Zeitverwendung, also das Recht, selbststän-dig darüber zu bestimmen, wann innerhalb eines vorge-gebenen Zeitrahmens betriebliche Aufgaben zu erledigen sind.

Benötigt werden eine hybride (Netzwerk-)Organisation und spezielle Vereinbarungen zwischen Arbeitgebern und Arbeitnehmer(inne)n, die den Belegschaften mehr Flexi-bilität bei der Einteilung der Arbeitszeit und der Wahl des Arbeitsortes ermöglichen. Um innerbetriebliche Spannun-gen einer gefühlten oder auch tatsächlichen Ungleichbe-handlung abzubauen, sind unterschiedliche Anwesen-heitsmodelle intern transparent zu machen und offen zu kommunizieren.

Eng mit einer größeren Wahlfreiheit von Arbeitszeit und -ort verbunden ist die Suche nach neuen Systemen des Umgangs mit Arbeitszeit und Leistungskontrolle. Im Wesentlichen erwirken diese Veränderungen, dass Arbeitgeber über Auftrag statt durch Befehl führen können – sie brauchen dann nur festzulegen, was sie insgesamt am Ende erwarten, nicht aber, wie im Einzelnen vorzugehen ist. Resilientes Verhalten bedeutet, den Beschäftigten das Ziel zu nennen. Der Weg hingegen wird möglichst offengelassen. So haben Angestellte größere Spielräume, um mitzudenken und nicht vorhersehbare Probleme der Situation gemäß, ohne Rückfrage eigenständig, flexibel und pragmatisch zu lösen.

Resilienz verlangt eben auch in der Arbeitsmarktpolitik, auf eine Kultur des Vertrauens zu bauen. Vertrauen der Unternehmensführung in die Fähigkeit der Belegschaft, qualitativ hochwertige selbstständige Entscheidungen im Sinne des gemeinsamen Ganzen zu fällen, ist die vielleicht wichtigste Voraussetzung für den betriebswirtschaftlichen Erfolg. Kontrolle mag zwar Verhaltenssicherheit bieten. Sie verhindert aber ein Abweichen von alten Trampelpfaden und ein Verhalten jenseits bestehender Normen. Vertrauen hingegen sorgt für ein offenes Betriebsklima, das Raum lässt, neue Wege zu gehen. Es schafft so den Humus für kreative Verbesserungsvorschläge aus der Mitarbeiterschaft und innovative Ideen von Mitarbeitenden.

18. Resiliente Bildungspolitik: von der Pyramide zum Zylinder

Welches sind die drei wichtigsten Faktoren für wirtschaftlichen Erfolg? Die Antwort lautet: erstens Bildung, zweitens Bildung, drittens Bildung! Banale Übertreibung? Nein, empirische Erkenntnis! Sie gilt im Kleinen für einzelne Menschen genauso wie im Großen für eine Volkswirtschaft insgesamt. Gute Bildung ist nicht alles, aber ohne gute Bildung ist alles nichts!

Der Stellenwert der Bildung war immer schon zentral. Er wird in Zukunft nicht ab-, sondern weiter zunehmen. Denn wie sonst, wenn nicht mit mehr Kreativität, höherer Kompetenz und besserem Können will der Mensch mit den disruptiven Prozessen des 21. Jahrhunderts mithalten können? Nichts anderes als Bildung wird in ähnlicher Weise dem Menschen helfen, die riesigen Chancen von Algorithmen, Big Data und selbstlernenden, autonomen Informationssystemen zum eigenen Vorteil und zu mehr Wohlstand für alle zu nutzen. Und gleichzeitig wird ihm mehr Wissen und Können ermöglichen, die mit Disruption einhergehenden Risiken zu verringern und zu verhindern, zum Spielball von Big Brother und Big Business zu werden.

Bildung war und ist der Schlüssel für beruflichen und gesellschaftlichen Fortschritt. Sie bestimmt(e) massgeblich, wer auf welche Stufe der Einkommenspyramide gelangt. Mit einem höheren Berufsabschluss oder gar einem akademischen Titel hatte man schon in den vergangenen Dekaden ganz gute Chancen, oben Platz nehmen zu können. Wer nur Allgemeinwissen im Schulranzen oder gar keinen Schulabschluss hatte, musste hingegen unten sitzen und hatte nur wenig Hoffnung auf einen wirtschaftlichen

Aufstieg. Es galt die empirisch eindeutig belegte einfache Faustregel: Gute Bildung ist die beste Versicherung gegen Erfolglosigkeit, Arbeitslosigkeit und Armut. Und als durchschnittliche individuelle Bildungsrendite errechnet sich in Deutschland für jedes zusätzliche Bildungsjahr ein um sieben bis zehn Prozent höheres Arbeitseinkommen.[236] Nicht schlecht im Zeitalter der Nullzinsen oder realen Negativrenditen auf Sparbüchern.

Aber nicht nur für Einzelne wird sich im Zeitalter der Digitalisierung mehr Bildung mehr denn je rentieren. Auch die Gesellschaft insgesamt wird von einem besseren Bildungsstand der Bevölkerung profitieren. Länder, die mehr Geld für bessere Bildung ausgeben, haben höhere Chancen auf mehr Wohlstand für alle. Die Erklärung für diese Symbiose von Lernerfolgen des Einzelnen, die zu wirtschaftlichem Erfolg für alle werden, hat etwas damit zu tun, dass Kreativität, Kompetenzen und Können Einzelner auf andere überschwappen und damit auf alle ausstrahlen. Wenn sich Einzelne bilden, profitieren alle von der höheren Leistungsfähigkeit. Der Innovationspool in einer Gesellschaft steigt. Er wird zu einem attraktiven Faktor für Standorte oder Regionen. Wie eine gut gebildete Bevölkerung zum Kern eines Clusters werden kann, zeigt sich im kalifornischen Silicon Valley. Auf engstem Raum haben die Internetriesen Google, Apple, Uber, Facebook oder Twitter ihre Forschungszentren mit Zigtausenden von Mitarbeitenden errichtet. Als Folge ergibt sich ein rasches Wachstum von Beschäftigung und Wertschöpfung – und damit eben »mehr Wohlstand für alle«!

Mit Blick auf die Dynamik und Komplexität der disruptiven Veränderungen des 21. Jahrhunderts verringert sich die Halbwertszeit des Wissens dramatisch. Eine ständige Bereitschaft, Neues zu lernen und flexibel zu bleiben, ist gefordert.[237] Es bedarf eben auch bei der Bildung der Resilienz, also einer steten Förderung der Anpassungsfähigkeit.

Disruption wird Bildung noch einmal wichtiger werden lassen, als sie es bis jetzt ohnehin bereits war. Für diese These spricht nicht zuletzt der Nachweis der Bildungswissenschaftler des Münchener ifo Instituts für Wirtschaftsforschung, dass Bildungsrenditen in den letzten Jahren gestiegen sind.[238] Daraus lässt sich ableiten, »dass die Nachfrage nach gut ausgebildeten Personen in der heutigen Wissensgesellschaft stärker gestiegen ist als das Angebot an hochqualifizierten Personen. Dadurch werden Investitionen in Bildung für den Einzelnen finanziell noch attraktiver« – so die ifo-Bildungsforscher.

Eine resiliente Bildungspolitik verlangt weit mehr, als Digitalisierung in die Lehrpläne einzubeziehen. Ein zusätzliches Schulfach Digitalisierung ist zwar gut gemeint, wird aber den disruptiven Prozessen, auf die Kinder und später auch Erwachsene immer wieder zu reagieren haben, nicht annähernd gerecht. Digitales Lernen ist eben wesentlich mehr als ein Ersatz von Wandtafel und Overheadprojektor durch Smartboards oder iPads für alle. Natürlich braucht es mehr Investitionen in flächendeckendes, rund um die Uhr zuverlässig verfügbares schnelles Internet. Aber eine digitale Lernumgebung und ein steter Zugang zur virtuellen Welt der Daten ist nur notwendig, aber niemals hinreichend, um zu lernen, wie anstehende Transformationen bewältigt werden können.

Wohin Disruption führen wird, ist heute bestenfalls rudimentär erkennbar. Um eine Anmaßung des Wissens über künftige Entwicklungen zu verhindern, muss sich ein resilientes Bildungssystem von fixen Inhalten lösen und offen sein, stets und ständig rasch auf neue und lange

Zeit völlig unbekannte Herausforderungen reagieren zu können. Also geht es auch im Bildungswesen um eine raschere Anpassungsfähigkeit an neue und heute noch weitgehend unbekannte Entwicklungen.

Disruption verlangt mehr als ein neues Schulfach

Sollen die Lehrinhalte und Studiengänge wirklich noch einmal um das Fach Digitale Bildung erweitert werden? Ist nicht vielmehr etwas anderes mindestens ebenso wichtig, wenn nicht gar wichtiger? »Medienkompetenz ist wichtig, aber nicht nur, um Medien zu nutzen, sondern auch, um Medien nicht zu nutzen. Schließlich solle das Smartphone unser Leben erleichtern, nicht beherrschen.«[239] Genau darum geht es doch: Jugendliche, aber auch Personen in fortgeschrittenen Jahren haben vor allem zu lernen, wo und wie sie durch neue Technologien herausgefordert werden und wie sich gegebenenfalls darauf reagieren lässt. Technik also nicht als Endziel, sondern als Mittel zum Zweck zu unterrichten ist gefordert. Kinder »sollten ›Coding‹, also Programmieren, lernen – aber nicht, um danach allesamt IT-Ingenieure zu werden, sondern damit IT für sie keine Blackbox bleibt«.[240] Es geht weniger denn je darum, Wissen zu vermitteln. Was Fakten sind, lässt sich mit jedem Smartphone in Sekundenschnelle ermitteln. Aber bereits bei der Unterscheidung zwischen Facts und Fakes, Wahrheit und Manipulation wird es schwieriger. Wie Information erzeugt und verbreitet wird, zu bewerten ist, was daraus folgt, was möglich wird und sein soll, das sind die Fragen, auf die die auch in Zukunft Menschen kluge Antworten finden müssen – ein langes Leben lang.

Digitale Bildung soll – und wohl nicht wirklich anders, als es im Unterricht immer hätte sein sollen – die Persönlichkeitsbildung und die Bildung zu Innovationsfähigkeit fördern sowie den Willen, die Bereitschaft und die Kompetenz stärken, sich sachgerecht und rechtzeitig an neue Gegebenheiten anpassen zu können. »Mit kosmetischen Korrekturen am hergebrachten Fächerkanon oder an den Kompetenzkatalogen« wird es nicht getan sein.[241] Digitale Bildung muss für alle Bereiche des Bildungswesens Ansporn zu einem Perspektivenwechsel und Neuanfang sein. Sie sollte genauso Game Changer sein wie die ihr zugrunde liegende Disruption.

Große Transformationen der Umwelt verlangen nach großen Transformationen der Bildungspolitik. Weil Bekanntes und Wissen rasch(er) veraltet, Aktuelles obsolet und Neues in schneller Abfolge Realität werden wird, dürfte bei zentralen Vorgaben der Lehrpläne und Studienordnungen von oben weniger eher mehr sein, und mehr noch als in der Vergangenheit sollte auf eine allgemein gültige zentrale Feinsteuerung aus fernen Bildungsministerien verzichtet und eine flexible Handhabung vor Ort ermöglicht werden.

Wieso sich nicht auf Eckpunkte der vier Zielbereiche »Fähigkeiten (Skills), Charakterbildung, Erwerb relevanter Kenntnisse (Knowledge) und lebenslange Anpassungsfähigkeit« beschränken?[242] Die Wege zur Zielerreichung könnten getrost dem Wettbewerb guter Ideen und kluger Umsetzungsvorschläge der einzelnen Bildungsanbieter überlassen werden. Wieso nicht die digitale Bildung in die Freiheit entlassen, nicht aus ideologischen Gründen, sondern weil so vieles so unsicher, unbestimmt und auch unterschiedlich sein wird, dass kaum mehr griffig zentral festgelegt werden kann, was für alle gleichermaßen zu gelten habe. Resiliente Bildungspolitik sollte das große Ganze vorgeben und das Kleinteilige der Umsetzung mit viel Frei-

raum den einzelnen Schulen, Fach- und Weiterbildungs-
stätten, Universitäten und weiteren – heute auch noch
völlig unbekannten – Bildungseinrichtungen anvertrauen.

Entlohnt die Lehrkräfte anständig!

Natürlich ist die immer wieder einem Mantra gleich vor-
getragene Forderung richtig, dass Kompetenzen im Umgang mit digitalen Technologien – insbesondere dem
Internet – in der Breite zu fördern sind – in allen Ausbil-
dungs- und Weiterbildungssegmenten. Aber woher sollen
die Fachlehrer(innen) kommen, die an Schulen die digitalen Schlüsselkompetenzen »Informationen sammeln und
organisieren, bewerten und auswählen, erzeugen und austauschen« kompetent unterrichten können? Wer soll und
wie sollen die Fächer Adoption und Adaption unterrichtet
werden, denn darum geht es im Kern, wenn (junge) Menschen auf Disruption vorzubereiten sind.

Für digitale Investitionen braucht es einen zeitlichen
Vorlauf von Jahren – die Ausbildung der Digitalkompetenz
der Lehrkräfte bedarf Jahrzehnte. »Die didaktische Weiterbildung der Lehrenden im Hinblick auf die sich stetig
wandelnden IT-Inhalte ist bislang kaum hinreichend in
den Fokus genommen worden. Fort- und Weiterbildungsaktivitäten von Lehrenden zur Nutzung digitaler Medien
im Unterricht sind im internationalen Vergleich unter-
durchschnittlich ausgeprägt«, so das ernüchternde Urteil
der von der deutschen Bundesregierung eingesetzten Expertenkommission Forschung und Innovation in ihrem
Jahresgutachten 2018.[243] Da die Bereitstellung qualifizierter Lehrkräfte über den regulären Weg der Lehrerbildung
oder -weiterbildung sehr zeitaufwendig ist, verlangt die
Expertenkommission richtigerweise, dass absehbare Eng-

pässe bei qualifiziertem Lehrpersonal über die vermehrte Einstellung von Quereinsteigerinnen und Quereinsteigern entschärft werden sollten. »Allein über den regulären Weg der Lehrerbildung wird die Gewinnung qualifizierten Lehrpersonals zu lange dauern.«[244] Aber das kann bestenfalls eine Notlösung sein. Grundsätzliche Ausbildung der Lehrkräfte für digitale Kompetenzen sieht anders aus – völlig anders.

Das Fehlen gut qualifizierter Lehrkräfte ist mehr als eine Bagatelle. Es ist der eigentliche Knackpunkt resilienter Bildungspolitik. Denn es ist im Bildungswesen wie in jedem anderen Bereich der Ökonomie: Die Leistung eines Unternehmens oder einer Schule wird von der Qualität, Motivation und der Vorbildfunktion der Menschen an der Spitze bestimmt. »Nicht WLAN oder Whiteboard sind Garanten für guten Unterricht, sondern gut ausgebildete Lehrer.«[245] Deshalb wird in Deutschland am falschen Ort gespart, wenn nicht alles getan wird, um Lehrkräfte zu qualifizieren und mit attraktiven Arbeitsbedingungen zu motivieren.

Lehrkräfte sind, wie die OECD in einer Pisa-Sonderauswertung offenlegt, der Dreh- und Angelpunkt.[246] Sie müssen in einem schwieriger werdenden Umfeld guten Unterricht abhalten, sollen belastbar und fachlich fit sein sowie pädagogisches Geschick und großes soziales Talent haben. Sie müssten, so die OECD, für Disziplin in den Klassen sorgen, was gerade für die erfolgreiche Inklusion von Kindern aus schwierigen sozialen Verhältnissen von zentraler Bedeutung wäre. Läuft der Unterricht in geordneten Bahnen ab, gelingt es ihnen deutlich häufiger, sich von ihrer Herkunft abzukoppeln. Ansonsten droht eher eine Vererbung von Bildungsbiografien und dass Kinder werden, was Eltern sind. Wer bei Ausbildung, Motivation und

Gehalt der Lehrkräfte spart, geizt an der falschen Stelle. Gute Lehrkräfte kosten viel Geld. Schlechte Lehrkräfte jedoch sind teurer für alle – für junge Betroffene genauso wie für Gesellschaft und Wirtschaft insgesamt.

Macht aus Pyramiden Zylinder!

Vorerst noch vergleichsweise besser geschützt vor dem Strukturwandel der Digitalisierung bleiben erstens feinmotorische Tätigkeiten, wie sie beispielsweise im Handwerk typisch sind – deshalb wird neben dem Kopf stärker auch wieder die Hand auszubilden sein. Zweitens werden soziale Kompetenzen aufgewertet werden. So sind effektive Pflegeroboter zwar technisch möglich und dürften mehr und mehr gang und gäbe werden. Aber ob sie auch gesellschaftliche Akzeptanz finden, wird sich zeigen müssen. Drittens bleibt die Innovationsfähigkeit das Maß aller Dinge. »Eine voll automatisierte Welt, also das, was die Digitalisierung uns an Arbeit ›übriglässt‹, wird vor allen Dingen unsere kreativen Fähigkeiten fordern.«[247]

Um ein Leben lang den Vorsprung gegenüber künstlicher Intelligenz und Robotern bewahren zu können, müssen aus den heutigen Bildungspyramiden, die sich mit breiter Basis und viel Geld auf Junge und lediglich punktuell auf Ältere konzentrieren, Zylinder werden, die den Geldfluss gleichmäßig über alle Lebensperioden verteilen.

Noch richtet sich das staatliche Bildungssystem heute in überragendem Maße an junge Menschen. Im Jahr 2016 wurden in Deutschland nach vorläufigen Berechnungen des Statistischen Bundesamtes vom April 2018 über 280 Milliarden Euro für Bildung, Forschung und Wissenschaft ausgegeben.[248] Rund 190 Milliarden Euro davon flossen an den Elementarbereich, Schulen, den schulnahen Bereich, die betriebliche und duale Ausbildung, Hochschulen und Universitäten (einschließlich Forschung und Entwicklung an Hochschulen). Mehr als 70 Milliarden Euro gaben die Wirtschaft und private Einrichtungen für Forschung und Entwicklung aus. Für die betriebliche Weiterbildung hingegen wurden nur 11 Milliarden Euro ausgegeben, für Volkshochschulen, Bildungseinrichtungen der Kammern und die Lehrerfortbildung weniger als vier Milliarden Euro. Holzschnittartig zusammengefasst, werden von den reinen Bildungsausgaben (ohne Forschung und Entwicklung) etwa 90 Prozent für Menschen in den ersten 25 Lebensjahren ausgegeben, und für die rund 60 folgenden Jahre verbleiben gerade einmal weniger als zehn Prozent.

Diese asymmetrische Schieflage mit einer nahezu ausschließlichen Konzentration auf die Jugend muss korrigiert werden. Private wie staatliche Bildungsbudgets sollten von der Jugend ins fortgeschrittene Alter umgeschichtet werden, sodass alle, immer wieder und ein Leben lang, die Option haben, sich aus-, fort- und weiterbilden zu können. Ein klug konstruiertes Bildungssystem muss stärker als in der Vergangenheit alle Altersklassen einbeziehen und Kinder und Jugendliche genauso wie Erwachsene und Ältere immer wieder mit situationsgerechten Bildungsbausteinen versorgen. Dafür braucht es neben Geld vor allem Zeit, um Freiräume für Bildung zu öffnen – auch jenseits der Jugendjahre.

Pragmatisches Element einer resilienten Bildungspolitik könnten staatlich vorfinanzierte (Aus- und Weiter-)-Bildungsgutscheine sein, die alle bei Erreichung der Volljährigkeit automatisch und ohne Vorbedingungen erhalten. Die (Aus- und Weiter-)Bildungsgutscheine sollten sich an jeder staatlich akkreditierten (Hoch-)Schule (auch im Ausland) gegen Ausbildungsleistungen eintauschen lassen.

Die Bildungseinrichtungen ihrerseits erhielten dann vom Staat einen im Voraus festgelegten Pauschalbetrag rückerstattet.[249]

Allerdings geht es für Erwachsene nicht nur um die Finanzierung direkter Kosten, wie Teilnahme- oder Studiengebühren oder Kosten für Erwachsenenbildung. Ebenso bedeutsam, und für viele wichtiger, sind die indirekten Kosten, insbesondere die Zeitkosten und die Lücken und Löcher, die sich beim Haushaltseinkommen auftun, wenn Monate oder Jahre mit eigener Arbeit nichts verdient werden kann, weil man sich weiterbildet. Deshalb bedarf es neuer staatlicher Unterstützung lebenslanger Bildung, die nicht dem Schutz des Bestehenden vor Veränderung, sondern der Förderung der Anpassungsfähigkeit an Veränderungen dient. Ein einfacher Zugang zu staatlich garantierten oder gar subventionierten Bildungsdarlehen oder staatlich finanzierte Bildungsgutscheine, die auch direkte Geldzahlungen während Weiterbildungsaktivitäten beinhalten, könnten weiterführende Ideen hierzu sein.

Keine digitale Spaltung zulassen

Disruption und insbesondere Digitalisierung tragen den Kern einer altersabhängigen Polarisierung in sich. Aus vielen Gründen sind Jüngere rascher in der Lage, auf umwälzende Veränderungen zu reagieren, als Ältere. Was Erwachsene als kulturelle Revolution empfinden, ist für Jugendliche alltägliches Selbstverständnis. Wie heute schon in Familien zwischen Eltern und Kindern oder in Klassenzimmern zwischen Lehrkräften und Schülerinnen zu beobachten, droht eine digitale Spaltung der Gesellschaft – zwischen Jüngeren, die mit den neuen Technologien aufwachsen, und Älteren, die vom Tempo der

Veränderungen in Alltag, Beruf und Freizeit überfordert sind.[250]

Die einen profitieren vom Fortschritt, die anderen werden von modernen Entwicklungen abgehängt. Um hier gegenzusteuern und einen Generationenkonflikt zwischen jüngeren Digital Natives und älteren digitalen Außenseitern zu vermeiden, bedarf es stetiger altersspezifischer Weiterbildungsangebote, die zu einer erhöhten Produktivität und verbesserten Mobilität älterer Arbeitskräfte beitragen. Und es bedarf sozialer Absicherungssysteme, die Älteren die notwendigen zeitlichen Freiräume eröffnen, um sich stets und immer wieder von Neuem mit modernen Technologien, deren Umgang und Nutzung vertraut zu machen.

Bildungssysteme dürfen sich deshalb nicht länger primär auf die ersten Lebensdekaden fokussieren. Sie haben sich auch mit Hochleistungsangeboten an den Bedürfnissen der 30- bis 70-Jährigen zu orientieren. Das gilt in besonderem Maße für die Universitäten und Hochschulen. Sie müssen eine Spitzenlehre nicht nur für die Ausbildung junger, sondern auch eine qualitativ hochstehende Weiterbildung für ältere Studierende anbieten. Dabei geht es weniger um Wissensvermittlung als um das Erlangen der Fähigkeit, wie man die Wissensflut verdichtet, Wichtiges von weniger Wichtigem trennt und Neues mit Bekanntem vernetzt. So, dass Digitalisierung eben auch im Kleinen und Privaten hilft, von vorhandenem Wissen besser profitieren zu können, sei es im Beruf oder im Privaten, wenn mit Facebook persönliche Beziehungen gepflegt werden oder mit Apps der Alltag erleichtert wird, beispielsweise, wenn es mit Hilfe von Wikipedia gelingt, in Diskussionen zu überprüfen, wer nun die Fakten richtig wiedergibt.

Natürlich nehmen fluide kognitive Fähigkeiten – also die Auffassungsgabe, Kreativität oder Originalität – mit zunehmendem Alter ab. Aber durch entsprechendes Training und dank der Fortschritte der Neurologie kann der Alterungsprozess verlangsamt werden. Auch, weil mit dem Alter die kristallinen Fähigkeiten zunehmen – also Wissen und Erfahrung und die Fähigkeit, Wichtiges von Unwichtigem zu trennen. Und nicht zuletzt werden Innovationen in der Medizintechnik – bei Sensorik, Hör- und Sehhilfen – selbst helfen, die Abnahme der individuellen fluiden Fähigkeiten wenigstens teilweise kompensieren zu können und die individuelle Leistungsfähigkeit aufrechtzuerhalten.

Somit spricht vieles dafür, dass sich Digitalisierung und Demografie in wunderbarer Weise ergänzen. Weniger, aber besser gebildete Menschen werden vernetzt und verbunden mit dem Internet der Dinge mit weniger Aufwand mehr Wohlstand schaffen als heute. Einer Bevölkerung längere und produktivere aktive Lebenszeit zu ermöglichen, muss das Ziel eines resilienten Bildungssystems sein.

Bildung wichtigstes Vermögen

Wenn das Sparbuch nur noch geringe Zinsen abwirft und höhere Renditen bei Sachwerten auch höhere Risiken bedeuten, wird Bildung erst recht zu einer höchst attraktiven Alternative. Sie ist und wird in disruptiven Zeiten – mehr noch als in der Vergangenheit – für die meisten Menschen das mit Abstand wichtigste Vermögen. Immer weniger dürfen sich die Anstrengungen und Investitionen in gute Bildung auf den Lebensanfang beschränken. Sie haben ein ganzes Leben lang oberste Priorität.

Wer immer wieder von Neuem weitergebildet wird, wird immer wieder und bis ins hohe Alter die Chance haben, gut zu verdienen. Der Clou dabei ist, dass individueller und gesamtwirtschaftlicher Erfolg Hand in Hand gehen. Wer besser gebildet länger aktiv sein kann und mehr verdient, wird auch mehr zur Finanzierung des Sozialstaates beitragen können und weniger auf soziale Unterstützung im Alter angewiesen sein.

Deshalb wird der Zustand des Sozialstaates von morgen das Echo der Bildungspolitik von heute sein. Wenn die Babyboomer nicht jetzt mehr Geld für die Besserqualifizierung ihrer Kindeskinder in die Hand nehmen, werden die nach 1970 Geborenen als Seniorinnen und Senioren ab 2030 die negativen Folgen der unterbliebenen Bildungsinvestitionen zu spüren bekommen.

Im Zeitalter von Digitalisierung und Disruption kann man mehr denn je nicht zu viel, sondern nur zu wenig Geld in das Bildungswesen stecken. Ein resilientes Bildungssystem mag teuer sein. Langfristig wird es mikroökonomisch im Kleinen wie gesamtwirtschaftlich im Großen aber eine Sache geben, die noch teurer ist als ein gutes Bildungssystem, nämlich ein schlechtes.

19. Resiliente Sozialpolitik: Prävention statt Reparatur

Ein Sozialstaatsmodell, dessen Pfeiler zu Zeiten Bismarcks im späten 19. Jahrhundert eingerammt wurden, war eine passende Antwort auf die Wirtschaftsstruktur der damaligen Zeit. Die Industriegesellschaft war eine Arbeitsgesellschaft, alles drehte sich um Arbeit. Die Erwerbsarbeit bestimmte die Rationalität menschlichen Tuns, gesellschaftlicher Solidarität und politischer Regulierungen. Das protestantische Arbeitsethos prägte das allgemeine Verständnis, wonach Arbeit gottgefällig ist und Eigenleistung die unverzichtbare Grundlage für individuelles Einkommen und Wohlstand darstellt.

Für die Industrialisierung waren die damals verfolgten Muster der Sozialpolitik durchaus sinn- und sachgerecht. Gemeinsames Vorgehen der Fabrikarbeiter(innen) war notwendig, um sich gegen staatliche Obrigkeit und Macht der Unternehmer zu behaupten. Es »war die Antwort auf individuelle Ohnmacht und Klassenkonfrontation; die Arbeitsgesetzgebung die Reaktion auf Fälle von Willkür; der Zwang zur Lohnerhöhung war das Mittel gegen weitverbreitete Armut; der Dauerarbeitsplatz die Antwort auf den Wunsch nach Sicherheit innerhalb einer erst entstehenden Industrie mit Mangel an sozialem Schutz«.[251]

Dem Arbeitsethos Bismarck'scher Zeiten folgend, haben sich staatliche Sozialleistungen am Arbeitseinkommen auszurichten. Sie sind als Abgabe aus dem Arbeitseinkommen zu finanzieren. So ist es auch der Plan bei der gesetzlichen Altersvorsorge. (Unselbstständig) Beschäftigte sollen ein ganzes Arbeitsleben lang ununterbrochen einzahlen, um dann im Ruhestand eine wohlverdiente auskömmliche Rente genießen zu können.[252]

Im heutigen Sozialstaatsverständnis gehen Sicherheit vor Freiheit und Stabilität vor Flexibilität. Sozialpolitik soll dazu dienen, Menschen, die unschuldig in Not geraten sind, wieder auf den Weg zurück in die Erwerbstätigkeit zu helfen. Im Fokus steht die Reparatur von Problemen.

Wenn disruptiv ausdrückt, dass die Zukunft nicht einfach einer Fortschreibung der Vergangenheit entspricht und Brüche zum Normalfall werden, Altbewährtes abrupt verschwinden und Neues ebenso plötzlich entstehen wird, dürfte die Lebenswirklichkeit des 21. Jahrhunderts die Tragfähigkeit des Sozialstaates ganz schön auf die Probe stellen. Denn für die wenigsten Menschen wird Arbeit als lebenslang ungebrochener, stetig fließender Fluss verlaufen. Nicht mehr menschliche Arbeit allein, sondern die gesamte Wertschöpfung auch von Daten und Algorithmen, selbstständigen Maschinen und autonomen Fahrzeugen ist somit im 21. Jahrhundert zur Finanzierung des Sozialstaats einzubeziehen.

Realität, nicht Erinnerung abbilden

Eine resiliente Sozialpolitik muss offen sein für völlig neue Verhaltensweisen, neue Formen des Zusammenlebens jenseits traditioneller Familienmodelle sowie des Zusammenarbeitens in neuen Arbeitswelten und mit neuen Arbeitszeitmodellen. Einige können und andere wollen nicht mehr leben, um zu arbeiten. Für mehr und mehr Menschen wird Leben wichtiger als Arbeit. Ein neues Gleichgewicht zwischen Arbeit und Freizeit, Berufs- und Privatleben aber wird das protestantische Arbeitsethos auf den Prüfstand stellen.

Die neue Arbeitswelt wird bunter und unberechenbarer. Immer länger und gesünder lebende Menschen wollen auch länger, aber eben anders als heute aktiv bleiben. Aber nur noch die wenigsten werden ein Leben lang immer dasselbe tun (wollen und können) wie in jungen Jahren. Vielmehr wird immer wieder etwas anderes und Neues zu leisten sein. Lebenslange Erwerbsbiografien werden zur Ausnahmeerscheinung, und ein stetiger Wechsel zwischen Arbeit, Weiter- und Fortbildung sowie Familien- und Freizeit wird zur Regel.

Eine resiliente Sozialpolitik muss einer – aus früherer Sicht als atypisch bewerteten, in Zukunft aber zum Normalfall werdenden – Nichtlinearität Rechnung tragen. Sie soll Menschen befähigen, mit Disruption umzugehen. Sie ist darauf auszurichten, Menschen von Anfang an, und bevor sie zu Sozialfällen geworden sind, zu ermächtigen, ihr Leben selbst in die Hand zu nehmen. Und zwar nicht nur ein Mal, sondern immer wieder.

Künftige Generationen müssen, wollen und werden sich regelmäßige Auszeiten für Weiter- und Fortbildung, zum Erwerb neuer Kenntnisse und zum Aufladen der körperlichen und geistigen Batterien nehmen. Das gilt gerade und vor allem für Beschäftigte, die vergleichsweise einfache Tätigkeiten mit geringen Qualifikationsniveaus erledigen – wie beispielsweise das Einkassieren an der Zahlstelle eines Supermarkts. Sie werden durch die Digitalisierung in besonderer Weise zu Anpassung, Veränderung, Arbeitsverkürzung und (un)gewollten Auszeiten gezwungen werden.

Es wirkt widersprüchlich, in der aktuellen Arbeitsmarktpolitik von Geringqualifizierten eine längere Lebensarbeitszeit einzufordern, wenn gleichzeitig gerade für dieses Segment des Arbeitsmarktes die Digitalisierung die stärksten Umwälzungen verursachen wird und eine Vielzahl von standardisierten und repetitiven Tätigkeiten verschwinden dürfte. Niedrigqualifizierte haben gegen Automaten langfristig keine Chance mitzuhalten, ihre Arbeitsproduktivität ist schlicht zu gering. Das lässt lediglich Hungerlöhne zu, von denen sich nicht ein Leben in Würde finanzieren lässt. Es ist ökonomisch ineffizient und gesellschaftlich unfair, Menschen zu Billiglohnarbeit zu zwingen, wenn es dafür unbemannte Alternativen gibt, die dasselbe Ergebnis kostengünstiger erzeugen können. Daher muss aller intellektuelle Ehrgeiz darauf ausgerichtet sein, eine klügere Arbeitsteilung zwischen Mensch und Maschine zu finden und eine wirkungsvollere Wirtschaftspolitik, die allen Teilhabe am technologischen Fortschritt ermöglicht.

Der Sozialstaat des 21. Jahrhunderts muss den Alltag und die Lebenswirklichkeit von heute und morgen abbilden und nicht einer paternalistisch lenkenden Ideologie der Industriegesellschaft vergangener Tage nachtrauern. Er muss dauerhaft Bildungsanreize, Mobilität und Flexibilität fördern und soll nicht lebenslang ungebrochene Erwerbsbiografien zum Maß aller Dinge machen, die es so immer seltener geben wird. Gerade um auf die zunehmende Komplexität der Arbeitswelt und auf die räumlich wie fachlich gestiegenen Mobilitätsanforderungen reagieren zu können, müssen Menschen im Laufe eines immer länger werdenden Erwerbslebens Phasen der persönlichen Weiterentwicklung und -bildung beanspruchen, in denen sie nicht arbeiten. Um mithalten zu können im Wettbewerb gegen immer klüger werdende Roboter und die internationale Konkurrenz, bedarf es einer stetigen Pflege der individuellen Kompetenzen und Fähigkeiten, von Leistungsfähigkeit und Leistungsbereitschaft.

Vorbeugen ist billiger als Korrektur

Ein resilienter Sozialstaat des 21. Jahrhunderts muss sich von seiner Konzentration auf unselbstständig sozialversicherungspflichtige Erwerbsarbeit lösen. Es gilt, alternative Beschäftigungsverhältnisse, Zwischen- und Wechselphasen in den Fokus zu nehmen. Der Sozialstaat soll die Bereitschaft zu Auszeiten ermöglichen und unterstützen. Freiräume für Auszeiten und eine lebenslange Weiterbildung und Neuorientierung sind zu schaffen – auch, um Burn-outs zu verhindern. Kurz: Eine offensive Strategie will Menschen im Voraus in die Lage versetzen, von den gewaltigen Chancen des 21. Jahrhunderts bestmöglich profitieren zu können. Denn es ist immer billiger, präventiv Probleme gar nicht erst entstehen zu lassen, als sie nachträglich korrigieren zu wollen.

Für menschenunwürdige Jobs gibt es Roboter. Und Maschinen kosten oft nur auf den ersten Blick scheinbar mehr als menschliche Arbeitskräfte. Werden die langfristigen – heutzutage oft vernachlässigten, da sozialisierten – Kosten von Gesundheitsschädigung, Burn-out, Depression und Erwerbsunfähigkeit mit berücksichtigt, zeigt sich oft, dass billige menschliche Arbeit eigentlich teurer ist als Maschinenarbeit. Wenn es mit Automaten und Maschinen leicht verfügbare und im Endeffekt günstigere Alternativen gibt, wird es mehr denn je ökonomischer Unsinn, Menschen durch Arbeit zu verschleißen. Ökonomische Effizienz verlangt eben gerade nicht nach billiger, sondern nach kostengünstiger Vorgehensweise – unter Einbezug aller Kosten – auch der gesamtwirtschaftlichen – und nicht nur der in den Unternehmensbilanzen erfassten – Aufwände.

Resilienz bedeutet, dass es für den Wohlstand einer Gesellschaft bei Weitem entscheidender sein wird, wie innovativ, kreativ und wettbewerbsfähig die Bevölkerung im Großen und Ganzen bei Adaption und Adoption an neue Rahmenbedingungen sein wird. Entsprechend muss ein Sozialstaat zwar durchaus darauf ausgerichtet sein, Missbrauch verhindern zu wollen. Aber viel wichtiger ist es, durch Anreize Innovationspotenziale, Kreativität, Leistungsfähigkeit und damit die Anpassungsfähigkeit aller zu fördern.

Der Sozialstaat der Zukunft soll sich weniger auf die Reparatur als vielmehr auf die Prävention konzentrieren.

Er soll ermächtigen, nicht bevormunden. Er soll Selbstverantwortung und Eigenleistung ermöglichen und nicht Unwillige zu Tätigkeiten aktivieren, für die es im Zeitalter der Digitalisierung immer weniger Bedarf gibt, schlicht, weil einfache Arbeiten von Robotern und Maschinen billiger und besser erledigt werden können. Eine agierende ist einer reagierenden und eine präventive ist einer aktivierenden Sozialpolitik überlegen. Das wird im Zeitalter der Disruption mehr denn je so sein.

Freiwilligkeit ist besser als Zwang

Ein resilienter Sozialstaat des 21. Jahrhunderts muss auf die Leistungswilligen ausgerichtet sein, nicht auf die Leistungsverweigerer. Es geht um Motivation, nicht um Sanktion. Denn es war immer schon ein Irrglaube, ein kapitalistisches Wirtschaftsmodell sei zwangsläufig darauf angewiesen, dass es Menschen gibt, die durch Existenznot und Erwerbsdruck zu zwingen wären, für wenig Geld Jobs anzunehmen, die niemand gerne macht. Es ist höchste Zeit, mit diesem anachronistischen Ausbeutungsargument des Frühkapitalismus aufzuräumen. Die Freiheit, Nein zu sagen, ist eine fundamentale Voraussetzung für faire und auf Augenhöhe geführte Vertragsverhandlungen. Für den Arbeitsmarkt bleibt eines der wenigen eisernen Gesetze der Ökonomik auch und gerade im Zeitalter der Disruption gültiger denn je. Nämlich, dass Marktmacht oder Zwang zu ökonomisch ineffizienten Ergebnissen führen.

In den nächsten Dekaden wird es weder mikro- noch makroökonomisch für den wirtschaftlichen Fortschritt und die soziale Stabilität entscheidend sein, ob es gelingt, Menschen, die nicht wollen, etwas zu tun zu zwingen, was sie nicht können. Arbeitszwang dient primär als Symbol der Abschreckung. Nachhaltiger Erfolg wird jedoch nicht durch Gängelung erreicht, sondern durch Innovation und Bildung. »Es ist gewiss kein schönes Los, gegen den Willen von Human-Resources-Managern auf Arbeitsplätzen ausharren zu müssen mit einer Arbeit, die der Wertschöpfung der Firma nicht nennenswert dient.«[253]

Gleiches gilt für die Wirtschaft insgesamt: Die Wettbewerbsfähigkeit der Firmen und damit das gesamtwirtschaftliche Wohlstandsniveau werden durch die Kreativen, die Innovativen und die Leistungsträger bestimmt. Sie müssen genauso gefördert werden, wie die Schwächeren gegen Not und Elend abzusichern sind. Genau deshalb muss eine Sozialpolitik der Zukunft bei der Zukunft der Arbeit ansetzen. Sie muss möglichst vielen Menschen helfen, jene Aktivitäten zu verfolgen, die ihren Fähigkeiten entsprechen und ihnen Spaß bereiten.

Eine resiliente Sozialpolitik setzt auf Leute, die motiviert sind, eigenverantwortlich und selbstständig etwas zu leisten, was ihnen und der Gesellschaft insgesamt weiterhilft. Denn die Zukunft Deutschlands hängt von den Leistungswilligen und -fähigen ab. Die Wettbewerbsfähigkeit der Firmen und damit das gesamtwirtschaftliche Wohlstandsniveau werden durch die Kreativen, die Innovativen und die Leistungsträger bestimmt. Wenn die Masse der Bevölkerung mit (gut) bezahlten Jobs viel Geld verdient, stehen auch mehr Mittel für die Unterstützung der wirtschaftlich Schwächeren zur Verfügung.

Wer von alleine Erfolg hat, sollte weise genug sein, zu erkennen, dass (mikro)ökonomischer Wohlstand nachhaltiger gesichert ist, wenn andere teilhaben, alle abgesichert sind und niemand weniger hat, um ein Leben in Würde finanzieren zu können. »Wenn es zu viel Ungleichheit in einer Gesellschaft gibt, hat das irgendwann Folgen für den wirtschaftlichen Erfolg. … Die schlimmste Folge von Ungleichheit ist Armut – und die gesellschaftliche Marginalisierung armer Menschen«, so der 2017 verstorbene britische Ökonom Sir Anthony Atkinson.[254] Das gilt ganz besonders dann, wenn der Aufstieg nach oben versperrt ist, und wer einmal unten ist, unten bleibt.

Die Tragik veralteter Sozialpolitik

Es gehört zur Tragik einer falsch verstandenen Sozialpolitik von heute, dass sie ein an sich vernünftiges Ziel mit völlig untauglichen Mitteln zu erreichen versucht. Sozialpolitisch motivierte Eingriffe in Märkte sind unzweckmäßig, ungenau und bewirken vielfach das Gegenteil dessen, was erreicht werden sollte. Sie führen zu unnötigen Doppelstrukturen und einer kostspieligen Bürokratie. Auch wirtschaftlich Starke kommen in den Genuss indirekter staatlicher Hilfe, selbst wenn sie darauf in keiner Weise angewiesen sind. Dieses Geld fehlt dann, um wirtschaftlich wirklich Schwache direkt noch besser unterstützen zu können. Heute finanzieren gesunde Arme kranke Besserverdienende oder subventionieren Arbeiterfamilien das Hochschulstudium von Professorenkindern. Das widerspricht jeder Definition von Gerechtigkeit.

Dabei sind weder Intransparenz noch Ineffizienz notwendig! Sozialpolitische Maßnahmen lassen sich sehr wohl in Umverteilungs- und Versicherungsinstrumente trennen. Notwendig dazu wären eine klare Unterscheidung in die Entstehung (Allokation) und die Verteilung (Distribution) von (Markt-)Einkommen. Genau diese Trennungsabsicht ist nicht nur für die Soziale Marktwirtschaft wegweisend, sie ist auch der Kern von Grundsicherungsmodellen.

Grundsicherungsmodelle vereinen – wie die Soziale Marktwirtschaft – in idealtypischer Weise die beiden zentralen Forderungen von Freiheit und Sicherheit. Sie befreien den Arbeitsmarkt von sozialpolitischen Umverteilungsaufgaben. Dafür korrigieren sie die Verteilungseffekte des Arbeitsmarktes. Sie nehmen den Besserverdienenden etwas weg, um es jenen zu geben, die wenig(er) oder nichts verdienen. Grundsicherungsmodelle wollen die Voraussetzung schaffen, dass möglichst viele Menschen möglichst viel leisten können. Wer sicher ist, dass ein Misserfolg nicht zu einem bodenlosen Fall in Not und Armut führt, wird mehr wagen. Wer weiß, dass, was immer auch geschieht, ein Sicherheitsnetz gespannt ist, wird disruptive Herausforderungen weniger als existenzielle Bedrohung bewerten und rascher zu unverzichtbaren Veränderungen bereit sein. Damit wird die Wahrscheinlichkeit, zum Problemfall zu werden, verringert, und die Chancen auf ein selbstbestimmtes, aus Eigenleistungen finanziertes Leben steigen.

Risiko ist eben das eine, Absicherung jedoch das andere. Beides gehört zusammen. Die Versicherungsökonomie kann überzeugend zeigen, dass eine individuelle Mindestsicherung positive gesamtwirtschaftliche Effekte auslöst.[255] Hierin liegt die Rechtfertigung für Pflichtversicherungen, beispielsweise einer Kfz-Haftpflichtversicherung oder einer Kranken- und Unfallversicherung. Hierin liegen aber auch gute ökonomische Gründe für eine staatliche Sozialpolitik, die dem Ziel dient, allen Staatsangehörigen das Existenzminimum zu sichern.

Blinde Sozialpolitik ist gute Sozialpolitik

Während das Ausmaß der Umverteilung eine politisch zu führende Diskussion verlangt, vermag die ökonomische Analyse nachzuweisen, dass eine blinde Sozialpolitik, die nichts mehr und nichts weniger will, als wirtschaftlich wirklich Leistungsschwachen gezielt direkt zu helfen, am effektivsten, effizientesten und damit auch am gerechtesten wirkt.[256] Direkte Unterstützungszahlungen an tatsächlich wirtschaftlich Schwache wirken zielgenauer, günstiger und wirkungsvoller als indirekte Maßnahmen, die irgendein spezifisches Kriterium als Bedingung verlangen, also beispielsweise eine Erwerbstätigkeit, das Erreichen einer Altersgrenze oder eine bestimmte Verhaltensweise voraussetzen.

»Füttere nicht die Pferde, wenn es dir um die hungrigen Vögel geht!« Sozialpolitik soll Menschen ohne Umwege direkt finanzieren und nicht Institutionen fördern, deren Hilfen immer mit Sickerverlusten, Bürokratiekosten und Fehlanreizen einhergehen. Indirekte Eingriffe in den Arbeits-, Bildungs-, Gesundheits-, Versicherungs- oder Wohnungsmarkt sind vergleichsweise teurer, ungenauer und ungerechter – so beispielsweise, wenn wohlhabende Rentner in den Genuss von Seniorenrabatten bei öffentlichen Bildungs- oder Gesundheitseinrichtungen oder zu Freikarten für die Nutzung öffentlicher Infrastruktur kommen, die letztlich auch aus Steuereinnahmen von Personen finanziert werden, deren Nettoeinkommen kaum zum wirtschaftlichen Überleben reicht.

Ökonomisch schwache Mitglieder einer Gesellschaft sollen finanziell direkt unterstützt und so in die Lage versetzt werden, ein menschenwürdiges Leben zu führen. Dabei geht es um eine Grundsicherung, nicht um eine Sicherung des Lebensstandards oder gar um eine Vollkaskoversicherung für alle oder eine Ergebnisgerechtigkeit, die allen den gleichen Lebensstandard verspricht. Umverteilung von den Gewinnern zu den Verlierern digitaler und disruptiver Entwicklungen ist nicht nur eine Frage von Gerechtigkeit und Fairness, es hat auch mit Effizienz zu tun. Denn in Gesellschaften mit einer als gerecht empfundenen Verteilung von Einkommen und Vermögen sind die politische Stabilität höher, die gesellschaftlichen Kosten zur Vermeidung und Behebung sozialer Konflikte geringer und damit das wirtschaftliche Wachstum stärker.[257]

Negative Einkommensteuern ermöglichen effiziente Transfers

Freiheit, Eigenverantwortung und Wettbewerb auf den Märkten sollen ermöglichen, dass das Sozialprodukt so groß wie möglich wird. Gerechtigkeit, Fairness und die Garantie der Chancengleichheit liefern gute Gründe dafür, Marktwirtschaft mit einer Sozialpolitik zu flankieren. Gesellschaftliche Ziele zu erreichen und zu sichern, ist aber eine Aufgabe aller und nicht nur eine Pflicht der Erwerbstätigen. Deshalb sind Gerechtigkeits- und Verteilungsabsichten über Steuern und nicht durch Lohnabgaben der unselbstständig Beschäftigten zu finanzieren. Alle – also auch Beamte, Selbstständige und Kapitalisten, die Gewinne, Zinsen, Dividenden, Tantiemen, Miet- und Pachteinkommen beziehen – müssten entsprechend ihrer Leistungsfähigkeit im Rahmen der allgemeinen Steuergesetze zur Finanzierung einer sozialpolitischen Umverteilung beitragen.

Grundeinkommensmodelle sollten sich am Konzept einer negativen Einkommensteuer orientieren, wie sie vom liberalen Nobelpreisträger Milton Friedman bereits in den 1960er Jahren vorgeschlagen wurde.[258] Die Idee wurde von

James Tobin, Nobelpreisträger von 1981, zu einer garantierten staatlichen Mindestsicherung weiterentwickelt.[259] Negative Einkommensteuer bedeutet, dass alle – so wie beim Kindergeld immer schon praktiziert – zunächst einmal Geld vom Staat erhalten, was aus staatlicher Sicht einem negativen Abfluss und damit dem Gegenteil eines Steuerzuflusses entspricht. Dann aber zahlen alle, die Einkommen erwirtschaften, auf alle Einkommen Steuern.

Dass allen, dem Besser- wie dem Geringverdienenden, ein gleich hohes Grundeinkommen ausbezahlt wird, ist weder ungerecht noch unnötig. Es ist schlicht nichts anderes als ein Verrechnungsvorgang zum Zwecke der bürokratischen Vereinfachung. Alle erhalten zunächst eine Steuergutschrift. Alle zahlen danach auf alle Einkommen Steuern – der Besserverdienende mehr als der Geringverdienende.

Entscheidend ist, was für eine Nettobilanz am Ende – also nach den Steuerzahlungen auf das Einkommen – besteht. Ob also jemand mehr oder weniger Einkommensteuer zahlt, als er Grundeinkommen erhalten hat. In der Praxis wird sich dann zeigen, dass die Mehrheit der Bevölkerung auch mit einem Grundeinkommen netto – also über alles gerechnet – weiterhin Steuern zahlt. Wer viel verdient, wird weit mehr Steuern an den Staat abführen, als er oder sie in Form des Grundeinkommens vom Staat an Transfers erhält. Er oder sie ist netto Steuerzahler, und das Grundeinkommen mindert lediglich die Steuerlast.

Wer wenig oder gar nichts verdient, wird weniger Steuern bezahlen als das Grundeinkommen. Er ist ein Zuschuss- oder Transferempfänger, weil er insgesamt vom Staat mehr Geld erhält, als er Steuern an den Staat zahlt. Aus Sicht der Staatskasse ist sein Beitrag negativ.

Wie viel Steuern der Besserverdienende mehr zahlen

soll als der Geringverdienende, damit unterschiedlichen Gerechtigkeitsvorstellungen entsprochen wird, ist eine Frage, die politisch beantwortet werden muss, mit dem Grundeinkommen an sich hat das nichts zu tun. Es ist lediglich das Instrument zur Umsetzung politischer Entscheidungen.

Offensichtlich wird, dass die Höhe des Grundeinkommens und der Steuersatz die Stellschrauben sind, mit denen Politik und Bevölkerung ein neues Sozialsystem steuern sollten. Dabei gilt es, ein vernünftiges Gleichgewicht zwischen Gerechtigkeitszielen und Anreizeffekten zu finden. Diese Abwägung ist weder spezifisch für das Grundeinkommen noch eine neue Problematik. Sie ist in jedem Falle mit jeder Form von Sozialpolitik verbunden.

Zwischen den Arbeitsanreizen jener, die staatliche Unterstützung erhalten, und den Leistungsanreizen der anderen, die staatliche Transfers durch Steuern zu finanzieren haben, besteht ein Spannungsfeld – und zwar immer, nicht nur beim Grundeinkommen. Ein hohes Grundeinkommen macht hohe Steuersätze erforderlich. Dadurch werden Anreize zu eigener Leistung geschmälert, Erwerbsarbeit wird dann weniger attraktiv. Ein tiefes Grundeinkommen lässt sich mit tiefen Steuersätzen finanzieren. Eine geringe Steuerbelastung wirkt sich positiv auf die Leistungsanreize aus, Erwerbsarbeit wird erstrebenswerter.

Grundsicherungsmodelle haben Zulauf

Grundsicherungsmodelle sind das Fundament einer neuen, resilienten Sozialpolitik für das 21. Jahrhundert. Eine Reihe von Veröffentlichungen befeuern aus wissenschaftlicher und wirtschaftspolitischer Perspektive das wachsende Interesse am Grundeinkommen.[260] Und in vertieften

Analysen werden die Chancen und Risiken sowie Vor- und Nachteile des Grundeinkommens ausführlich diskutiert.[261] Offensichtlich wird dabei, dass es eine Vielzahl unterschiedlicher Modelle gibt sowie divergierende Vorstellungen darüber, wie hoch ein Grundeinkommen sein könnte, wer es mit oder ohne Bedingungen erhalten sollte und wie es zu finanzieren wäre.

Dabei wird es zu einer politischen Frage, ob Grundeinkommensmodelle bedingungslos und ohne Voraussetzung und Gegenleistung oder mit spezifischen Motivationsanreizen gekoppelt werden. Gesellschaft und Wirtschaft können und sollen sich darüber streiten, wie stark dieser Geldregen zu sein habe und ob er wie Manna bedingungslos oder nur in Ergänzung eigener Anstrengungen oder für Menschen, die durch Eigenleistungen zu wenig verdienen, oder unter anderen Vorbedingungen vom Himmel fallen soll. Ob die Parteien nun ihre Vorschläge als bedingungsloses oder solidarisches oder nur als Grundeinkommen, Garantieeinkommen für alle, Grund- oder Garantiesicherung mit oder ohne Sanktionen, Bürgergeld oder Bürgerversicherung etikettieren, ist daher eher nebensächlich.

Wichtig(er) ist, dass Grundeinkommensmodelle konsequent darauf ausgerichtet sind, disruptiven Prozessen gerecht zu werden, Anpassung, Flexibilität und Mobilität zu fördern und neuen sozioökonomischen Gegebenheiten Rechnung zu tragen. Weniger denn je darf der Sozialstaat der Zukunft ein bestimmtes sozioökonomisches Verhalten gegenüber anderen Verhaltensformen begünstigen und Abweichungen benachteiligen. Denn niemand kann heute bereits erkennen, was in einer oder zwei Dekaden ein Verhalten sein wird, das künftigen Herausforderungen angemessen ist. Unsicherheit und Unbestimmtheit sind es, die für eine Bedingungslosigkeit und gegen eine von oben (manche würden sagen patriarchisch, also besserwisserisch) eingeforderte Verhaltensweise einer resilienten Sozialpolitik sprechen.

Gesellschaften wären klug beraten, lieber früher als später den Neubau ihrer eigenen Sozialstaaten anzugehen, bevor Digitalisierung und Individualisierung die sozialpolitischen Spannungen verschärfen und uneinlösbare Generationenverträge brüchige Solidargemeinschaften in Frage stellen. Es gilt, eine von Tabus losgelöste Modernisierung von Wohlfahrtsstaat, Verteilungspolitik, Teilhabe, Aufstiegschancen und Abstiegsgefahren anzuschieben. Wenn Disruption zu einer sich öffnenden Schere der Zunahme von Wachstum und Wertschöpfung einerseits und Arbeitseinkommen andererseits führt, dann ist es sinnvoll, die Produktivitätsfortschritte in Zukunft breiter zu streuen.

Grundeinkommensmodelle sind darauf ausgerichtet, allen Menschen stets und immer wieder von Neuem möglichst große Handlungs- und weite Gestaltungsspielräume zu eröffnen. Dazu gehören neben einer Chancengleichheit am Start und einer Durchlässigkeit nach oben als Folge eigener Leistung im Zeitalter der Disruption auch die Gewährung einer wiederholten Chance. Wer aus eigener Kraft wieder auf die Beine kommen will, soll rasch und unbürokratisch, ohne Stigmatisierung und Bedürftigkeitsprüfung, ohne Vorbedingung und langes Prüfverfahren soziale Unterstützung erhalten, die ihn oder sie befähigt und ermächtigt, zu tun oder zu lassen, was eigenen Erwartungen entspricht. Und zwar bevor und nicht sobald jemand zum sozialen Problemfall wird. Nur so wird sich gesellschaftliche Akzeptanz ökonomischer Ungleichheit und zunehmender Polarisierung durch die Folgen disruptiver Prozesse finden lassen.

Natürlich werden nicht alle gleichermaßen die Chancen staatlich abgesicherter materieller Freiräume nutzen. Manche werden sich verweigern. Andere werden sie vielleicht sogar missbrauchen. Aber Freiheit muss aushalten (können), dass nicht alle die für sie angebotenen Möglichkeiten nutzen, um für sich und andere das zu leisten, was von ihnen erwartet wird. Jedoch soll sichergestellt sein, dass jene gefördert werden, die wollen.

Sorge und Hoffnung sind die fundamentalen Motive für Grundsicherungsmodelle. Sorge um den inneren Zusammenhalt der Gesellschaft, Streit und Misstrauen prägen gegenwärtig das gesellschaftliche Miteinander. Polarisierung verdrängt Maß und Mitte. Das politische Klima wird zunehmend durch Unverständnis der Meinung anderer, Verachtung und Unversöhnlichkeit, immer stärker auch durch wütende Proteste, Hetze und Hass vergiftet. Dissens statt Konsens zerstört die Basis von Zugehörigkeit und Gemeinschaft. Das große Ganze – Demokratie, Rechtsstaat und freiheitliche Gesellschaftsordnung – gerät in Gefahr.

Grundsicherungsmodelle bieten Hoffnung, mit einem gemeinsam getragenen neuen Zukunftsmodell das Zusammengehörigkeitsgefühl wieder zu beleben. Alle mitzunehmen, niemanden auszuschließen. Neben ökonomischer Effizienz auch eine soziale Umverteilung anzustreben. Einer verunsicherten Gesellschaft eine Perspektive aufzuzeigen für ein großes gemeinsames Ziel: ein für alle lebenswertes Deutschland. Von aus Lohnabgaben finanzierten Sozialversicherungen weg- und zu einer direkten steuerfinanzierten Grundausstattung hinzugehen, wäre ein gewaltiger Schritt nach vorne.[262] Das Fenster der guten politischen Gelegenheit dafür steht weit offen. Entscheiden, umsetzen, abhaken, nächstes Thema – so geht Zukunft.

20. Wer ist zuständig? Der Nationalstaat schlägt zurück

Die Volkswirtschaft ist tot! Es lebe der Nationalstaat! So etwa präsentiert sich die Gegenwart. Faktisch haben erst die Globalisierung und nun die Digitalisierung National-ökonomien ausgehebelt. Sie haben Grenzen niedergeris-sen und das Standortbindende von Produktion und Absatz überwunden. In der Wirtschaft hat das globale das natio-nale Denken und Handeln abgelöst.

Ganz anders präsentiert sich die Politik. In ihr schwingt gegenwärtig das Pendel weit in das National(istisch)e zurück. Teile der Bevölkerung erwarten, dass der Natio-nalstaat sie vor dem Neuen und dem Fremden schützt. Dadurch entstehen Spannungen und Verwerfungen. Der Staat soll Erwartungen erfüllen, für die er zwar de jure zuständig sein mag, auf die er aber de facto kaum mehr Einfluss hat. Zudem wird es eben in einer Gesellschaft der Vielfalt und der zunehmenden Individualisierung immer schwieriger werden, zu bestimmen, was denn genau die Bevölkerung insgesamt für eine gemeinsame Politik ver-folgen will.

Sandwichposition des Nationalstaates

Einerseits werden der Nationalstaat und seine Volkswirt-schaft durch die großen Herausforderungen der Zukunft in Frage gestellt, die allesamt eine weltweite Dimension haben. Das gilt für den Klimawandel, Umwelt- und Ar-tenschutz, Frieden und Sicherheit, Überwindung von Massenelend und Seuchen, Terrorbekämpfung oder die Verhinderung von Massenmigration. Globale Probleme je-doch verlangen weltweite Lösungen, die wiederum nicht auf nationalstaatlicher, sondern nur auf globaler Ebene gefunden werden können.

Die Disruption verstärkt den Druck auf Nationalstaaten. Sie vermindert weiter die faktische nationale Zuständigkeit. »Der Nationalstaat hat Teile seiner Steuerungskompetenz verloren, ohne dass die EU diese Steuerung schon übernommen hat«, schreibt Winfried Kretschmann, Deutschlands erster und (noch) einziger grüner Ministerpräsident, in seiner aktuellen Schrift zu neuen Ideen des Konservativen.[263] Daten sind nicht an Dinge gebunden, sie sind nicht an Standorten festgemacht. Sie halten sich nicht an regionale oder nationale Grenzen – genauso wenig, wie sich die digitale Ökonomie, Big Tech oder Big Brother an Territorien orientieren. Das Internet und virtuelle Clouds haben keine räumliche Dimension. Wenn Bedarf für Regulierungen entsteht, dann spricht vieles für globale Vorgehensweisen, weil nur so ein Ausweichen und Umgehen nationaler Vorschriften erschwert und verhindert werden können.

Andererseits machen sich die Folgen globaler Probleme immer zuallererst im Kleinen, also auf lokaler und regionaler Ebene, bemerkbar. Armut, Arbeitslosigkeit, Hunger und Krankheit, Gewalt und Kriminalität zeigen sich bei der heimischen Umweltqualität, bei der Sauberkeit von Luft und Wasser in Städten oder bei der kommunalen Lebensqualität und den No-go-Gebieten am Wohnort. Für lokale Brennpunkte sind Nationalstaaten jedoch oft zu groß, da sie nicht betroffen sind. Dafür braucht es eigentlich kommunaler Zuständigkeiten. Die Diskrepanz zwischen lokaler Betroffenheit und Problemursachen mit weltweiter Dimension ist der Nährboden für national(istisch)e Bewegungen. Für lokale Verwerfungen werden globale Disruptionsprozesse verantwortlich gemacht, manchmal völlig losgelöst von tatsächlichen Ursache-Wirkung-Zusammenhängen. Nationale Interessengruppen leiten dann daraus eine Rechtfertigung für Schutz- und Abwehrmaßnahmen des Inlands gegenüber dem Ausland, der Einfuhr von Gütern oder einer Zuwanderung von Menschen ab.

Rechtsstaat, Leistungsstaat, Umverteilungsstaat

Die ungemütliche Sandwichstellung des Nationalstaates zwischen globalen Ursachen und lokalen Folgen von Problemen hat unmittelbare Konsequenzen für die Organisation von Staatlichkeit. Im Zeitalter der Industrialisierung hat der Nationalstaat Schritt für Schritt hoheitliche Kompetenzen an sich gezogen. Er war Rechtsstaat, Leistungsstaat und wurde im Laufe der Zeit zum Umverteilungsstaat. Zeiten der Disruption stellen diese nationale Rundumkompetenz in Frage.

Als Rechtsstaat schützt der Staat die Rechte der Einzelnen vor den Übergriffen anderer. Er garantiert individuelle Grund- und Freiheitsrechte. Er sichert Eigentums- und Verhaltensrechte und damit die Funktionsfähigkeit offener und freier Märkte. Zur Wahrung seiner Aufgaben greift der Rechtsstaat auf Gerichte, Polizei und Streitkräfte zurück. Sie sorgen für die innere und äußere Sicherheit, die seit Adam Smith als klassische Staatsaufgaben verstanden werden. In einem weiteren Sinne braucht es den Staat auch, um Rechts-, Vertrags-, Handels- und Verkehrsregeln durchzusetzen. Er muss Grundbücher und Handelsregister führen oder Maße und Gewichte kontrollieren. Er soll Wettbewerb ermöglichen, sichern und Marktmacht verhindern. Der Staat setzt somit den Rahmen, innerhalb dessen sich Menschen auf der Suche nach ihrem eigenen Glück frei entfalten und bewegen können. Ein starker Staat mit Gewaltenteilung, eine Verfassung, die niemandem die Macht über alles gibt, und ein Wirtschaftsrecht, das den Zugang zu den Märkten offenhält und für einen funktionierenden Wettbewerb sorgt, gelten als unverzichtbare Voraussetzungen, um individuelle Freiheits- und Grundrechte für alle zu sichern und Menschen, Minderheiten und Märkte gegen Übergriffe, Monopole und Interessengruppen aller Art zu schützen.

Als Leistungsstaat sorgt der Staat für jene Leistungen, für die es keinen Markt gibt, so etwa die innere Sicherheit oder den Gerichtsvollzug. Ebenso wird er aktiv, wenn das freie Spiel von Angebot und Nachfrage versagt, was dann der Fall sein kann, wenn es für gewisse Aktivitäten fast zwangsläufig zu marktmächtigen »natürlichen« Monopolen kommt. Also etwa, wenn Leistungen nur mit hohen Fixkosten erbracht werden können, so wie bei Netzwerken in der Datenwirtschaft, im Verkehr oder bei der Post oder der Energie. Der Leistungsstaat dient dazu, jene gemeinsamen Aufgaben zu erledigen, bei denen der Markt versagt und ein Angebot entweder gar nicht, nicht in genügendem Maße oder nur mit ungewünschten Nebenwirkungen zustande kommt.[264]

Als Umverteilungsstaat soll der Staat für mehr Gerechtigkeit und eine soziale Absicherung sorgen, Armut verhindern und korrigieren und – als neue Aufgabe im Zeitalter der Disruption – Menschen immer wieder ermächtigen, teilhaben zu können. Der Markt sorgt nicht für eine gerechte Einkommensverteilung, er verteilt Einkommen nach Leistung und nicht nach Bedarf. Der Umverteilungsstaat erhält deshalb die Aufgabe, den Bessergestellten etwas wegzunehmen, um es den Schlechtergestellten zu geben.

In der Vergangenheit war der Nationalstaat gleichermaßen für alle Staatsaufgaben zuständig. Er war Rechts-, Leistungs- und Umverteilungsstaat in einem. Solange Staats- und Wirtschaftsraum mehr oder weniger deckungsgleich waren, waren Nationalstaaten und Volkswirtschaften mit einer hoheitlichen Rundumkompetenz innerhalb eines geografisch begrenzten Territoriums durchaus eine institutionell effiziente Organisationsform für das Zeitalter der Industrialisierung.[265] Interessengruppen in ein nationalstaatliches Korsett einzubinden, erwies sich so lange als politisch stabile Lösung und wirtschaftlich durchaus erfolgreiche Strategie, als Gesellschaften relativ geschlossen waren und eine Abstimmung mit den Füßen weder sozial akzeptiert noch ökonomisch sinnvoll war.

Erst Globalisierung, nun Datenökonomie und Digitalisierung offenbaren die Defizite des Nationalstaates im Zeitalter von Disruption und Resilienz. Schonungslos hatte bereits Herbert Giersch in seinem weltwirtschaftlichen Denkansatz den Stellenwert der Nationalstaaten dargestellt: »Nationen sind ein Erbe der Geschichte. Sie erscheinen als Stufe der Entwicklung von den kleinräumigen Gebilden und Gruppen der Vorzeit zu einer Weltgesellschaft der Zukunft. Wenngleich Nationen heute noch nicht ignoriert werden dürfen, treten sie doch schon in den Hintergrund.«[266]

Wie sehr jedoch das Nationale politisch und gesellschaftlich immer noch eine dominante Rolle spielt, zeigt sich gerade überdeutlich in der Gegenwart. Weltweit schwingt das nationale Pendel in einer Weise zurück, wie es noch vor Kurzem völlig undenkbar gewesen war. Das gilt auch für Europa und die Europäische Union. Momentan ist Globalisierung out, und Nationalisierung wird in. Protektionismus und Abschottung, Strafzölle und Grenzkontrollen, Handelskonflikte und Stacheldraht bestimmen zum Ende der laufenden Dekade in der Außenwirtschaftspolitik den

Ton. Selbst wenn die (Re-)Nationalisierung primär den Güterhandel, Migration, Kapital- und Finanzmärkte fokussiert, wird sie auch die Frage der Zuständigkeit im Bereich der Datenökonomie und der Digitalisierung betreffen.

Es wäre somit eine komplette Missachtung der Realität, eine Abkehr vom Nationalstaat zu fordern. Selbst wenn Nationalstaaten und ihre Volkswirtschaften im Zeitalter von Disruption und Resilienz in eine ungemütliche Sandwichstellung zwischen globalen Ursachen und lokalen Folgen großer Umwälzungen geraten, bleibt vorerst das Nationale das Maß aller politischen Dinge. Das gilt ganz besonders für verteilungspolitische Fragen. Wenn es um die Finanzierung des Sozialstaates geht, ist und bleibt ausschließlich der Nationalstaat dafür zuständig. Da gab und gibt es nicht die geringsten Anzeichen für eine länderübergreifende Vergemeinschaftung. Im Gegenteil ist es gerade die Sozialstaatlichkeit, die zu einem Wiedererstarken nationaler Bewegungen geführt hat. Zusammengehörigkeit und Solidarität sind in kleineren Gemeinschaften eher erkennbar als zwischen Staaten, deren kulturelle Vorstellungen von Gerechtigkeit und Umverteilung stark divergieren können.

Solange Nationalstaaten für die Sozialpolitik zuständig bleiben, wird auch die Steuerhoheit nationalstaatliche Kompetenz sein. Beim Rechtsstaat und mehr noch beim Leistungsstaat können Teile der öffentlichen Aufgaben als konkrete Aufträge verstanden werden. Ihre Finanzierung kann – einem Äquivalenzprinzip folgend – auf die Auftraggeber oder Nutznießer abgewälzt werden. Preise statt Steuern für Gerichtsbarkeit, Organisation, innere oder äußere Sicherheit, die länderübergreifend als öffentliche Leistungen erbracht werden, sind vorstellbar. Einzelne Staaten bezahlen dann aus ihren nationalen Haushalten nach einem

Verteilungsschlüssel festgelegte Verrechnungspreise für Aufgaben, die nicht mehr sie selbst verantworten, sondern die EU oder eine andere supra- oder multilaterale Behörde. Eine eigene EU-weite oder anderweitig über die nationale hinausgehende Steuerkompetenz ist dafür nicht vonnöten.

Deutschland, Europa oder digitale Staaten?

Wer soll eigentlich Träger einer resilienten Wirtschaftspolitik sein? Die Bundesrepublik? Die Europäische Union oder gar eine neue Weltwirtschaftsordnung, in der eines Tages sogar digitale Staaten und künstliche Intelligenz das Sagen haben werden? Was kann Deutschland sinnvollerweise erledigen, welche Aufgaben sollen an die EU übertragen werden? Noch immer dominieren in der Praxis der Nationalstaat und seine Volkswirtschaft das politische Handeln. Das gilt selbst in Europa und obwohl die Europäische Wirtschafts- und Währungsunion mehr und mehr Bereiche an sich gezogen und Kompetenzen zugesprochen erhalten hat. Aber obwohl disruptive Prozesse den Nationalstaat weiter schwächen, ist in Europa – zumindest aus heutiger Sicht – kaum eine politische Bereitschaft erkennbar, die wesentlichen Eckpfeiler einer resilienten Wirtschaftspolitik auf einer europäischen Ebene zu stärken.

Die unveränderte politische Dominanz des Nationalstaates bedeutet nicht, dass es nicht dennoch Aspekte der Staatlichkeit gibt, die entweder dezentral auf individueller, lokaler Ebene oder aber zentral auf europäischer oder globaler Ebene zu behandeln sind. Das gilt insbesondere für die Folgen disruptiver Prozesse und die Zuständigkeit für eine resiliente Wirtschaftspolitik, die beide politische Grenzen sprengen. Disruption und Resilienz fordern den Nationalstaat in allen seinen Dimensionen zu einer Neuorientierung. Dabei könnte – ja vielleicht sollte – das Prinzip der Subsidiarität und damit die Grundidee des Föderalismus zum Kompass werden.[267] Das gilt insbesondere für den Leistungsstaat.

Subsidiaritätsprinzip bedeutet, dass es nur dann zu globalen Lösungen – oder in Europa einer Kompetenzverlagerung vom Nationalstaat an die EU – kommen sollte, wenn kleinere Einheiten, wie einzelne Länder, Regionen oder Gemeinden, nicht in der Lage sind, öffentliche Güter und Dienstleistungen in der richtigen Qualität und Menge zur Verfügung zu stellen. Mit dem Subsidiaritätsprinzip untrennbar verbunden und für ein gutes Gelingen einer effizienten Arbeitsteilung zwischen regionaler, nationaler, europäischer oder gar globaler Ebene eher noch wichtiger ist das Äquivalenzprinzip. Das Äquivalenzprinzip verlangt, dass, wer befiehlt, auch zahlt. Im Umkehrschluss gilt, dass, wer zahlt, auch befehlen darf. Das bedeutet ebenso, dass eine Gesellschaft zunächst mit ihren eigenen Finanzmitteln all jene Ausgaben zu bezahlen hat, die primär der eigenen Wohnbevölkerung zugutekommen.

Der Föderalismus als supranationales Gestaltungsprinzip erlaubt, politische Macht gestuft zu verteilen, um damit eine pluralistisch geprägte Ordnung zu respektieren, in der die kleineren Einheiten ohne Verlust ihrer kommunalen, regionalen oder nationalen Identität in den größeren Rahmen eingebettet sind. Bei Netzwerken des Digitalisierungszeitalters spricht vieles für zentrale Vorgehensweisen, um von Größenvorteilen und Verbundlösungen profitieren sowie Mehrspurigkeiten vermeiden zu können.

Ebenso dürfte ein zentrales europäisches – oder besser noch weltweites – Vorgehen zur Eindämmung von Marktmacht, zum Schutz privater Daten, zur Durchsetzung von Regeln und Vorschriften sowie zur Besteuerung von

Erträgen und Gewinnen globaler Spieler der Datenökonomie von Vorteil sein. Einzelne Staaten allein sind da im Machtkampf mit dem Datenkapitalismus der (US-amerikanischen) Big-Tech-Giganten zu schwach. Nur gemeinsam haben sie eine Chance, ihre Interessen gegenüber der Datenwirtschaft geltend zu machen. Auch die Förderung positiver Auswirkungen – beispielsweise im Forschungsbereich – und die Geltendmachung negativer Auswirkungen – beispielsweise bei der Erderwärmung oder der Luftverschmutzung – ist bei gemeinsamer Politik effektiver handhabbar.

Ein Argument für eine dezentralere Leistungsbereitstellung liefern die von Region zu Region unterschiedlichen Vorstellungen und Erwartungen, was politisch von der Digitalisierung und Datenwirtschaft (un)gewünscht ist oder erwartet wird. Aufgrund verschiedener Kulturen, Sprachen (Dialekte), Religionen, Gewohnheiten und historischer Pfadabhängigkeiten gibt es dazu ganz spezifische lokale Wünsche. Entsprechend entstehen bei einem vereinheitlichten Leistungsangebot rasch Frustrationskosten innerhalb der Bevölkerung, weil eine von oben zentral vorgegebene Regelung von Ort zu Ort anderen dezentralen Erwartungen nicht entsprechen kann und eine Einheitsgröße nicht allen lokalen Bedürfnissen gleichermaßen passt. Man erinnere sich daran, dass in Abnormingen anders als in Normingen die Einheitskleidergröße alle unglücklich macht, weil sie (nahezu) niemandem passt.[268]

Beim Föderalismus geht es somit darum, einen sinnvollen Ausgleich zwischen globalen Herausforderungen und lokalen Folgen disruptiver Prozesse anzustreben. Auf der einen Seite strebt der Rechtsstaat nach Globalität. Globale Spieler machen globale Regeln unverzichtbar, die von Schiedsrichtern mit globalen Kompetenzen durchgesetzt werden. Auf der anderen Seite muss sich eine resiliente Wirtschaftspolitik an Menschen wenden, die auch im Zeitalter der Disruption »am Boden«, also in Dörfern und zunehmend in Städten und Metropolen, leben. Zudem bleibt der Umverteilungsstaat vorerst fest in nationalstaatlichen Händen. So ist weltweit und ohne Ausnahme die Sozialstaatlichkeit nach wie vor eine Angelegenheit der Nationalstaaten, festgemacht an der Staatsangehörigkeit. Mit dem Prinzip der Subsidiarität einher geht ein Wettbewerb der kommunalen, regionalen sowie nationalen Systeme auf der Suche nach zweckmäßigen, den lokal unterschiedlichen Wünschen der Bevölkerung entsprechenden Angeboten des Leistungsstaates.

Resilienz verlangt auch in der Frage der Zuständigkeit Offenheit, um damit eine bestmögliche Anpassung an alle kommenden Veränderungen zu erlauben. Was auf kommunaler, regionaler, nationaler, europäischer oder globaler Ebene an Regelungen, Organisationen und Institutionen entstehen wird, ist aus heutiger Sicht völlig unbestimmt. Deshalb führen auch an dieser Stelle Masterpläne und große Forderungs- oder Maßnahmenkataloge in die Irre. Niemand kann momentan abschätzen, ob und wie weit in Europa die Mitgliedstaaten der EU bereit sein werden, weitere Kompetenzen in welcher Form auch immer an Brüssel abzugeben und in welcher Art und welchem Umfang national(istisch)e Bewegungen Autonomie und Selbstbestimmungsrecht für dezentrale nationalstaatliche Lösungen erstreiten werden.

Letztlich jedoch dürfte auch bei der Frage der Zuständigkeit der Wettbewerb das beste Entdeckungsverfahren für zweckmäßige Lösungen liefern. Subsidiarität und Föderalismus sind Verfahren, die eine Suche erleichtern. Sie liefern Orientierungshilfen für die grundsätzliche Arbeitsteilung verschiedener Ebenen einer resilienten Wirtschaftspolitik. Handlungsanweisungen, was wann wo zu erledigen sein wird, werden in Zukunft immer wieder einzelfallbezogen zu klären sein. Nur so kann die Anpassung an kommende Herausforderungen bestmöglich gelingen.

Die Stunde der Optimisten

Die Geschichte der Menschheit war – »machen wir uns nichts vor – überwiegend eine Geschichte der Dummheit«.[269] Digitalisierung und Datenwirtschaft bieten die historische Chance für ein Zeitalter der Intelligenz. Dafür sorgen neue Technologien, die klügere, bessere, effizientere und effektivere Antworten als jemals zuvor auf alle kommenden, aber heute noch weitgehend unbekannten Fragen liefern werden. »Unsere Zukunft ist ein Wettlauf zwischen der wachsenden Macht unserer Technologien und der Weisheit, mit der wir davon Gebrauch machen. Wir sollten sicherstellen, dass die Weisheit gewinnt.«[270]

Zur Weisheit trägt die Erkenntnis bei, was genau die neuen Herausforderungen bewirken werden. Da hilft bereits die Einsicht, dass Disruption ein Game Changer ist. Sie setzt bisher gültige Spielregeln außer Kraft, Karten werden neu gemischt, Trümpfe anders verteilt. Frühere Erfolge sind keine Garantie für künftige Erfolge. Bekanntes ist nicht mehr das Fundament, auf dem sich wegweisende Erkenntnisse für das weitere Tun und Handeln aufbauen lassen. Lange akzeptiertes Wissen und Können wird abgewertet, alte Wahrheiten verlieren ihre Gültigkeit. Erfahrung hilft nur noch in Teilen zu verstehen, zu erklären und abzuleiten, was gerade passiert. Noch weit weniger ist sie in der Lage, vorauszusagen, was in Zukunft sein wird.

Somit entsteht eine paradoxe Situation: Einerseits sorgen eine nahezu alles umfassende freie Verfügbarkeit an Daten und Informationen, Algorithmen und künstliche Intelligenz dafür, dass mehr Wissen als jemals zuvor verfügbar ist und die Menschheit – in der Summe – klüger denn je wird. Andererseits aber sind auch Unwissenheit und Unsicherheit, wie es weitergehen wird, ausgeprägter denn je. Es fehlt an Gewissheit und Orientierung. Das ist der Humus, auf dem Pessimismus, Sorgen und Zukunftsängste gedeihen.

Disruption als Herausforderung

Disruption hebelt nahezu alle Grundlagen aus, die das Zusammenleben westlicher Gesellschaften der Neuzeit präg(t)en. Mit der Industrialisierung einher gingen Nationalstaaten und Demokratie als politische, Kapitalismus und Marktwirtschaft als wirtschaftliche und der Sozialstaat als gesellschaftliche Reaktion auf technologische Modernisierung. Was aber kommt mit Digitalisierung, Datenökonomie und demografisch alternden Gesellschaften auf Deutschland zu?

Bei aller Unschärfe und Unkenntnis, was alles verändert werden wird, lässt sich doch eines mit Sicherheit erkennen: Keine der alten Organisationsformen des Industriezeitalters wird zu den neuen Möglichkeiten des Disruptionszeitalters passen. Der Nationalstaat verliert Kompetenzen, weil sich Daten nicht an räumliche Grenzen halten. Die Demokratie gerät in Nöte, weil die Gesellschaft zerfasert und vielfältiger wird, was Konsenssuche erschwert und verzögert. Bei Kapitalismus und Marktwirtschaft schwindet die Unterstützung, weil sie bei allem Bemühen und allen Versprechungen und trotz aller unstrittigen absoluten Erfolge eines nicht geschafft haben: dass sich die Wohlstandsschere zwischen Arm und Reich schließt und nicht weiter öffnet. Und der deutsche Sozialstaat kommt in finanzielle Schieflage, wenn Roboter zwar erfreulicherweise dem Menschen die Arbeit erleichtern oder gar abnehmen, dummerweise aber nicht in die Sozialversicherungen einzahlen.

So unglaublich rasch disruptive Entwicklungen voranschreiten, so langsam verlaufen gesellschaftliche Anpassungsprozesse. Menschen sind bei Weitem nicht im selben Tempo veränderbar, wie die Geschwindigkeit der Disruption voranschreitet. Technologische Revolutionen folgen eher einem exponentiellen Muster – also einem sich eigendynamisch rasch beschleunigenden Verlauf – mit Sprüngen und abrupten Brüchen. Kulturelle Revolutionen verlaufen eher linear mit bedächtigen kleinteiligen Trippelschritten. Neue Techniken können innerhalb von Jahren Altes komplett verschwinden lassen. Gesellschaftlicher Wandel benötigt Generationen und wird durch historisch geprägte Pfadabhängigkeiten eingeschränkt, d. h., ein einmal eingeschlagener Weg bestimmt für Jahrzehnte die nächsten Schritte und beeinflusst entscheidend, wie es auch längerfristig weitergeht.

Deshalb muss Digitalisierung gleichermaßen als dynamische technische Revolution, die alles beschleunigt und verändert, wie – und wohl noch weit mehr – als deutlich langsamerer kultureller Prozess und gesellschaftliche Umwälzung verstanden werden. Gesellschaftlicher noch weit mehr als wirtschaftlicher Wandel trifft jedoch auch auf starke Verharrungskräfte, gut organisierte Interessengruppen und verunsicherte Menschen, die lieber am Bestehenden festhalten, als sich verändern wollen. Das Alte ist bekannt, das Neue bleibt diffus – das ist der entscheidende Unterschied, der die Dynamik kultureller Anpassung bremst.

Die Ökonomik – als Wissenschaft der und für die Ökonomie – ist von disruptiven Entwicklungen und deren Folgen in besonderem Maße betroffen. Bewährte Weisheiten verlieren ihre Grundlagen. Alte Gesetzmäßigkeiten werden außer Kraft gesetzt. Ein fundamentaler Perspektivenwechsel wird unabdingbar – aus verschiedenen Gründen:

1. Das Ende des Denkens in Nationalökonomien

Die Volkswirtschaft ist kein geeigneter Bezugsrahmen mehr, wenn erst die Globalisierung nationale Grenzen sprengt und nun die Digitalisierung mehr und mehr Anteile der Wertschöpfung von physischen Dingen – wie Gütern, Unternehmen, Standorten und Staaten – loslöst und irgendwo in virtuelle Wolken des grenzenlosen Orbits verlagert. Nationalökonomien sind zwar unverändert – und aktuell wie eh und je – die zentralen politischen Machtpole. Wirtschaftlich jedoch bieten sie der Ökonomik keine dominante Orientierung mehr für die Makropolitik. Die Datenökonomie entzieht sich nationaler Staatlichkeit in immer mehr wesentlichen Teilen. Dadurch wird die Volkswirtschaft für die Ökonomik zur didaktischen Fiktion ohne relevanten Bezug zur Wirklichkeit digitaler Ökonomien.

2. Das Ende des Normalfalls

»Wo nichts von selbst verständlich ist, endet Selbstverständlichkeit. Wenn nur noch darauf Verlass ist, dass auf nichts Verlass ist, … hat auch dieses Wort seinen angestammten Sinn verloren. Keine Formel erweist sich derzeit als die einzige, eine Welt des Flüchtigen und Vorläufigen zu erklären. Kaum hat man alle Antworten gelernt, wechseln die Fragen. Nur wer dem Begriff Normalität Gewalt antut, kann ihn weiter verwenden«, schreibt Gabor Steingart in seinem Buch »Das Ende der Normalität«.[271] Disruption zerstört die Illusion, dass es einen Normalfall gibt, der typisch für alles und alle anderen dasteht. Individualisierung und Polarisierung der Gesellschaft tun ein Übriges dafür, dass der Durchschnittsdeutsche zur Ausnahme wird. Der Normalfall steht nicht mehr als gängiger Prototyp dafür, was in einer Gesellschaft als gemeinsamer Standard akzeptiert wird und was außergewöhnlich, anders und unüblich ist. Damit aber verlieren gesamtwirtschaftliche Aggregate (also aus Einzeldaten hochgerechnete volkswirtschaftliche Größen und Indikatoren), wie sie für makroökonomische Analysen unverzichtbar und für gute Wirtschaftspolitik notwendige Voraussetzung sind, ihre verbindende Grundlage. Es gibt dann kein Wir und/oder die anderen und kein Deutschland als homogenes Gebilde, mit gleichlaufenden Interessen aller, mehr. Der gemeinsame Nenner wird gering(er). Einzelfälle und Gruppierungen mit ganz speziellen Anliegen und Zielen erwarten dann alle von der großen Politik etwas ganz anderes.

3. Das Ende des Durchschnitts

Wo keine Norm existiert, da gibt es keinen Durchschnitt, der einigermaßen wiedergibt, was für die Masse der Menschen relevante und zutreffende Alltagserfahrung darstellt. Wenn Einzelfälle immer weiter voneinander abweichen, Divergenz an die Stelle von Konvergenz tritt und Polarisierung Gesellschaften prägt, werden gesamtwirtschaftliche Durchschnitte zu statistischen Kunstgebilden. Der Mittelwert ist dann lediglich noch ein Zufallstreffer mit wenig oder gar keiner Relevanz für den Einzelfall. Die Lebenswirklichkeit weicht für die meisten Personen eher mehr als weniger davon ab. Bei ausgeprägter Varianz (also Abweichung einzelner Beobachtungen vom Durchschnitt) kann makroökonomische Analyse bestenfalls noch anekdotische Einzelfallerkenntnis ohne tragende Kraft zur Verallgemeinerung für das große Ganze ermöglichen. Das aber liefert keine tragfähige Voraussetzung für gute Wirtschaftspolitik.

4. Das Ende der Extrapolation

Erfahrungen und Erkenntnisse der Vergangenheit sind keine Blaupause mehr für die Zukunft. Weil alles so anders sein wird, wie es bisher war, lassen sich bis heute als richtig erkannte Zusammenhänge nicht extrapolieren, also aus einer Fortschreibung des Bisherigen als Voraussage für Kommendes ableiten. Brüche verhindern eine Kontinuität, die aber Voraussetzung ist, um Prognosen auf der Grundlage des Bestehenden treffen zu können. Die Stabilität der Annahmen und des erwarteten Zusammenspiels von Ursachen und Folgen geht verloren. Das trifft eine Makroökonomik hart, die aus Korrelationen, Kausalitäten und anderen als erkenntnisstiftend bewerteten Gesetzmäßigkeiten der Vergangenheit Voraussagen für das künftige Wechselspiel von Aktion und Reaktion treffen soll. Ohne tragfähige historische Stützpfeiler kann keine verlässliche Voraussage erfolgen, was sein wird und wie Menschen im Einzelnen und Gesellschaften im Allgemeinen darauf reagieren können. Der Wirtschaftspolitik fehlt gleichermaßen Verankerung wie Kompass.

5. Das Ende der Makroökonomik

In der Summe muss man wohl feststellen, dass die herkömmliche Makroökonomik, wie sie für Generationen von Studierenden der Volkswirtschaftslehre Pflicht war, im Zeitalter der Disruption an ihre Grenzen stößt. Mehr Bescheidenheit ist somit angezeigt. Makroökonomik kann helfen, zu verstehen, wie gewisse (sozio)ökonomische Muster aussehen und welche nützlichen, relevanten und brauchbaren Alternativen der wirtschaftspolitischen Praxis für grundsätzliche Weichenstellungen offenstehen. Sie ist jedoch nicht in der Lage festzulegen, was für den konkreten Einzelfall die richtigen Antworten auf komplexe Zukunftsprobleme sind. Sie kann »nur sehr allgemeine Aussagen, ›pattern predictions‹ … aber keine spezifischen Voraussagen von Einzelereignissen ableiten«.[272]

Kein anderes Beispiel als die Zuwanderung veranschaulicht offensichtlicher, wie sehr Disruption Druck auf das Alte ausübt und wie verzweifelt sich das Bestehende gegen das Neue wehrt. Selbst wenn die Geschichte der Menschheit immer auch eine Geschichte des Homo migrans war, wurde Zuwanderung erst im Industriezeitalter zu einem zentralen gesellschaftlichen Streitthema.[273] Davor spielte sie als Völkerwanderung eine Rolle, nicht jedoch als Einzelschicksale für die Politik insgesamt. Der Nationalstaat hingegen grenzte zwischen In- und Ausland, Staatsangehörigen und Fremden, Wir und anderen ab. Die Demokratie bedurfte der Klärung, wer worüber mitbestimmen durfte. Bürger- oder Zivilgesellschaften waren die Kinder der Französischen Revolution und der Aufklärung. Und der Sozialstaat war erst recht nationale Angelegenheit – unvereinbar mit offenen Grenzen, freiem Zugang und Teilhabe für alle.

Heutige Zuwanderung konfrontiert Nationalstaaten mit der Moderne in einer Weise, dass sich Politik, Gesellschaft und Wirtschaft in einem heftigen internen Widerstandskampf verbeißen. Die einen wollen die Chance nutzen und sich der neuen Realität stellen. Für sie ist das »Deutsche in Deutschland« ohnehin in Auflösung, lassen Globalisierung und Digitalisierung den Nationalstaat verblassen, führen Individualisierung und die demografische Alterung sowieso und auch ohne Migration zu mehr Vielfalt, die sich nicht in Volksparteien bündeln lässt, und ist so oder so zu klären, wie ein Sozialstaat darauf reagieren soll, dass immer mehr Menschen flexibler und mobiler sind und länger leben werden.

Die anderen streben – in einem gelegentlich archaisch anmutenden Abwehrkampf gegen die Modernität der Realität – mit aller Kraft die Bewahrung des Bestehenden an. Zuwanderung wird als die dominante Gefahr für das Deutsche, seine Identität und Kultur, Zusammengehörigkeit und Gemeinwohl bewertet, der es wehrhaft entgegenzutreten gelte. Sie wollen eine »Abschaffung« Deutschlands verhindern, die Demokratie retten, Volksparteien in früherem Glanz erstrahlen lassen und den bestehenden Sozialstaat weiter ausbauen.

Von Befürwortern wie Gegnern wird Zuwanderung gleichermaßen maßlos instrumentalisiert.[274] Die einen sehen in ihr eine eierlegende Wollmilchsau, die helfen soll, einen Fachkräftemangel zu beheben, die demografische Alterung zu überwinden, für mehr ökonomisches Wachstum und gesellschaftliche Vielfalt zu sorgen. Die anderen bewerten Zuwanderung als Übel, das zum Spaltpilz der Gesellschaft werde, das Deutsche verwässere, den Gemeinsinn schwäche, Kriminalität ansteigen und Wohnraum knapp werden lasse, Bildungs- und Gesundheitswesen in Frage stelle und die Sozialkassen an den Rand des finanziellen Ruins bringe.

In beiden Fällen erhält Zuwanderung einen Stellenwert, der angesichts der Herausforderungen des Disruptionszeitalters nicht mehr angemessen ist. Was auch immer kommen wird an neuen Herausforderungen, wird rasch entlarven, dass sich die Zuwanderungsdiskussion an einer rückwärts orientierten Perspektive verblassender Volkswirtschaften orientiert. Aber auch die Klage über einen Fachkräftemangel wirkt mit Blick auf die digitale Transformation der Arbeitswelt und den damit einhergehenden Ersatz menschlicher Arbeitskraft durch Roboter und künstliche Intelligenz altbacken.

Nationalökonomien werden als ordnende Instanz an Einfluss verlieren. Der oder das Deutsche des Industriezeitalters wird immer weniger ein zutreffender Maßstab oder gesellschaftliche Orientierung für die Lebenswirklichkeit im 21. Jahrhundert darstellen. Wie sehr darunter gerade auch die großen Volksparteien leiden, lässt sich exemplarisch am Beispiel der Sozialdemokratie veranschaulichen. »Warum wählt, in einem einst linken Land, kaum jemand mehr linke Parteien?«, fragt Yannick Haan, Mitglied des SPD-Parteivorstands. Seine Antwort: »Die linken Parteien versuchen eine Politik zu betreiben, für die es keine Wähler mehr gibt. Das heutige Proletariat fährt nicht mehr ins Bergwerk hinunter, sondern fährt per App gesteuert mit unserem Essen auf Fahrrädern durch die Städte. ... Wir müssen uns endlich vom Arbeiterbild der Vergangenheit lösen – schnell und radikal. Die Menschen, die wir in den 70er-Jahren vertreten haben, gibt es nicht mehr.«[275]

Vom Verlust von Gemeinsamkeit und Gemeinsinn ist gerade auch die Demokratie als politische Gesellschaftsordnung fundamental betroffen. »Welche res publica, welcher *common ground* verbindet uns heute noch, was ist die gemeinsame Grundlage, das öffentliche Interesse, über das wir demokratisch befinden sollen?«, fragt zu Recht der Hamburger Ökonom Henning Vöpel.[276] Der renommierte

Wirtschaftswissenschaftler Xavier Sala-i-Martín, Professor der New Yorker Columbia University, sieht durch den technischen Fortschritt gar die Grundlagen der westlichen Werteordnung bedroht: »Es ist sehr gut möglich, dass der Sieg von Demokratie und Märkten im 20. Jahrhundert eine Ausnahme bleiben wird. ... Märkte und auch die Demokratie haben sich nicht durchgesetzt, weil sie moralisch überlegen wären, sondern weil sie effizienter waren.«[277] Folgerichtig müssen sich liberale Demokratie und soziale Marktwirtschaft im Zeitalter der Disruption daran messen lassen, ob und wie weit sie es besser als private Monopole global agierender Datenkonzerne, zentralwirtschaftliche Planer und eines Tages möglicherweise neu entstehende digitale Staaten schaffen, Wohlstand für alle zu erzeugen und ihn für die Kindeskinder zu sichern.

Resilienz als Lösung

Was ist zu tun, damit Disruption zu mehr Wohlstand für alle und nicht lediglich zu mehr Profit für ein paar wenige führt? Wie ist eine Wirtschaftspolitik zu gestalten, damit die Kindeskinder die gleichen Chancen auf ein besseres Leben haben wie die Generationen von heute? Dass angesichts der Komplexität der Disruption mit ihren sowohl technischen wie vor allem sozioökonomischen und politischen Konsequenzen heutige Erkenntnisse nur bruchstückhaft als Handlungsanweisungen dienen können und Voraussagen mehr denn je auf unsicherem Grund fußen, ist selbstredend. Gerade im Eingeständnis der begrenzten Weitsicht, die nur schemenhaft abzeichnet, wohin disruptive Prozesse führen können, liegt der erste, vielleicht entscheidende Baustein einer neuen wirtschaftspolitischen Strategie für das 21. Jahrhundert. Es kann eben nicht mehr darum gehen, alles und jedes im Voraus verstehen zu wollen und, daraus abgeleitet, die Marschrichtung vorzugeben. Eine andere Vorgehensweise drängt sich auf, die sich von folgenden Prinzipien leiten lassen sollte:

1. Disruption zwingt zu mehr Bescheidenheit
Die Zeit der Masterpläne, großen Würfe aus einem Guss und perfekten To-do-Listen ist mit dem Ende von Volkswirtschaften, gesellschaftlichen Normalfällen und Fortschreibung der Vergangenheit als wegweisende Orientierungsgröße für die Zukunft abgelaufen. Die zu erwartende Komplexität ist so gewaltig, dass allein schon zu erkennen, in welche Richtung die Reise gehen könnte, anspruchsvoll genug sein wird. Konkrete zielführende Maßnahmenkataloge oder gar einzelne Schritte ihrer Umsetzung festzuschreiben, ist kaum mehr vorstellbar. Verfahren zu entwickeln, wie kommende Herausforderungen bewältigt werden können, ist klüger, als heute bereits konkrete Handlungsanweisungen für morgen einzufordern. Schritt für Schritt mit zweckmäßiger Anpassung voranzugehen, ist erfolgversprechender, als weite Sprünge oder gar perfekte Lösungen anzustreben.

2. Resilienz liefert Orientierungshilfe
Wenn Disruption die Welt komplett verändert, wenn Brüche die Regel werden und Kontinuität die Ausnahme wird, dann bedarf es lernender Systeme, die sich rasch und intelligent an neue, heute noch völlig unbekannte Entwicklungen anpassen. Resilienz will nicht Bekanntes und Bestehendes bewahren. Sie ist auf die Bewahrung der Funktionsfähigkeit von Wirtschaft, Gesellschaft und Politik in neuen Zeiten ausgerichtet. Sie ist eher Kompass als Wegweiser. Sie zeigt die allgemeine Richtung, nicht den

konkreten Pfad und schon gar nicht die einzelnen Schritte auf, die zu gehen sein werden.

3. Resilienz ist verfahrens-, nicht handlungsorientiert

Sie ist darauf ausgerichtet, grundsätzliche Verfahren im komplexen Zusammenspiel von kulturellen, sozialen, politischen und wirtschaftlichen Pfadabhängigkeiten zu entwickeln. Man erinnere sich an die einfache Faustformel des Wirtschaftsnobelpreisträgers James Buchanan: Für gute Spiele sind gute Regeln wichtiger als gute Spieler.[278] Angesichts von Dynamik und Komplexität der Veränderungen sowie Unsicherheit und Unschärfen dessen, was daraus folgt, muss sich Wirtschaftspolitik mehr denn je darauf beschränken, mit klugen Verfahren und intelligenten Regelwerken Schritt für Schritt die Annahme des Neuen und die Anpassungsfähigkeit an das Neue – Adoption und Adaption – von Menschen im Einzelnen und von Gesellschaften insgesamt zu fördern.

4. Resilienz ist Strategie, nicht Taktik

Sie denkt Politik vom Ende her, so wie das auch erfolgreiche Unternehmen tun, die zuallererst fragen, was der Kunde will, und erst dann nach entsprechenden maßgeschneiderten und passgerechten Angeboten suchen. Resiliente Politik konzentriert sich darauf, lediglich die Ziele vorzugeben, aber möglichst alle Wege zur Erreichung der Ziele offenzuhalten. Sie bestimmt, was zu erreichen ist. Das Wie aber überlässt sie dem Wettbewerb als Motor kluger Ideen.

5. Resilienz ist mehr als Nachhaltigkeit

Nachhaltigkeit ist die normative Währung der Gegenwart. Sie misst alles Denken und Tun in Wirtschaft, Gesellschaft und Politik. Für Universitäten und Studiengänge, Wertschöpfungsketten und Fertigungsprozesse, Haben und Sein galt und gilt: Hauptsache nachhaltig. So richtig und wichtig die Forderung ist, dass kommende Generationen die gleichen Chancen auf ein selbstbestimmt gelingendes, glückliches Leben haben sollen wie die heutigen, so sehr verlor der Nachhaltigkeitsbegriff im Laufe der Zeit seine dynamische Komponente. Bewahren wurde wichtiger als Verändern. »Nachhaltig ist das neue Konservativ«, so treffend bezeichnet Winfried Kretschmann, Gründungsmitglied der Grünen und Ministerpräsident Baden-Württembergs, »eine zeitgemäße Idee des Konservativen« in Deutschland.[279] Damit jedoch steigt in disruptiven Zeiten das Risiko, Anpassungsspielräume einzuengen. Wenn sich die Welt komplett verändert, dann darf eben gerade nicht in jedem Fall und um jeden Preis an Bekanntem festgehalten werden – auch und erst recht nicht nachhaltig. Dann bedarf es lernender, adaptiver Systeme, die sich rasch und intelligent an neue, heute noch völlig unbekannte Entwicklungen anpassen können. Bewahren ist dann bestenfalls eine von mehreren Optionen – nicht jedoch eine alternativlose Grundbedingung.

Resilienz der Sozialen Marktwirtschaft

Aus deutscher Sicht wird wesentlich sein, wie weit sich die Soziale Marktwirtschaft zu einer resilienten Wirtschaftspolitik des 21. Jahrhunderts weiterentwickeln lässt. Nichts anderes hat Deutschland so geprägt wie die friedliche Symbiose von Marktwirtschaft und Sozialstaat. Wirtschaftswunder in der Nachkriegszeit, Wiedervereinigung im vorletzten und Gravitationszentrum einer Europäischen Währungsunion im zu Ende gehenden Jahrzehnt sprechen

für sich, wie unvergleichbar erfolgreich die Soziale Marktwirtschaft war und ist. Darauf lässt sich aufbauen. Nichts
fehlt, um Deutschland, seine Wirtschaft und Gesellschaft
resilient werden zu lassen. Alles, was notwendigerweise
anzupassen ist, ist im Wesen der Sozialen Marktwirtschaft
angelegt:

1. Innovation als Motor der Anpassung

Die nie versiegende Innovationskraft von Gesellschaften
ist *die* Konstante von Evolution und Geschichte. Sie ist
durchaus in besonderem Maße für Europa und Deutschland prägend. »Made in Germany« steht für Vorsprung
durch Technologie. Wieso sollten künftige Generationen
weniger innovativ und anpassungsfähig sein als ihre Vorfahren? Für diesen Pessimismus fehlt jegliche empirische
Evidenz. Es ist einfach nur falsch, von der Begrenztheit
innovativer Prozesse auszugehen. Innovation ist nicht
endlich. Voraussetzung für eine auch künftig stetig wei-
terfließende Quelle der Innovationen ist allerdings, dass
die heutigen Generationen den Mut haben, zu vertrauen.
Sie sollen den Kindeskindern zutrauen, eigenständig das
Richtige zu tun, und sich selber darauf beschränken, heute
dafür die Voraussetzungen zu schaffen. Vertrauen in die
Innovationsfähigkeit kommender Generationen verlangt
nämlich auch, nicht heute bereits zu bestimmen, was besonders gefördert werden soll. Eine passive Innovationspolitik ist angezeigt, die möglichst viel Freiraum für das
Suchen und Finden von neuen Ideen, Lösungen und klugen
Antworten auf künftige Herausforderungen lässt. Sie gibt
Ziele vor, nicht Wege, und überlässt das Vorankommen
dem Wettbewerb als Entdeckungsverfahren.

2. Erst fördern, dann fordern

Das Soziale gehört an den Anfang einer resilienten Wirtschaftspolitik für das 21. Jahrhundert. Prävention ist billiger als Reparatur. Was beim Kindergeld als Selbstverständlichkeit gilt, muss als Erwachsenengeld zum sozialpolitischen Grundsatz für alle werden. Eine Gesellschaft sollte nicht nur in junge Menschen das Vertrauen haben und mit Investitionen in Bildung in Vorleistung gehen. Gleiches Vertrauen müsste auch Erwachsenen entgegengebracht werden. Weit weniger als in früheren Zeiten sollen Menschen vor Veränderungen geschützt werden. Vielmehr sind sie stets wieder von Neuem zu ermächtigen, mit Veränderungen erfolgreich mithalten zu können. Es geht um die Fähigkeit, sich von Kindesbeinen bis ins hohe Alter stets an neue Situationen effektiv anpassen zu können – also um Adoption und Adaption. Resilienz bedingt, Menschen immer wieder Freiräume zu öffnen, damit sie es sich leisten können, die Zeit für Weiterbildung und Umschulung zu nehmen. Das gilt in ganz besonderem Maße für jene Beschäftigte, deren Jobs zuallererst durch disruptive Prozesse wegfallen werden. Dazu gehören Angestellte, die in Supermärkten an der Kasse sitzen, in Banken Belege weiterverarbeiten, in Eingangsbereichen Personen kontrollieren, in der Logistik, im Transportgewerbe oder in der Produktion einfache standardisierte Tätigkeiten erledigen. Ob die stete Förderung als Voraussetzung für daraus erwachsende spätere Forderungen durch ein Grundeinkommen, mit einem »Lebenschancenkredit« oder aus einem »Chancenkonto« finanziert wird, ist letztlich sekundär. Wichtiger ist die Einsicht, dass verbesserte Teilhabe und größere Chancengleichheit mehr Autonomie und zeitlichen Freiraum voraussetzen. Hierfür trägt die Gesellschaft eine finanzielle Mitverantwortung – nicht nur bei Jugendlichen, sondern auch bei

Erwachsenen, nicht nur am Anfang, sondern ein Leben lang.

3. Bildungsfähigkeit wichtiger als Bildungsinhalte

Es kann nicht darum gehen, den ohnehin schon prall gefüllten (schulischen) Bildungskanon um weitere Inhalte auszuweiten. Im Gegenteil: Weniger wird mehr. Es gilt, sich auf die Bildungsfähigkeit zu konzentrieren – also die stete Fähigkeit, zu lernen, wie man zweckmäßig mit Unsicherheit, Unbekanntem und Ungewohntem umgeht. Jedoch nicht – so wie heute – mit massiv asymmetrischer Schieflage nahezu ausschließlich auf die Jugendjahre. »BAföG für alle« ein Leben lang und eben nicht nur für Studierende in jungen Jahren muss zum neuen bildungspolitischen Förderinstrument werden. Sollte das zu großzügig und damit utopisch erscheinen, dann wenigstens vom Staat finanzierte, für die Menschen kostenlose Bildungsgutscheine für alle unter 70-Jährigen, die einmal alle zehn Jahre formlos, ohne Aufwand und Bürokratie eine längere Fort- und Weiterbildung ermöglichen. Bildungsausgaben sind von einer Pyramide, bei der in jungen Jahren viel und in fortgeschrittenem Alter immer weniger Geld fließt, zu einem Zylinder umzugestalten mit einer gleichmäßigen Verteilung der Bildungsausgaben über jede Lebensphase. Dabei geht es nicht nur um die Finanzierung direkter Kosten wie Teilnahme- oder Studiengebühren oder Kosten für Erwachsenenbildung. Ebenso bedeutsam, und für viele wichtiger, sind die indirekten Kosten. Dazu zählen insbesondere die Zeitkosten, die durch eine Abwesenheit am Arbeitsplatz entstehen. Wenn monate- oder jahrelang aus eigener Arbeit nichts verdient werden kann, weil man sich weiterbildet, öffnen sich beim Haushaltseinkommen existenzbedrohende Löcher. Deshalb bedarf es neuer staatlicher Unterstützung für alle Altersstufen, die nicht dem Schutz des Bestehenden vor Veränderung, sondern der Förderung der Anpassungsfähigkeit an Veränderungen dient.

4. Beschäftigungsfähigkeit wichtiger als Beschäftigungssicherung

Natürlich kann man in Deutschland auch in Zukunft den Menschen Dinge erledigen lassen, die Maschinen besser und billiger tun können. Das ändert aber nichts daran, dass die Zeiten der standardisierten Massenbeschäftigung in Fabriken, an Fließbändern und bei vielen Dienstleistungen vorbei ist – endgültig und unumkehrbar. Es braucht menschliche Arbeit nicht mehr in demselben Ausmaß wie in früheren Zeiten. Das kann man bedauern und irgendwie verzweifelt zu korrigieren versuchen. Aber Aufrufe zu einem »Recht auf Arbeit« sind genauso anachronistisch wie Sicherungen aller Art, die Personen an bestehende Beschäftigungsverhältnisse binden, die es ohnehin bald nicht mehr geben wird. Dort, wo Roboter und künstliche Intelligenz den Menschen überflüssig machen, wird man durch Bestandsschutz und Festhalten nichts besser machen. Klüger ist es, Disruption als historische Chance zu verstehen, Arbeit und Arbeitsethos neu zu denken. Nicht leben, um zu arbeiten, sondern arbeiten, um zu leben, entspricht dem digitalen Rhythmus. Wenn man sich vom Zwang der Beschäftigungssicherung befreit, rückt die Beschäftigungsfähigkeit ins Zentrum. Veränderung zu fördern, nicht zu verhindern, neue Beschäftigung zu ermöglichen, nicht alte zu bewahren, sind die Erfolg versprechenden Grundsätze einer resilienten Arbeitsmarktpolitik.

5. Blinde Sozialpolitik ist gute Sozialpolitik

Weniger denn je darf der Sozialstaat der Zukunft ein bestimmtes sozioökonomisches Verhalten gegenüber anderen Verhaltensformen begünstigen und Abweichungen benachteiligen – hier liegt eine der wesentlichen Begründungen, weshalb Grundeinkommensmodelle Bedingungslosigkeit einfordern sollten. Denn niemand kann heute bereits auch nur annähernd erkennen, was das richtige Verhalten sein wird, das künftigen Herausforderungen angemessen ist. Resiliente Sozialpolitik soll mit dafür sorgen, dass Leistungsfähigkeit und Leistungswille, die für den mikroökonomischen wie auch gesamtwirtschaftlichen Erfolg entscheidend sind, immer wieder von Neuem angetrieben werden. Die Anpassungsfähigkeit der Gesellschaft und damit das gesamtwirtschaftliche Wohlstandsniveau werden durch Kreativität, Innovation, Können und Wollen ihrer Mitglieder bestimmt. Entsprechend soll ein Sozialstaat hauptsächlich darauf ausgerichtet sein, nicht durch Zwang Missbrauch verhindern zu wollen, sondern ganz generell die Anpassungsfähigkeit aller immer wieder und auch in Form wiederkehrender zweiter Chancen zu fördern. So können automatisch auch ökonomisch Schwächere gestärkt und gegen Armut und Not abgesichert werden. Ob in der politischen Praxis Grundsicherungsmodelle als bedingungsloses, solidarisches, emanzipatorisches oder ohne Zusatz nur als Grundeinkommen, als Garantiesicherung mit oder ohne Sanktionen, Grundausstattung, Bürgergeld oder Bürgerversicherung etikettiert werden, ist eher nebensächlich. Hauptsache ist der Perspektivwechsel von einer reparierenden Sozialpolitik, die Problemfällen helfen will, zu einer resilienten Wirtschaftspolitik, die Problemfälle gar nicht erst entstehen lässt.

Wer die Evolution geschafft hat, schafft auch die Zukunft

Mit Disruption als Herausforderung und Resilienz als Lösung schlägt die Stunde der Optimisten. Untrennbarer Verbündeter des Optimismus ist das Vertrauen, dass die Menschheit immer schon große Umwälzungen und selbst existenzielle Krisen mit Bravour gemeistert hat und dazu auch in Zukunft fähig ist. Optimisten vertrauen darauf, dass bei aller Disruption doch wenigstens auf eine Konstante weiterhin Verlass ist: die ungebrochene Innovationskraft. Bis heute war die Geschichte der Menschheit eine Geschichte der gelungenen evolutionären Anpassung an immense Herausforderungen. Und bei allen Irrungen und Wirrungen ist sie eine Erfolgsgeschichte. Denn die Menschheit hat nicht nur überlebt, sie hat sich kontinuierlich weiterentwickelt. Die Lebensbedingungen haben sich stetig und überall verbessert, Lebenserwartung, Gesundheits- und Bildungsstand sind weltweit gestiegen – wenn auch nicht überall im selben Ausmaß und das Wohlstandsgefälle zwischen armen und reichen Gesellschaften teilweise schreiend bleibt.

Entscheidend für den Fortschritt war die permanente Innovationskraft – nicht nur technischer, sondern auch kultureller, organisatorischer und institutioneller Art. Sie hat auch in Zeiten existenzieller Not Gesellschaften vorangebracht. Warum sollte eine Konstante, die sich über Jahrhunderte als verlässliche Gesetzmäßigkeit erwiesen hat, ausgerechnet ab heute nicht mehr gelten?

Das Wechselspiel von Zufall und Notwendigkeit, Innovation und Anpassung war für die Evolutionsgeschichte prägend. Es wird auch über Erfolg oder Misserfolg der Kindeskinder bestimmen und darüber richten, ob Optimisten oder Pessimisten recht behalten werden. Wer optimistisch davon überzeugt ist, dass die besten Jahre nicht hinter, sondern vor der Menschheit liegen, vertraut auf Menschen, die stets wieder mit kreativen, innovativen Ideen für jene Anpassungsfähigkeit sorgen werden, die für das erfolgreiche Überleben von Gesellschaften unverzichtbar ist.

Mehr Wohlstand für alle ist nach wie vor möglich. Voraussetzung dafür, dass Optimismus und Vertrauen nicht ins Leere laufen, ist eine Anpassung nicht nur der Ökonomie, sondern auch der Ökonomik. Die Datenwirtschaft funktioniert komplett anders als die Güterwirtschaft. Viele lange bewährte Annahmen und alte Vorhersagen lassen sich unter den Bedingungen von Digitalisierung, Globalisierung und demografischem Wandel schlicht nicht mehr halten. Es bedarf neuer Ansätze und Perspektiven, die auch eine Rückkehr von Verteilungsökonomik und Verteilungspolitik vorsehen sollten.

Entsprechend einschneidend ist der Modernisierungsbedarf der Wirtschaftswissenschaften – insbesondere der Makroökonomik. Ein paar graduelle Anpassungen und Verfeinerungen oder Ergänzungen genügen nicht annähernd. Ökonomik bedarf ganz grundsätzlich eines neuen Verständnisses der Ökonomie. Mit Konzepten aus Zeiten der Agrar- und Industriegesellschaft bietet die Ökonomik den Ökonomien des Disruptionszeitalters keine wirtschaftspolitisch brauchbaren Einsichten. Man muss erkennen, wie Wirtschaft funktioniert, um die Wirtschaftspolitik erfolgreich zu beraten.

Wer hängt der Katze die Glocke um?

Im Kampf zwischen Bewahrung, Veränderung und Anpassung gewinnt in einer Demokratie letztlich, wer die Bevölkerung auf seiner Seite hat. Und da spricht der zurzeit (weltweite) Erfolg von national(istisch)en Bewegungen für sich. Zulauf haben Parteien, die eine Rückkehr zu den einfachen Verhältnissen des Industriezeitalters anstreben, die am Nationalen festhalten wollen, die in Globalisierung, Europäisierung, Adaption und Adoption weit mehr Gefahren als Chancen für gesellschaftlichen Zusammenhalt und wirtschaftlichen Wohlstand sehen.

Es nützt somit weitgehend nichts, wenn die Modernisierer Masterpläne, Agenden und To-do-Listen präsentieren, damit bei Wahlen aber krachend scheitern. In Demokratien gilt im Wesentlichen eine Status-quo-Regel, die besagt, dass das Alte bestehen bleibt, bis das Neue eine Mehrheit findet. Das bedeutet im Umkehrschluss, dass die veralteten Strukturen des Industriezeitalters so lange Bestand haben werden, bis die Bevölkerung einer tief greifenden Modernisierung zustimmen wird. Ohne politische Mehrheit wird es keine Modernisierung und zu wenig oder zu langsame Adoption und Adaption an die Herausforderungen von Digitalisierung, Datenökonomie und demografischem Wandel geben.

Dass ein mehr oder weniger krampfhaftes Festhalten am Status quo langfristig Gemeinsinn und Wohlstand in Deutschland viel existenzieller gefährden kann als eine resiliente Anpassung an die Folgen disruptiver Entwicklungen, ist der Gesellschaft ganz offensichtlich momentan nicht zu vermitteln, wird nicht akzeptiert oder gar als falsch bewertet. Ebenso wenig wird eingestanden, dass es oft Besitzstandsdenken und Verlustängste der heutigen Generationen sind, die zu Verharrung und Verkrustung zulasten künftiger Generationen führen. Weil man sich selbst Veränderungen nicht zutraut, traut man auch den Kindeskindern nicht. Der eigene Pessimismus wird zum Bremsklotz für eine gelingende Zukunft.

Zustimmung der Bevölkerung zu einer Richtungsänderung ist nur auf zwei diametral gegensätzlichen Wegen zu erreichen: Entweder kommt es zu einer Modernisierung durch Krisen oder zu einer Modernisierung durch Vernunft. Im ersten Fall würde eine schleichende Verschlechterung der allgemeinen Lebensbedingungen der Bevölkerung vor Augen führen, dass ein »Weiter so« erst ins ökonomische Abseits, danach in den gesellschaftlichen Abgrund führt. Im zweiten Fall sind es Einsicht und Erkenntnis, dass Modernisierung zwar teuer sein mag, keine Modernisierung jedoch teurer wäre. Um einen Stimmungswechsel zugunsten einer Modernisierung zu befördern, bedarf es der steten Überzeugungsarbeit aller, denen es darum geht, dass die besten Jahre nicht hinter, sondern vor der deutschen Wirtschaft und Gesellschaft liegen.

Manches erinnert somit an die Fabel der Mäuse in ihrem Überlebenskampf gegen die Katze. Als der Ältestenrat der Mäuse nach endlosen Beratungen hinter verschlossenen Türen vorschlug, der Katze eine Glocke umzuhängen, damit für alle schon von Weitem hörbar würde, wenn sich der Todfeind dem Mauseloch nähere, war im Reich der kleinen Nager die Begeisterung über diese geniale Idee überwältigend. Die Euphorie über die effektive Lösung aller Probleme fand jedoch ein jähes Ende, als die niedliche Spitzmaus leise nachfragte, wer denn der Katze die Glocke umhängen könne. Wie etwas umzusetzen ist, ist eben genauso wichtig, wie was zu tun ist.

Damit ist die alles entscheidende Eine-Million-Euro-Frage: Wie kann es gelingen, in der Bevölkerung eine Mehrheit für eine Resilienzstrategie zu finden? So unglaublich schwer es ist, eine überzeugende Vorgehensweise zu finden, ist doch eines klar: Mit einer Wirtschaftspolitik, die dem Denken und der Rhetorik des Industriezeitalters folgt, wird gerade das nicht zu schaffen sein. Was nötig ist, sind neue Ideen und Modelle sowie Vorstellungen und Entwürfe für das Zusammenleben im 21. Jahrhundert, die Alltag und Lebenswirklichkeit des Disruptionszeitalters entsprechen. Resilienz liefert hierfür Denkanstöße. Grundsicherungs- oder Grundeinkommenskonzepte bieten konkrete Ansätze diesseits utopischer Visionen.[280] Deren weitere Konkretisierung und Umsetzung kann getrost jenen überlassen werden, die von disruptiven Herausforderungen betroffen sein und resiliente Antworten zu finden haben werden: den Kindeskindern.

»Wir stehen an der Schwelle zu einer schönen neuen Welt. Es ist ein aufregender und gleichzeitig gefährlicher Ort.«[281] Im Zeitalter der Disruption muss eine zeitgemäße Wirtschaftspolitik auf Resilienz setzen. Wenn immer mehr komplexe Faktoren auf die Wirtschaft einwirken, kann nur die innere Anpassungskraft, die Fähigkeit, sich auch aus schwierigen Lagen zu befreien, der Ökonomie langfristig Erfolg sichern. Dafür muss sie den heute so geliebten Gedanken der ökonomischen Nachhaltigkeit um den Begriff der Resilienz erweitern: Weil sie es nicht wirklich können, sollten heutige Generationen die Zukunft ihrer Kindeskinder nicht planen. Sie müssen den Mut und das Vertrauen haben, das Schicksal in die Hände der Enkelkinder zu legen. Es genügt aus heutiger Sicht, lediglich für die besten Voraussetzungen und größten Freiräume zu sorgen, damit die nachfolgenden Generationen ihre Welt selbstständig entdecken und gestalten können. Sehr viel mehr ist für ein gutes Funktionieren der Wirtschaft der Zukunft gar nicht notwendig. Auf mehr Vertrauen in die Kindeskinder basiert das Zeitalter der Optimisten.

Anmerkungen

1 »Der Crash ist die Lösung. Warum der finale Kollaps kommt und wie Sie Ihr Vermögen retten« von Weik und Friedrich (2014) war das erfolgreichste Wirtschaftsbuch 2014 und stand in Deutschland über ein Jahr lang auf den Bestsellerlisten. »Machtbeben: Die Welt vor der größten Wirtschaftskrise aller Zeiten – Hintergründe, Risiken, Chancen« von Müller (2018) war wochenlang das meistverkaufte Buch in der Sparte »Finanzpolitik« bei Amazon. »Megacrash – Die große Enteignung kommt: So schützen Sie sich vor der Krise und sorgen für den Crash-Fall vor« von Hannich (2018) sieht nicht nur die Wirtschaft »im Chaos versinken, sondern auch die Gesellschaft als solche ist schwer angeschlagen. … Was uns diesmal droht, ist nicht mehr nur ein kleiner Crash, sondern ein Megacrash, der nicht die Aktienbörsen und die Wirtschaft, sondern unsere gesamte Gesellschaft abstürzen lassen wird« (so das Zitat aus dem Vorwort).

2 Beispielhaft dazu der *Handelsblatt*-Titel »Abschwung oder Crash? Die nächste Rezession – und wie die Anleger mit ihr umgehen sollten« (Handelsblatt 2018).

3 Spengler (1918).

4 Keynes (1930) fasst in seinem 1930 veröffentlichten Essay »Economic Possibilities for our Grandchildren« eine Vorlesungsreihe zusammen, in der er auch seine Erkenntnisse zur Großen Depression der Zwischenkriegszeit verarbeitet.

5 Keynes (1930, erster Abschnitt). Übersetzung durch T.S.
6 Die Bevölkerungsabteilung der UN (United Nations 2017) rechnet in der mittleren Projektionsvariante damit, dass die Weltbevölkerung von 7,55 Milliarden Menschen 2017 bis 2030 um eine Milliarde auf 8,55 Milliarden und bis 2050 auf insgesamt 9,77 Milliarden Menschen ansteigen wird. Dabei dürfte sich die Bevölkerung zwischen heute und der Jahrhundertmitte in Afrika verdoppeln und in Asien, Lateinamerika sowie Nordamerika um rund zwanzig Prozent zunehmen. In Europa hingegen ist mit einem Bevölkerungsrückgang von vier Prozent auszugehen.
7 Eindrücklich beschreibt der britische Astrophysiker Stephen Hawking (2018) in seinem intellektuellen Vermächtnis, was die Menschheit und die Erde als Folge von Klimawandel und künstlicher Intelligenz erwarten könnte.
8 Nicht angezweifelt wird der aktuelle Wissensstand der Forschung, der besagt, dass ein Weltuntergang aus nicht menschenverursachten Gründen unvermeidlich ist: »In spätestens sieben Milliarden Jahren wird es definitiv kein Leben mehr auf dem Planeten Erde geben, dann wird es die Erde nicht mehr geben, weil die Sonne sie verschlungen hat«, so der britische Astronom Sir Martin Rees (zitiert nach Lossau 2018). Und ebenso wie das Lebensende der Sonne sind andere astronomische Ereignisse möglich, die zu einem Ende des Erdendaseins führen können, wie der Einschlag eines Asteroiden oder eine Supernova-Explosion in unserer kosmischen Nachbarschaft. Im Folgenden interessiert also lediglich, wie sich ein menschengemachter Weltuntergang vermeiden und die allgemeinen Lebensbedingungen verbessern lassen. Eine Mühe, die sich allemal lohnen sollte, »denn die unvermeidbaren kosmischen Weltuntergangsszenarien liegen so weit in der Zukunft, dass den Menschen noch viele Millionen Jahre auf diesem wunderbaren Eiland im All bleiben« (Lossau 2018).
9 Diamond (2005) nennt als Beispiele untergegangener Gesellschaften die Maya oder die Wikinger.
10 Olson (1991).
11 Rosling, Rosling Rönnlund und Rosling (2018).

12 »If the future is anything like the past, there will be prelonged and substantial reductions in natural-resource requirements per unit of real output. It is true, as pessimists say, that it is just an assumption and one cannot be sure; but to assume the contrary is also an assumption, and a much less plausible one.« (Solow 1974, S. 10–11)

13 Rosling, Rosling Rönnlund und Rosling (2018).

14 Zum Spannungsfeld zwischen Big Data und Big Brother finden sich mehrere Beiträge im Sammelband von Saetnan, Schneider und Green (2018).

15 Der in der sozialwissenschaftlichen Literatur verwendete Begriff des Sozialkapitals beschreibt den in einer Gesellschaft von allen Mitgliedern nutzbaren Bestand an Gemeinschaftsgütern. Es geht um Vertrauen, Gemeinsinn und Gemeinwohl. Eine Gesellschaft braucht das Vertrauen auf die Einhaltung gemeinsamer Normen. Vertrauen erleichtert die Zusammenarbeit und das Zusammenleben. Man kennt sich. Künftige Handlungen sind berechenbar. Es muss nicht jedes Mal viel Aufwand betrieben werden, um zuverlässige Erwartungen über das Verhalten in bestimmten Situationen zu erhalten. Vielmehr kann auf Erfahrungen aus der Vergangenheit aufgebaut werden. Nachbarn helfen sich in der Erwartung, dass in Notsituationen auch ihnen von anderen geholfen würde. Das durch »So-wie-du-mir-so-ich-dir«-Strategien und die Einhaltung gemeinsam akzeptierter Normen und Verhaltensweisen aufgebaute Sozialkapital ist umso nützlicher, je mehr alles im Fluss ist und unbekannte Veränderungen Unsicherheiten erzeugen.

16 Hawking (2018, S. 229).

17 Vgl. dazu Mühleisen (2018, S. 6).

18 Die Fülle der Publikationen zur Digitalisierung und deren Folgen im Kleinen für einzelne Menschen und Firmen wie im Großen für Wirtschaft, Gesellschaft und Politik ist so gewaltig, dass nachfolgend nur zwei Publikationen herausgegriffen und genannt sein sollen, die erstens einen guten Überblick zu aktuellen digitalen Entwicklungen liefern und zweitens in der Analyse anschlussfähig sind zu dem nachfolgend gewählten Vorgehen. Beise und Schäfer

(2016) bieten einen kompetent geschriebenen und trotzdem leicht lesbaren Einstieg in die Welt der Digitalisierung und darüber, an welchen Ideen im Silicon Valley geforscht, gearbeitet und getüftelt wird und wie Deutschland reagieren sollte, um mit Kalifornien mithalten zu können. Da sie auf Angaben zu weiterführender Literatur komplett verzichten, sei als Ergänzung auf die Expertenkommission Forschung und Innovation (2018) verwiesen, die in ihren laufenden Jahresgutachten regelmäßig und systematisch auf aktuelle technologische Trends, deren Folgen und mögliche politische und sozioökonomische Reaktionen eingeht und insbesondere auch sachgerechte Hinweise auf einschlägige (wissenschaftliche) Literatur bietet.

19 Ähnlich brand eins (2017): »Neue Arbeit ist mehr als alte Arbeit mit Internetanschluss.«

20 Drösser (2002).

21 Gersemann (2014).

22 Statista (2018), Statista (2018a).

23 Schmiechen (2017).

24 *The Economist* (2017b).

25 Haucap (2018, S. 472).

26 Freie Übersetzung und Verkürzung von Saetnan, Schneider und Green (2018a, S. 3), die Big Data definieren als »huge in volume, … high in velocity, … diverse in variety, … exhaustive in scope, … fine-grained in resolution, … relational in nature, … flexible in scalabilty«.

27 Beck (2001). »Die Individualisierung rückt das Selbstgestaltungspotenzial, das individuelle Tun ins Zentrum« – so Beck (2001, S. 3). Sie erlaubt eine Loslösung Einzelner aus traditionellen Bindungen (Familie) und Gruppierungen der Zugehörigkeit (Gemeinden). Stattdessen erfolge eine zeitweilige (und eben nicht mehr lebenslange) Einbindung in nicht familialen Netzwerken und neuen Milieus.

28 Vgl. dazu ausführlich und mit weitreichenden Literaturverweisen Straubhaar (2016). Die demografische Alterung hat zwei Gründe, die sich gegenseitig verstärken. Zum einen ist in der Nachkriegszeit des letzten Jahrhunderts die Geburtenhäufigkeit (vor allem in Westdeutschland)

stark zurückgegangen. 1964 brachten 100 in Deutschland lebende Frauen im Laufe ihres Lebens durchschnittlich über 250 Kinder zur Welt. Innerhalb einer Dekade sank die Geburtenhäufigkeit auf weniger als 150 Kinder. Seither ging diese Zahl weiter zurück – besonders dramatisch nach der deutschen Wiedervereinigung, weil in den neuen Bundesländern der Kinderwunsch deutlich schwächer wurde. Heute bringen 100 Frauen in Deutschland durchschnittlich 140 Kinder zur Welt – und damit etwa 100 weniger als ihre eigene Elterngeneration. Neben dem Rückgang der Geburten spielt für die Alterung der Gesellschaft die erfreuliche Entwicklung, dass die Deutschen immer länger leben, eine wesentliche Rolle. Die Lebenserwartung ist in Deutschland im letzten Jahrhundert und besonders in der Nachkriegszeit stetig angestiegen. 1900 lag die Lebenserwartung bei Geburt für Männer bei 45 Jahren und für Frauen bei 48 Jahren. 1950 erreichte sie 65 Jahre für Männer und 68 Jahre für Frauen. Wer heute geboren wird, darf hoffen, 78 Jahre und vier Monate (Männer) bzw. 83 Jahre und zwei Monate alt (Frauen) zu werden (vgl. dazu Statistisches Bundesamt [2018b]). Unterstellt man noch einen weitergehenden medizinisch-technischen Fortschritt, könnten Jungen, die 2017 geboren werden, im Durchschnitt 90 Jahre, Mädchen sogar bis zu 93 Jahre alt werden (vgl. dazu Mitteldeutscher Rundfunk (2017).

29 Das Medianalter teilt die Bevölkerung in genau zwei gleich große Teile. Somit ist exakt eine Hälfte jünger und die andere Hälfte älter als das Medianalter. Das Medianalter ist deshalb ein wichtiger Indikator, weil es im Medianwähler seine politische Konsequenz findet. Der Medianwähler ist der Wähler, der letztlich entscheidet, auf welcher Seite die Mehrheit steht, und der bei Wahlen das Zünglein an der Waage spielt, wer oder welche Koalition an die Regierung kommt.

30 Grenz (2016).

31 Die Anekdote ist der Einleitung zum Buch »Superfreakonomics« von Levitt und Dubner (2009, S. 8–12) entnommen.

32 Die Vorliebe für das Bestehende gegenüber der Veränderung

und die asymmetrische Bewertung von Vor- und Nachteilen sind als »Status quo«-Verzerrung und als »Verlustaversion« in der von den Nobelpreisträgern Daniel Kahneman und Amos Tversky, ergänzt durch Analysen von Richard Thaler, einem Nobelpreisträger, entwickelten sogenannten »Prospect Theory« als typische menschliche Verhaltensweisen identifiziert worden. Vgl. hierzu Beck (2014, S. 101–195).

33 Ratcliffe (2016).

34 So auch bei Rifkin (2004).

35 Autor (2015).

36 Keynes (1930) spekulierte, dass »zu einer Zeit vor dem Beginn der Geschichte, vielleicht sogar in einer jener angenehmen Pausen vor der letzten Eiszeit, es eine Zeit des Fortschritts und der Erfindung gegeben haben muss, die mit der heutigen vergleichbar ist. Aber während des Großteils der aufgezeichneten Geschichte gab es nichts dergleichen.«

37 Bundesagentur für Arbeit (2019).

38 Mokyr, Vickers, Ziebarth (2015, S. 31).

39 Für Deutschland vgl. das Gutachten von Arntz, Gregory und Zierahn (2018), das Dossier »Digitalisierung« des Instituts für Arbeitsmarkt- und Berufsforschung der Bundesagentur für Arbeit – IAB (2018) und das Zeitgespräch im Wirtschaftsdienst (Klammer et al. 2017) mit ausführlichen weiterführenden Literaturverweisen sowie die Hinweise von Vogler-Ludwig (2017, S. 861).

40 Vgl. hierzu exemplarisch Wolter et al. (2017b). Sie kommen zur Schlussfolgerung, dass eine Wirtschaft 4.0 den Strukturwandel hin zu mehr Dienstleistungen beschleunigen wird. Dabei sind Veränderungen im Charakter der Arbeitswelt zwischen Branchen, Berufen und Anforderungsniveaus weitaus größer als die Veränderung der Anzahl der Erwerbstätigen insgesamt.

41 Keynes (1930); und weiter stellte er fest: »Fast alles, was wirklich wichtig ist und was die Welt zu Beginn der Neuzeit besaß, war dem Menschen schon zu Beginn der Geschichte bekannt. Sprache, Feuer, dieselben Haustiere, die wir heute haben, Weizen, Gerste, Wein und Olive, Pflug, Rad, Ruder, Segel, Leder, Linnen und Stoffe, Ziegel und Töpfe, Gold und

Silber, Kupfer, Zinn und Blei – Eisen wurde der Liste früher als 1000 v. Chr. hinzugefügt –, Bankwesen, Staatskunst, Mathematik, Astronomie und Religion.«

42 Maddison (2001).

43 Maddison (2001).

44 Mühleisen (2018, S. 7), relativ freie Übersetzung von TS.

45 Mühleisen (2018, S. 7).

46 Hawking (2018, S. 219).

47 Keynes (1930).

48 Marx und Engels (1845–1846, S. 22).

49 Keynes (1930).

50 Die statistischen Ämter behelfen sich bei der BIP-Ermittlung, indem sie den Wert der durch die Digitalisierung geschaffenen Wertschöpfung oder den durch digitale Güter und Dienstleistungen entstehenden Nutzen oder Umsatz mit Plausibilitätsüberlegungen schätzen und nach neuen Verfahren suchen (Ahmad und Schreyer 2016 sowie Ahmad et al. 2017, S. 36). So aber verlagert sich beim BIP die Erfassung noch weiter weg von der Marktorientierung hin zur Modellwelt der Statistiker. Damit aber steigt die Gefahr, mit künstlich geschaffenen Zahlen den Bezug zur »gemessenen« Realität zu verlieren.

51 Der Begriff der »säkularen Stagnation« wurde ursprünglich vom Harvard-Ökonom Alvin Hansen in den 1930er Jahren geprägt (Hansen 1938) und dann von John Maynard Keynes aufgegriffen, der sich Sorgen machte, dass das durch eine – auch bereits damals – schrumpfende Bevölkerung verursachte Ungleichgewicht zwischen Sparen und Investieren zu einem längerfristigen Wachstumsschwund führen könne.

52 Gordon (2014) ist einer der meinungsstärksten Vertreter der Stagnationsthese.

53 Summers (2016). Die These der »säkularen Stagnation« führte zu einer heftigen, auch öffentlich ausgetragenen Kontroverse zwischen Lawrence Summers und dem Nobelpreisträger Joseph Stiglitz. Stiglitz behauptet, Summers »habe eine dämliche These in Umlauf gebracht, um sein Versagen als Politikberater zu kaschieren« (Gersemann 2018). Summers'

Antwort wurde zum Startschuss für eine nachfolgende Schlammschlacht: »Es ist nicht das erste Mal, dass ich Stiglitz' politische Kommentare so schwach finde, wie seine akademischen, theoretischen Arbeiten stark sind.« (Zitiert nach Gersemann 2018)

54 Empirische Belege für diese These finden sich bei Vergeer und Kleinknecht (2014).

55 Vgl. hierzu Kleinknecht (2017).

56 Vgl. dazu Ahmad und Schreyer (2016), Ahmad, Ribarsky und Reinsdorf (2017), Ahmad et al. (2017), Byrne et al. (2016) sowie Coyle (2014).

57 Brynjolfsson und Saunders (2009). Richtig ist jedoch auch, dass »ein Teil der neuen Güter nicht in den Volkswirtschaftlichen Gesamtrechnungen erscheint, die negativen Substitutionseffekte jedoch dort voll sichtbar sind« (Grömling 2016, S. 139). So steigt die im BIP nicht abgebildete Konsumentenrente an, da Menschen digitale Dienste zu Preisen weit unter ihrer Zahlungsbereitschaft erhalten. Ebenso wird ein Teil dieser realen Steigerung der Kaufkraft der Haushalte durch eine nahezu kostenlose Übertragung eigener persönlicher Daten finanziert, was wiederum bei den Firmen nicht als (Datenbeschaffungs-)Kosten verbucht wird.

58 Die Mängelliste bei der Erfassung, Berechnung und Interpretation des Bruttoinlandsprodukts (BIP) ist lang und Legende. Beispielsweise entsteht ein Teil des BIP aus der Beseitigung von Schäden aller Art, etwa aus Verkehrsunfällen, Naturkatastrophen, Gesundheitsbeeinträchtigungen oder Umweltzerstörungen. Andererseits werden unentgeltliche Tätigkeiten privater Haushalte im BIP nicht berücksichtigt – wie etwa selbst erbrachte Reinigungs- oder Reparaturarbeiten. Ebenso gibt es Aktivitäten, die legal über Märkte erfolgen, statistisch aber nicht erfasst werden, wie beispielsweise die Nachbarschaftshilfe oder der Handel mit gebrauchten Konsumgütern zwischen Privaten auf Flohmärkten, Tauschbörsen oder Internetplattformen. Lediglich mit Hilfsgrößen und groben Schätzungen lassen sich illegale Transaktionen wie Drogenhandel, Schmuggel oder Bestechungsgelder im BIP abbilden. Statistische Ämter haben in

der Vergangenheit (durchaus erfolgreich) eine Vielzahl von Schätzverfahren, Behelfsrechnungen und Korrekturmaßnahmen ergriffen, um Aussagekraft und Belastbarkeit des BIP auch in Zeiten dynamischer Innovationen zu sichern. Aber bereits den Strukturwandel von der »dinglichen« Industrie- zur »unsichtbaren« Dienstleistungs- und Wissensgesellschaft konnte das BIP-Konzept nur noch begrenzt abbilden. »Für spezielle Analysen neuerer Phänomene wie Digitalisierung, Globalisierung oder ›Sharing Economy‹ sind jedoch ergänzende Messansätze erforderlich.« (Statistisches Bundesamt 2017, S. 36)

59 Vgl. dazu ausführlich und kompetent Grömling (2016). Amtliche Statistiken erheben Daten zwangsläufig auf veralteten Grundlagen. Es kann nur Bekanntes gemessen werden, wofür es »Klassifikationen« gibt. Das Neue ist so unbekannt, dass es – mindestens zu Beginn – nicht mit gängigen Konzepten erfassbar ist. Berühmt geworden ist ein Ausspruch von Nobelpreisträger Robert Solow aus dem Jahr 1987: »Überall sind Computer zu sehen, nur nicht in den Statistiken der Produktivitätsmessung.« (Solow 1987)

60 Vgl. hierzu Demary (2015) sowie Zervas, Proserpio und Byers (2017).

61 Zum Produktivitäts-Paradoxon, dass sich das BIP zunächst abschwächt, bevor es später zunimmt, vergleiche Triplett (1999) sowie Van Ark, Bart (2016).

62 Schumpeter (1912, S. 100).

63 Schumpeter (1967, S. 295). Das enge (zeitliche) Wechselspiel zwischen Innovator und Imitator ist nicht nur von betriebswirtschaftlichem Interesse. Es ist auch für die Gesellschaft insgesamt von Bedeutung. Hier zeigt sich das von Joseph Schumpeter thematisierte schöpferische Element des Kapitalismus, der einerseits Altes zerstört, aber andererseits eben Neues schafft. Denn der dynamische Pionier wird nun seinerseits zum Gejagten. Nachahmer werden versuchen, die Erfolge des Innovators zu kopieren. Sie übernehmen so rasch wie möglich die Neuerungen. So schwappt der technologische Fortschritt auf die ganze Wirtschaft über. Davon profitiert dann die Gesellschaft insgesamt.

64 Beise und Schäfer (2016, S. 9 und 60–61).

65 Christensen (1997).

66 Zitiert nach Ramge (2015).

67 *Spiegel* (2017).

68 *The Economist* (2017).

69 In den USA, Kanada oder Großbritannien wird eine Leihmutterschaft relativ liberal gehandhabt. In Deutschland ist man da deutlich rigider. Da aber zeigt sich, was Disruption im Alltag bewirken kann. Im Zeitalter einer weitgehenden Reisefreiheit stößt nationales Recht an praktische Durchführungsgrenzen. So ist in Deutschland eine Leihmutterschaft zwar grundsätzlich verboten. Wie aber geht man mit deutschen Eltern(teilen) um, wenn eine Leihmutter im Ausland eine im Reagenzglas mit dem Sperma eines deutschen Ehemannes befruchtete Eizelle seiner deutschen Ehefrau austrägt. Was dann – bleibt dann nur das Adoptionsrecht als Alternative? Werden die im Ausland von Leihmüttern geborenen genetischen Kinder deutscher Eltern nicht als Kinder ihrer genetischen Eltern erkannt, werden sie nicht als Deutsche behandelt? Was, wenn in Deutschland verbotene, im Ausland aber erlaubte Genomchirurgie zum Einsatz kommt und wenn (deutsche) Eltern nach längerem Auslandsaufenthalt mit genetisch eindeutig eigenen Kindern nach Deutschland zurückkehren (oder einwandern) wollen? Muss dann – manchmal auch Jahre später – über den Zeugungs- oder Geburtsvorgang Rede und Antwort gestanden werden? Hier dürfte in der Realität ein Leihmütterverbot zunehmend schwieriger durchzusetzen sein.

70 Körber-Stiftung (2016).

71 Grolle (2017).

72 *The Economist* (2017a).

73 *Spiegel* (2018).

74 Nicolai (2018).

75 Nach dem World Happiness Report 2018 (vgl. Helliwell, Layard, Sachs 2018) stehen Finnland, Norwegen, Dänemark und Island geschlossen an der Spitze der Rangliste der Staaten, in denen sich die Bevölkerung mit ihren Lebensumständen am glücklichsten fühlt.

76 Für einen kompetenten Überblick sei auf die Forschungen
des Instituts für Arbeits- und Berufsmarktforschung (IAB
2018) – insbesondere Dengler und Matthes (2015) – oder
auf das Gutachten von Arntz, Gregory und Zierahn (2018)
hingewiesen.

77 Ford (2015).

78 Hawking (2018, S. 208).

79 Lotter (2005).

80 Institut Arbeit und Qualifikation (2018). Die Berechnungen
beziehen sich auf die durchschnittliche Anzahl der Arbeitsstunden pro Jahr je Erwerbstätigem, beinhalten auch Teil-
zeitbeschäftigungsverhältnisse und beziehen sich bis 1990
auf die alten Bundesländer und ab 1991 auf Deutschland.

81 Institut Arbeit und Qualifikation (2018).

82 Vgl. dazu Wippermann (2018).

83 Natürlich bleibt auch weiterhin gültig, dass bestimmte
Aktivitäten auch eine persönliche Anwesenheit erforderlich
machen. So kommen floatende Arbeitszeiten und freie
Wahl des Arbeitsortes in der Regel nicht für technische
Führungskräfte in Betracht, deren Schwerpunkt in der
Produktion liegt. Das gilt vor allem auch bei Teamarbeit,
die der regelmäßigen Begegnung der Teammitarbeiter
bedarf, um emotionale Bindungen und Zusammengehörigkeitsgefühl sowie gemeinsame Problemwahrnehmungen zu
entwickeln.

84 Eckert (2018).

85 IMF (2018, Kapitel 2).

86 Sachverständigenrat (2018, Kapitel 1, S. 47–60).

87 IMF (2018, Kapitel 2).

88 Vgl. dazu Straubhaar (2016).

89 Börsennews (2019).

90 PwC (2018).

91 PwC (2018).

92 PwC (2018).

93 Die Anzahl der täglichen Fahrten von Uber weltweit
belief sich 2017 auf etwa 15 Millionen und somit
auf rund 5,5 Milliarden pro Jahr (vgl. dazu: Statista
2018b).

94 Nach eigenen Angaben hat Airbnb 2018 rund 400 Millionen Gäste vermittelt (Statista 2018c).

95 Bemerkenswerterweise ist Amazon in den letzten Jahren mit eigenen Läden offline gegangen und hat in den USA eine Reihe eigener (Buch-)Läden eröffnet (vgl. https://www. amazon.com/amazon-books/b?node=13270229011).

96 Vgl. dazu Gassmann (2018).

97 Die Literatur zu digitalen Plattformen, deren Strategien und Wirkungen ist enorm umfangreich. Einen Einstieg bietet Schössler (2018). Er versteht »Plattform als Intermediär«. Sie bestimmt die Spielregeln für den Leistungsaustausch auf der Plattform und schöpft Wert durch eine Umsatzbeteiligung an jedem einzelnen Leistungsaustausch, der stattfindet, sowie durch die Monetarisierung anfallender Nutzerdaten. Schneider (2018) liefert eine Analyse der Plattformökonomien und der (regulierenden) Rolle des Staates aus einer politikwissenschaftlichen Perspektive.

98 Ramge (2015).

99 Haucap (2018, S. 476). Dewenter und Lüth (2016, S. 654) erkennen, dass Big Data zu marktmächtigen Firmen führen kann, erachten aber für die Frage, ob und wie stark Skalenerträge vorliegen, eine empirische Einzelfallprüfung als notwendig.

100 Ramge (2015).

101 Dewenter, Lüth (2016, S. 648).

102 Vgl. dazu Banbura, Domenico, Reichlin (2011).

103 Verbraucherzentrale Brandenburg (2018).

104 Vgl. ausführlich dazu das Jahresgutachten des Sachverständigenrats für Verbraucherfragen (2018).

105 Oehler und Horn (2018, S. 469).

106 Schneider, Vöpel, Weis (2018, S. 6). Sie erwarten zudem: »Neben der präzisen Medizin für die Krebsdiagnose und -behandlung wird KI auch in dem schwierigen Umfeld chronischer Krankheiten unterstützend wirken können, die von multiorganer Beteiligung, unregelmäßigen akuten Ereignissen und langen Krankheitsprogressionslatenzen geprägt sind.«

107 So auch Dorn (2015, S. 519): »Gesundheitsvorsorge ist an-

ders. Die Einsätze sind höher, die Probleme sind komplex, und es ist schwieriger, Veränderung zu bewirken. Digitale Technologien werden letztendlich Gesundheit und Gesundheitsfürsorge revolutionieren, aber der Übergang wird langsamer und schwieriger sein, als wir uns vorstellen können.«

108 Sachverständigenrat für Verbraucherfragen (2018, S. 16).

109 Sachverständigenrat für Verbraucherfragen (2018, S. 17). »Viele gesetzliche Krankenversicherungen belohnen ihre Kunden mit einer Gutschrift oder anderen Vergünstigungen, wenn sie im Rahmen eines sogenannten Bonusprogramms durch vorgeblich gesundheitsförderliche Aktivitäten Scoring-Punkte sammeln, indem sie an Präventionsmaßnahmen wie körperlicher Bewegung (aufgezeichnet beispielsweise durch einen Fitness-Tracker), Schutzimpfungen und Gesundheitskursen teilnehmen.«

110 Seibel (2018).

111 Erling (2018).

112 Seibel (2018).

113 Anders als alle anderen zuvor erkannte Smith (1776), dass nicht Rohstoffe und auch nicht Gold, sondern nach Eigennutz strebende Menschen und damit die vom Volk insgesamt geleistete Arbeit, gelenkt von der unsichtbaren Hand des Marktes, für den »Wohlstand der Nationen« verantwortlich sei. Der 800 Seiten starke Wälzer »Der Wohlstand der Nationen« gilt als »das erfolgreichste Buch über die ökonomische Wissenschaft und, mit der möglichen Ausnahme von Darwins ›Origin of Species‹, das wissenschaftliche Werk mit dem größten Erfolg, das bis heute veröffentlicht wurde« (so ein anderer »Jahrhundertökonom«, nämlich Joseph A. Schumpeter – zitiert nach Smith (1776 bzw. 2005, S. 1).

114 Steingart (2011, S. 8).

115 Taleb (2010, S. 56).

116 Taleb (2010, S. 56).

117 Hackenberg (2004).

118 Bundesamt für Migration und Flüchtlinge (2015, S. 237).

119 Statistisches Bundesamt (2018, S. 35).

120 Vgl. dazu Geißler (2010).

121 Vgl. van der Meer und Tolsma (2014).

122 Vgl. dazu Helliwell et al. (2014).

123 Vgl. dazu Adler and Kwon (2002) sowie Kwon and Adler (2014).

124 Vgl. dazu Gersemann, Rosenfeld, Zschäpitz (2019).

125 Giersch (1989, S. 1).

126 Piketty (2014) und Milanovic (2016, 2017). Alle Daten der weltweiten Verteilungsentwicklung (gemessen in sogenannten Gini-Koeffizienten) und der empirischen Daten von Piketty und Milanovic sind abrufbar unter World Bank (2017) und auf der Homepage World Inequality Report (2018).

127 So das wichtigste Ergebnis von Thomas Piketty (2014, Introduction): »When the rate of return on capital exceeds the rate of growth of output and income, capitalism automatically generates arbitrary and unsustainable inequalities that radically undermine the meritocratic values on which democratic societies are based.«

128 Branko Milanovic (2016) präsentiert in seinem auch auf Deutsch erschienenen Bestseller »Die ungleiche Welt« überzeugende Belege dafür, dass im Zeitalter der Globalisierung die Ungleichheit zwischen den Volkswirtschaften eher geringer, innerhalb der Volkswirtschaften jedoch eher größer geworden sind. Er dokumentiert, dass die Unterschiede zwischen Nord und Süd, westlicher und östlicher Welt, Industrie- und aufstrebenden Ländern schwächer werden, aber die Polarisierung zwischen Ober- und Unterschicht innerhalb der Gesellschaften zunimmt. Die WTO (2017) wiederum verweist in ihrem Welthandelsbericht 2017 darauf, dass es weniger die Globalisierung ist als vielmehr der Technologiewandel, der die Ursache für das Öffnen der Wohlstandsschere war.

129 Von Hayek (1969, S. 253).

130 Von Hayek (1969a, S. 95).

131 Mit Blick auf die ausgezeichnete Darstellung (mit entsprechend fundierten Referenzen auf die einschlägige Literatur) von Este und Hüther (2011, insbesondere Teil 2) wird hier auf eine weiter gehende Angabe von Literaturhinweisen verzichtet.

132 Akerlof und Shiller (2010).

133 Vgl. dazu auch Foley (2004).

134 »Animal Spirits« betitelten Akerlof und Shiller (2010) ihr Buch und beziehen sich auf einen Begriff, den John Maynard Keynes verwendet hatte, um mit den »animalischen Instinkten« auf Ursachen irrationalen Verhaltens hinzuweisen.

135 Vgl. Keynes (1936, Kapitel 12).

136 »Given that the structure of an econometric model consists of optimal decision rules of economic agents, and that optimal decision rules vary systematically with changes in the structure of series relevant to the decision maker, it follows that any change in policy will systematically alter the structure of econometric models. ... (This conclusion) is fundamental; for it implies that comparisons of the effects of alternative policy rules using current macroeconometric models are invalid regardless of the performance of these models over the sample period or in ex ante short-term forecasting. ... Comparisons of the effects of alternative policy rules using current macroeconometric models are invalid regardless of the performance of these models over the sample period or in ex ante short-term forecasting.« Lucas (1976, S. 41)

137 Tetlock (2005).

138 Rosling, Rosling Rönnlund und Rosling (2018, S. 19).

139 Rosling, Rosling Rönnlund und Rosling (2018, S. 20).

140 Taleb (2010).

141 Lotter (2018, S. 14).

142 Diese Einschränkung trifft in besonderem Maße auf die »berechenbaren« Simulationsmodelle zu, mit deren Hilfe in der Ökonomik versucht wird, langfristige Prognosen über die Folgen dynamischer Entwicklungen formulieren zu können. Sie basieren in der Regel auf Gleichgewichtsmodellen, die aber in der Realität die seltene Ausnahme darstellen. Das Ungleichgewicht wird – mehr denn je – in der disruptiven Praxis zur allgemeinen Regel.

143 Hayek (1975).

144 Hayek (1975, S. 17).

145 Norris et al. (2008) beschreiben die vielschichtige Herkunft des Resilienzbegriffs und dokumentieren in Tabelle 1 (Norris et al. 2008, S. 129) die verschiedenen Quellen aus der Physik, der Ökologie, der Soziologie und der Psychologie.

146 Felderer (2018, S. 267).

147 Norris et al. (2008, S. 129–130) verweisen mit Bezug auf Bodin und Wiman (2004) auf den Unterschied zwischen »Resilienz« und »Resistenz«: »In mathematics and technology, resistance refers to the force required to displace the system from equilibrium, whereas resilience refers to the time required for the system to return to equilibrium once displaced.«

148 Brinkmann et al. (2017, S. 647) bieten einen sehr illustrativen Überblick zur vielfältigen disziplinären Verwendung des Resilienzbegriffs. Angesichts der von ihnen in Tabelle 1 wiedergegebenen reichhaltigen Literaturangaben wird hier auf eine Angabe weiterführender Basisliteratur verzichtet.

149 Sheffi (2015 und 2005) veranschaulicht anhand von Fallstudien, wie Unternehmen durch ein resilientes Verhalten disruptive Störungen bewältigen. Sandberg und Grant (2018) schafften es mit ihren aus der Psychologie abgeleiteten wissenschaftlichen Erkenntnissen aus der Resilienzforschung sogar auf die *New York Times*-Bestsellerliste.

150 OECD (2018, 2017) sowie Caldera Sánchez et al. (2017) und Hermansen und Röhn (2016).

151 Brinkmann et al. (2017, S. 644).

152 Siehe dazu Felderer (2018).

153 Rürup und Huchzermeier (2018).

154 Mühleisen (2018, S. 5–6): »Smart policies can alleviate the short-term pain of technological disruption and pave the way for long-term gain. … An important component of a disruptive technology is that it must first be widely adopted before society adapts to it.«

155 Brinkmann et al. (2017a, S. 9).

156 Brinkmann et al. (2017a, S. 9).

157 Brundtland (1987).

158 Hayek (1975, S. 15) prägte für die Voraussagen allgemeiner Strukturen, ohne Aussagen über spezielle einzelne Ereig-

nisse zu treffen, den Begriff »pattern predictions«. Sein Beispiel mag erläutern, was damit genau gemeint ist. So können Zuschauer klar zwischen einem Fußball- und einem Handballspiel unterscheiden. Sie können voraussagen, ob die Spieler den Ball mit der Hand oder dem Fuß weiterleiten. Das Erkennen des Spiel-»musters« und die richtige Voraussage, ob mit Hand oder Fuß gespielt wird, erlaubt noch in keiner Weise, vorauszusagen, wer genau als Nächstes den Ball erhalten wird, und schon gar nicht, mit welchem Resultat das Spiel am Ende ausgehen wird. »Die Möglichkeit der Voraussage wird auf solche allgemeinen Merkmale des zu erwartenden Geschehens beschränkt sein, und die Möglichkeit, bestimmte besondere Abläufe vorauszusagen, nicht einschließen«, so Hayek (1975, S. 20).

159 Friedman (2009); Sinn (2009).

160 Strüven (2003); Suntum (2006); Sinn (2003).

161 Sachverständigenrat (2018) und (2017).

162 Die Neue Politische Ökonomie – auch als Public-Choice-Theorie bezeichnet – vermag überzeugend zu zeigen, dass es am Ende immer Einzelinteressen und deren Interessenvertreter sind, die zwar vorgeben, im Allgemeininteresse zu handeln, aber letztlich damit immer Partikularinteressen verfolgen.

163 Hayek (1975).

164 Monod (1971).

165 Diamond (2005).

166 Olson (1991).

167 Monod (1971, S. 129): »Das Universum trug weder das Leben, noch trug die Biosphäre den Menschen in sich. Unsere ›Losnummer‹ kam beim Glücksspiel heraus. Ist es da verwunderlich, dass wir unser Dasein als sonderbar empfinden – wie jemand, der im Glücksspiel eine Milliarde gewonnen hat?«

168 Hayek (1969, S. 249).

169 Brennan und Buchanan (1985): »Good games depend on good rules more than they depend on good players. Fortunately for us all, and provided that we understand the reason of rules in the first place, it is always easier to secure

agreement on a set of rules than to secure agreement on who is or is not our favorite player.«

170 Hawking (2018, S. 169–170).

171 Meadows (1972), zitiert nach *Spiegel* (1972, S. 126).

172 Meadows (1972), zitiert nach *Spiegel* (1972, S. 126).

173 Zur Berechnung dieser These vgl. HWWI-Berenberg (2005).

174 Hawking (2018, S. 229).

175 Lossau (2018).

176 Hawking (2018, S. 229).

177 Lotter (2018, S. 19).

178 Deckungsbeitrag ist die Differenz zwischen Erlös (Preis, Umsatz) und variablen Kosten, die dem Hersteller (Verkäufer) entstehen.

179 Unter Kollusion wird typischerweise ein Marktergebnis verstanden, bei dem Unternehmen durch eine Form von Koordinierung höhere Gewinne als im Wettbewerb erzielen, indem sie etwa Preise oder Mengen untereinander absprechen. Kollusives Verhalten geht daher zulasten der Nachfrager und ist aus gesamtgesellschaftlicher Sicht unerwünscht (Monopolkommission 2018).

180 Dewenter und Lüth (2016) diskutieren die Voraussetzungen, wann Daten zu Marktmacht führen können. So können Skalenerträge so stark sein, dass die mindestoptimale Datenmenge nur von sehr großen Plattformen erreicht werden kann. In dem Fall würde quasi ein natürliches Monopol auf Datenbasis vorliegen. Oder aber Daten stehen exklusiv nur einer Plattform zur Verfügung, und kein Konkurrent könnte diese oder ähnliche Daten erlangen.

181 Wambach und Müller (2018) beschreiben, wie die großen Fünf der Internetwirtschaft (Alphabet [Google]), Apple, Amazon, Microsoft und Facebook, eine enorme Machtfülle erlangen, die sie Monopolen gleich ermächtigt, den Wettbewerb auszuschalten.

182 Vgl. hierzu die ausführliche wissenschaftliche Analyse aus polit(ökonomischer) Perspektive von Schneider (2018).

183 William Baumol (1982), von vielen als intellektueller Sohn Joseph Schumpeters gewürdigt, hat das Konzept der bestreitbaren Märkte geprägt (vgl. dazu auch: Baumol, Panzar

und Willig 1982). Es besagt, dass Monopole nicht ex ante zu verbieten sind. Vielmehr ist dafür zu sorgen, dass Märkte für mögliche Konkurrenten offen bleiben, die den Monopolisten das Leben schwer machen. Dieses Vorgehen ermöglicht, dass die für Innovationen so wichtigen Monopole wenigstens für eine Zeit lang tätig sein können. Somit haben Unternehmen Anreize, zu forschen und neue Produkte und Prozesse zu entwickeln, die über verschiedene Kanäle zu einem allgemeinen Fortschritt führen.

184 Natürliche Monopole widerspiegeln Kostenstrukturen, die dazu führen, dass es betriebs- und auch gesamtwirtschaftlich immer billiger ist, nur einen einzigen Anbieter für eine bestimmte Leistung zu haben und nicht mehrere.

185 Haucap und Normann (2014).

186 Langenmayr (2017, S. 12).

187 Langenmayr (2017, S. 13).

188 Fuest et al. (2017, S. 22).

189 Vgl. Schubert (2017).

190 Exemplarisch lässt sich die Steuervermeidungsstrategie am Streit der EU-Kommission mit Apple veranschaulichen. Aus Sicht der EU-Kommission versteuerte Apple nur 50 Millionen Euro Gewinn in Irland statt über 13 Milliarden Euro, die an sich in Europa Bemessungsgrundlage gewesen wären (vgl. dazu: Kwasniewski 2016).

191 Bernau (2017).

192 Europäische Kommission (2018).

193 Becker und Englisch (2017).

194 Europäische Kommission (2018, S. 11).

195 Fuest (2018, S. 25).

196 Statistisches Bundesamt (2019) und Statistisches Bundesamt (2017a, S. 16).

197 Wie schon Blankart (2017, S. 243) mit Blick auf die Körperschaftsteuer feststellte, bleibt die Forderung nach einer Abschaffung der Unternehmensbesteuerung und einem Verzicht, Unternehmen zu besteuern, richtiger als jemals zuvor, »denn eine Steuer, die infolge von unklaren Überwälzungsmöglichkeiten von der Fiskalillusion lebt, kann wenig zu rationalen finanzpolitischen Entscheidungen beitragen«.

198 Blankart (2017, S. 253).

199 Fuest et al. (2017, S. 22).

200 Fuest et al. (2017, S. 27).

201 Liessmann (2016).

202 So schlägt der Vorstandsvorsitzende der Deutschen Post, Frank Appel, vor, »zum Beispiel bei Arbeit, die von Menschen geleistet wurde, auf die Mehrwertsteuer (zu) verzichten – und nur die Arbeit von Robotern (zu) besteuern«; zitiert nach Gersemann und Nicolai (2016).

203 Vgl. dazu auch Rürup und Huchzermeier (2017).

204 Industrieanlagen waren ortsgebunden und weitgehend immobil. Und die weit mobilere Arbeit musste zu den Fabriken und Produktionsstätten ziehen. Da hatte der Fiskus vergleichsweise leichtes Spiel, auf die Einkommen der Belegschaften Zugriff zu nehmen.

205 Vgl. dazu Grömling (2016). Er zeigt, dass insbesondere in Übergangsphasen technologischer Neuerungen merkliche Dämpfeffekte auf die statistisch erfassbare (bzw. erfasste) Produktion zu erwarten sind, da »ein Teil der neuen Güter nicht in den Volkswirtschaftlichen Gesamtrechnungen erscheint, die negativen Substitutionseffekte jedoch dort voll sichtbar sind« (a.a.O., S. 139).

206 Vgl. dazu Müller-Armack (1950). Der Begriff der sozialen Irenik sagt, dass es eine Versöhnung zwischen Marktwirtschaft und Gerechtigkeit, zwischen Effizienz und Umverteilung und zwischen dem primären Einkommen auf der Grundlage der individuellen Leistungsfähigkeit und dem sekundären Einkommen auf der Grundlage der individuellen Bedürfnisse gibt. Zum Begriff der sozialen Irenik siehe Quaas (2005, S. 408–411).

207 Müller-Armack (1956).

208 Fukuyama (1992) erkennt in den liberalen Demokratien »the ›end point of mankind's ideological evolution‹ and the ›final form of human government‹, and as such constituted the ›end of history‹«.

209 Die »Trickle-down-Theorie« besagt, dass Wirtschaftswachstum und allgemeiner Wohlstand nach und nach über

Konsum und Investitionen in die unteren Schichten der
Gesellschaft durchsickern würden.

210 Vgl. dazu Rosling, Rosling Rönnlund und Rosling (2018).

211 Vgl. dazu Milanovic (2016), Obstfeld (2016) sowie die
Angaben des World Inequality Report (2018).

212 Wobei allerdings – entgegen einer weitverbreiteten Wahrnehmung – die grenzüberschreitende Beteiligung am Eigen-
kapital einer ausländischen Firma gemessen am gesamten
Kapitalstock vergleichsweise gering blieb. Der überwiegen-
de Anteil der Investitionen wurde von inländischen Firmen
im Inland getätigt. Diese Erkenntnis wird in der Ökonomik
als Feldstein-Horioka-Paradoxon diskutiert (vgl. dazu Neinhaus 2014). Das Paradox besagt, dass globale Kapitalmärkte
durch zahlreiche Friktionen geprägt sind, weshalb national
geschaffene Ersparnis dem Ursprungsland als Investitions-
kapital erhalten bleibt. Eine Eigenkapitalbeteiligung in
vertrauter heimischer Nähe wird in der Regel noch immer
einem Engagement in der unbekannten Ferne vorgezogen.
Direktinvestitionen im Ausland machen nur einen geringen
Teil der Investitionstätigkeit aus. Die meisten multinational
agierenden Unternehmen sind ihrem Selbstverständnis
nach immer noch vor allem »nationale« Firmen und durch
einen nationalen ›Touch‹ gekennzeichnet, der vom Mutter-
land geprägt wird.

213 Ungeachtet längst massiv gestiegener Mobilitätsanreize
durch erschwinglicher gewordene Ferntransportmittel und
leichter zu beschaffende Informationen über mögliche
Zielländer leben von der gesamten Weltbevölkerung von
7,6 Milliarden Menschen heute gerade einmal 3,5 Prozent
– etwa 260 Millionen Menschen – nicht in dem Land, in
dem sie geboren wurden – zur Jahrhundertwende waren
es lediglich 2,8 Prozent gewesen (berechnet aus United
Nations [2017] und United Nations [2017a]).

214 Viele Europäer(innen) bewerten Zuwanderung als weitere Bedrohung der politischen Stabilität, der kulturellen
Identität und ökonomischen Prosperität. Sie glauben, einen
staatlichen Kontrollverlust zu erkennen. Er führe dazu,
dass Einheimische im eigenen Land wirtschaftlich an den

Rand gedrängt und sozial zu einer Minderheit werden, die ungewollt die ungeliebten Verhaltensspielregeln der Zugewanderten übernehmen muss. Ohne jeden Zweifel ist die Migration aus anderen Kulturkreisen eine gewaltige Herausforderung für europäische Gesellschaften, Politik und Wirtschaft. Die Integrationskosten sind auch für wohlhabende westliche Staaten keine Bagatelle. Selbst wenn bei Weitem nicht alle Asylsuchenden rechtliche Anerkennung finden und viele Flüchtlinge freiwillig weiterziehen oder nach Hause zurückkehren, ist und wird eine kostspielige Integrationsleistung zu erbringen sein.

215 Vgl. dazu Brücker und Jahn (2010); Hinte, Rinne und Zimmermann (2012) sowie Brücker et al. (2014).

216 Das Problem von Wahrnehmung und Erwartung liegt darin, dass beide mit immensen Fehlerquellen zu kämpfen haben. Nicht nur, dass Informationen, die zur persönlichen Meinungsbildung dienen, veraltet, unvollständig, teilweise falsch und manchmal von anderen manipulativ missbraucht sein können. Als Faustregel nutzt man aus Erfahrung und Bequemlichkeit die immer gleichen Informationsquellen und Vertrauenspersonen, um sich ein eigenes Urteil zu bilden. Die Verengung auf Bekanntes kann das Spektrum für neue Einsichten verengen und zu einem Festhalten an veralteten Standpunkten führen. Die Herde folgt dann dem ausgetretenen Pfad der Leitkuh, selbst wenn sich die Realität und damit die Richtung, in die man sich bewegen sollte, komplett verändert haben.

217 Vgl. dazu Hüther und Straubhaar (2009).

218 »Kognitive Verzerrungen« nennt die Verhaltensökonomie ein häufig feststellbares Verhalten, das eher durch Gefühle und weniger durch Kalküle geleitet wird. Oft halten Menschen aus Sturheit an alten Urteilen fest, einfach um nicht frühere Fehler, Fehleinschätzungen oder Fehlurteile zugeben zu müssen. Sich von bekannten Verhaltensweisen zu lösen oder lange gepflegte und mit vielen gemeinsamen Erfahrungen emotional aufgeladene Beziehungen aufzukündigen und soziale Netzwerke zu verlassen, ist in jeder Dimension enorm aufwendig.

Neuerungen verursachen Unsicherheit über die zu erwartenden Folgen. Und da in aller Regel Menschen kleine
Verluste als überaus schmerzhaft empfinden, bleibt man
im alten Trott, verharrt und macht weiter so wie bisher.
Auch wenn sich Veränderungen nachweislich positiv
auswirken würden.

219 Vgl. dazu den Interpretationsstreit zwischen Fratzscher
(2016) und Felbermayr, Battisti und Lehwald (2016).

220 Vgl. dazu die Analyse von Trebilcock (2014).

221 Vgl. dazu die vielen einschlägigen Publikationen von Ernst
Fehr oder Bruno S. Frey, beispielsweise Fehr und Schwarz
(2002), Fehr und Schmidt (2003) oder Frey (1995).

222 Schnitzlein (2013).

223 *The Economist* (2018, S. 12).

224 Was »Neoliberalismus« meint und was er will, bleibt
oft – manchmal bewusst – unverstanden und wird häufig
vorsätzlich missverstanden. Viele nutzen – manchmal in
Unkenntnis, oft jedoch ganz bewusst als Kampfbegriff – das
Zerrbild des kalten, interessengetriebenen Neoliberalismus,
um die Marktwirtschaft zu diskreditieren und für alles
Schlechte dieser Welt von Arbeitslosigkeit bis Umweltzerstörung, Verarmung und Verelendung verantwortlich zu
machen (Siems 2015).

225 Zingales (2012).

226 *The Economist* (2018).

227 *The Economist* (2018).

228 *The Economist* (2018, S. 12): »Liberals need to side with a
struggling precariat against the patricians. They must
rediscover their belief in individual dignity and self-
reliance – by curbing their own privileges.«

229 Zingales (2012, S. 46) fordert: »A probusiness agenda aims
at maximizing the profits of existing firms; a promarket
agenda, by contrast, aims at encouraging the best business
conditions for everyone.«

230 *The Economist* (2018) und IMF (2018a).

231 Dahrendorf (2003, S. 26 – 29).

232 Graeber (2018, S. 31) definiert »Bullshit-Jobs« als
»Beschäftigungen, die so vollkommen sinnlos, unnötig oder

schädlich sind, dass selbst der Beschäftigte ihre Existenz nicht rechtfertigen kann«.

233 Obstfeld (2016, S. 15).

234 Vgl. dazu Wippermann (2018).

235 Beispielsweise könnte auch festgelegt werden, dass eine vergleichbare Bezahlung in Abhängigkeit von den Anforderungen erfolgt und dazu eine variable Vergütung für besondere Leistungserfüllung, die in Form von Zeitkonten, Erfolgsbeteiligung oder als Einzahlung für Altersvorsorge ausbezahlt werden könnte.

236 Ifo (2019) mit weiterführenden Literaturangaben.

237 Selbstverständlich gilt die Forderung nach einer stetigen Weiterbildung für alle: Die ganze Arbeitnehmerschaft, nicht nur Hochqualifizierte, braucht den Erhalt ihrer Beschäftigungsfähigkeit.

238 Ifo (2019).

239 Lindner (2018).

240 Lindner (2018).

241 Hasenclever (2018, S. 40).

242 Hasenclever (2018).

243 Expertenkommission Forschung und Innovation (2018, S. 34).

244 Expertenkommission Forschung Innovation (2018, S. 37).

245 Lindner (2018).

246 Michler (2018) sowie Schleicher (2019).

247 Lotter (2018).

248 Statistisches Bundesamt (2018a, S. 8).

249 Der Staat müsste wohl sicherstellen, dass (Aus- und Weiter-)Bildungsgutscheine auch wirklich eingelöst werden können – vielleicht nicht immer an der »Wunsch«-Schule, aber in jedem Fall an einer staatlichen (Hoch-)Schule. Für diese »Letzte Hafen«-Funktion müssten staatliche (Aus- und Weiter-)Bildungseinrichtungen finanziell entschädigt werden.

250 Die Gefahr einer »digital divide« wird von Zillien und Haufs-Brusberg (2014) ausführlich thematisiert.

251 Herrhausen (1990, S. 52).

252 Nur der Korrektheit wegen sei daran erinnert, dass beim

Umlageverfahren die Einzahlungen der jeweils gerade aktiven Erwerbsgeneration (Beiträge der Versicherten und Arbeitgeber sowie Zuschüsse aus dem Bundeshaushalt) für die laufenden Rentenzahlungen verwendet werden. Die Versicherten von heute erhalten im Gegenzug einen – verfassungsrechtlich geschützten – Anspruch auf Rente im Alter, der dann von der nächsten Beitragszahler-Generation finanziert werden muss.

253 Petersdorff von (2014).

254 Schipper (2015). Atkinson (2015, Kapitel 6, insb. ab S. 169) schlägt deshalb ein »Mindesterbe« vor, das der Staat »jedem Staatsbürger zum 18. Geburtstag auszahlt« und das sich »über höhere Erbschaftssteuern« finanzieren ließe.

255 In seiner Antrittsvorlesung an der Universität München hat Sinn (1986) herausgearbeitet, inwieweit eine höhere Risikobereitschaft zu einem höheren Wohlstand führt und wie durch Versicherungs- und Aktienmärkte, staatliche Umverteilungsmaßnahmen und private Vermögensbildung die Risikotoleranz erhöht werden kann.

256 Vgl. dazu ausführlich Hüther und Straubhaar (2009).

257 Atkinson (2015) sowie empirisch gut belegt durch: Ostry, Berg und Tsangarides (2014).

258 Friedman (1962, S. 157). Offen blieben für Friedman die Fragen, »in welchem Umfang« und »in welcher Form« staatliche Unterstützung gewährt werden soll. Zur Höhe äußerte er sich dahingehend, dass das primär eine politische Entscheidung sei (auch wenn die Folgekosten ökonomische Verwerfungen erzeugen könnten). »It would be possible to set a floor below which no man's net income ... could fall ... The precise floor set would depend on what the community could afford.« (Friedman 1962, S. 158) Fairerweise muss erwähnt werden, dass Friedman selber wohl nicht ein Konzept verfolgte, bei dem ohne Bedingungen ein Grundeinkommen an alle fließt, sondern eher ein »Kombi«-Modell, das sich an Erwerbstätige richtet, deren eigene Leistungsfähigkeit nicht genügt, um die eigene Existenz finanzieren zu können. Für diese Sicht spricht das Zitat, dass »like any other measures to alleviate poverty, it reduces

the incentives of those helped to help themselves, but it does not eliminate that incentive entirely, as a system of supplementing incomes up to some fixed minimum would. An extra dollar earned always means more money available for expenditure.« (Friedman 1962, S. 158)

259 Tobin (1966).

260 Exemplarisch hierzu: Bregman (2017), Straubhaar (2017), Werner et al. (2017).

261 Zum Beispiel: Flassbeck (2017), Fratzscher (2017), Kay (2017), Petersen (2017) oder Schneider (2017).

262 Dahrendorf (2003) wurde »auf der Suche nach einer neuen Ordnung« bei einem »Grundausstattungs-Marktliberalismus« fündig.

263 Kretschmann (2018, S. 8).

264 »Leistungsstaat« bedeutet allerdings nicht, dass der Staat die Leistung auch selber erbringen muss. Meistens genügt es, wenn er durch Regulierungen, Anreize und Sanktionen lediglich dafür sorgt, dass Marktversagen verhindert oder fehlende Märkte neu geschaffen werden. So kann der Staat private Wachdienste dafür bezahlen, dass sie für die Sicherheit der Bürger sorgen. Er kann Private beauftragen, Breitbandkabel zu legen oder Satelliten, Bahn, Post, Flughäfen, Energiewerke, Gefängnisse, Krankenhäuser, Pflegeheime, Universitäten, Schulen, Museen und Theater zu betreiben.

265 Die Unterscheidung von Staatsraum und Wirtschaftsraum und das Zusammenspiel der beiden wurde von Andreas Predöhl (1934, 1971 bzw. 1947) geprägt.

266 Giersch (1989, S. 1).

267 ›Subsidiarität‹ verstanden als Grundsatz, »dass, was die kleineren und untergeordneten Gemeinwesen leisten und zum guten Ende führen können, für die weitere und übergeordnete Gemeinschaft in Anspruch zu nehmen (gegen die Gerechtigkeit verstoße, weil) jedwelche Gesellschaftstätigkeit subsidiär (ist); sie soll die Glieder des Sozialkörpers unterstützen, darf sie aber niemals zerschlagen oder aufsaugen« (Enzyklika Pius XI. »Quadragesimo anno« von 1931).

268 Vgl. hierzu Kapitel 9 (Ende des Normalfalls).

269 Hawking (2018, S. 215).

270 Hawking (2018, S. 221).

271 Steingart (2011, S. 23).

272 Hayek (1969, S. 252).

273 Bade (2000, S. 11).

274 Vgl. zur Bedeutung der Zuwanderung aus ökonomischer und gesellschaftlicher Sicht ausführlich Straubhaar (2016).

275 Haan (2019).

276 Vöpel (2019). »Der ökonomische Vorteil, den die Demokratie in der Industrialisierung hat, sinkt, weil die Beteiligung der Menschen an Gemeinwesen und Wertschöpfung nicht mehr nötig ist. Gleichzeitig steigen die ökonomischen Kosten der Demokratie, weil die Demokratie die Wertschöpfung aus individuellen Daten stärker beschränkt als Autokratien.«

277 Gersemann, Rosenfeld, Zschäpitz (2019).

278 Brennan und Buchanan (1985).

279 Kretschmann (2018, Kapitel 2, ab S. 36). Und er meint damit »eine Klammer jenseits des überkommenen Links-Rechts-Schemas, die Menschen mit ganz unterschiedlichen Geschichten und kulturellen Orientierungen zusammenbringt« (Kretschmann, 2018, S. 11).

280 Für eine konkrete Ausgestaltung eines (bedingungslosen) Grundeinkommenskonzepts vgl. Straubhaar (2017).

281 Hawking (2018, S. 221).

Literaturverzeichnis

Adler, Paul S.; Kwon, Seok-Woo (2002): Social Capital: Prospects for a New Concept. In: Academy of Management Review, Jg. 27, Nr. 1, S. 17–40.

Ahmad, Nadim; Ribarsky, Jennifer; Reinsdorf, Marshall (2017): Can Potential Mismeasurement of the Digital Economy Explain the Post-Crisis Slowdown in GDP and Productivity Growth? OECD Statistical Working Paper, Nr. 85, Paris (OECD), siehe: http://dx.doi.org/10.1787/a8e751b7-en (zuletzt abgerufen am 12.02.2019).

Ahmad, Nadim; Schreyer, Paul (2016): Are GDP and Productivity Measures Up to the Challenges of the Digital Economy? In: International Productivity Monitor, Nr. 30, Spring, S. 4–27, siehe: https://www.researchgate.net/publication/308031183_Are_GDP_and_Productivity_Measures_Up_to_the_Challenges_of_the_Digital_Economy (zuletzt abgerufen am 12.02.2019).

Akerlof, George A.; Shiller, Robert J. (2010): Animal Spirits: How Human Psychology Drives the Economy, and Why it Matters for Global Capitalism. New Jersey: Princeton University Press.

Arntz, Melanie; Gregory, Terry; Zierahn, Ulrich (2018): Digitalisierung und die Zukunft der Arbeit: Makroökonomische Auswirkungen auf Beschäftigung, Arbeitslosigkeit und Löhne von morgen, Bundesministerium für Forschung und Entwicklung (BMBF), Mannheim (ZEW), siehe: www.zew.de/PU79892_ (zuletzt abgerufen am 12.02.2019).

Atkinson, Anthony B. (2015): Inequality (What Could Be Done?). Cambridge (Harvard University Press).

Autor, David H. (2015): Why Are There Still So Many Jobs? The History and Future of Workplace Automation. In: The Journal of Economic Perspectives, Vol. 29, Nr. 3, S. 3–30.

Bade, Klaus J.: Europa in Bewegung (Migration vom späten 18. Jahrhundert bis zur Gegenwart). München: C.H. Beck 2000.

Bańbura, Marta; Giannone, Domenico; Reichlin, Lucrezia (2011): Nowcasting. In: Clements, Michael P.; Hendry, David F. (Hrsg.): The Oxford Handbook of Economic Forecasting. Oxford University Press, S. 193–224, siehe: http://www.oxfordhandbooks.com/view/10.1093/oxfordhb/9780195398649.001.0001/oxfordhb-9780195398649-e-8.

Baumol, William J. (1982): Contestable markets: An uprising in the theory of industry structure. In: American Economic Review, Vol. 72, Nr. 1 (March), S. 1–15.

Baumol, William J.; Panzar, John C.; Willig, Robert D. (1982): Contestable Markets and The Theory of Industry Structure, New York u. a. (Harcourt Brace Jovanovich, Inc.).

Beck, Hanno (2014): Behavioral Economics. Wiesbaden: Springer Fachmedien.

Beck, Ulrich (2001): Das Zeitalter des eigenen Lebens. In: Aus Politik und Zeitgeschichte (B 29/2001), S. 3–6, siehe: http://www.bpb.de/apuz/26127/das-zeitalter-des-eigenen-lebens (zuletzt abgerufen am 12.02.2019).

Becker, Johannes; Englisch, Joachim (2017): Ein größeres Stück vom Kuchen: Besteuerung der Gewinne von Google und Co. In: Wirtschaftsdienst, Jg. 97, H. 11, S. 801–808, siehe: https://archiv.wirtschaftsdienst.eu/jahr/2017/11/ein-groesseres-stueck-vom-kuchen-besteuerung-der-gewinne-von-google-und-co/ (zuletzt abgerufen am 12.02.2019).

Beise, Marc; Schäfer, Ulrich (2016): Deutschland digital (Unsere Antwort auf das Silicon Valley). Frankfurt a. M.: Campus Verlag.

Bernau, Patrick (2017): Warum zahlt Apple so wenig Steuern? In: Frankfurter Allgemeine Zeitung vom 28.06.2017, siehe: http://www.faz.net/aktuell/wirtschaft/recht-steuern/

technologiekonzern-warum-zahlt-apple-so-wenig-steuern-15063714.html?printPagedArticle=true#pageIndex_0 (zuletzt abgerufen am 12.02.2019).

Blankart, Charles B. (2017): Öffentliche Finanzen in der Demokratie. Eine Einführung in die Finanzwissenschaft. 9. Auflage. München: Verlag Vahlen (1. Auflage 1991).

Bodin, Per; Wiman, Bo (2004): Resilience and other stability concepts in ecology: notes on their origin, validity, and usefulness. ESS (Environmental Science Section) Bulletin, Vol. 2, S. 33–43, siehe: https://www.researchgate.net/publication/236208772_Resilience_and_Other_Stability_Concepts_in_Ecology_Notes_on_their_Origin_Validity_and_Usefulness (zuletzt abgerufen am 12.02.2019).

Börsennews (2019): Die Top 100 Aktien mit der höchsten Marktkapitalisierung Welt, siehe: https://www.boersennews.de/markt/aktien/hoechste-marktkapitalisierung (zuletzt abgerufen am 12.02.2019).

brand eins (2017): Neue Arbeit ist mehr als alte Arbeit mit Internetanschluss, H. 3.

Bregman, Rutger (2017): Utopien für Realisten. Reinbek (Hamburg): Rowohlt.

Brennan, Geoffrey; Buchanan, James (1985): The Reason of Rules. Constitutional Political Economy. Cambridge: Cambridge University Press.

Brinkmann, Henrik; Harendt, Christoph; Heinemann, Friedrich; Nover, Justus (2017): Ökonomische Resilienz – Schlüsselbegriff für ein neues wirtschaftspolitisches Leitbild? In: Wirtschaftsdienst, 97. Jg. (2017), H. 9, S. 644–650, siehe: https://archiv.wirtschaftsdienst.eu/jahr/2017/9/oekonomische-resilienz-schluesselbegriff-fuer-ein-neues-wirtschaftspolitisches-leitbild/ (zuletzt abgerufen am 12.02.2019).

Brinkmann, Henrik; Harendt, Christoph; Heinemann, Friedrich; Nover, Justus (2017a): Ökonomische Resilienz – Schlüsselbegriff für ein neues wirtschaftspolitisches Leitbild? Gütersloh: Bertelsmann Stiftung.

Brücker, Herbert et al. (2014): Zuwanderung nach Deutschland. Problem und Chance für den Arbeitsmarkt. Zeitgespräch

mit Einzelbeiträgen. In: Wirtschaftsdienst, Jg. 94, H. 3,
S. 159–179.

Brücker, Herbert; Jahn, Elke J. (2010): Arbeitsmarktwirkungen
der Migration: Einheimische Arbeitskräfte gewinnen
durch Zuwanderung. In: IAB-Kurzbericht, 26/2010, S. 1–8,
Nürnberg.

Brundtland, Gro Harlem (1987): Our Common Future. Report of
the World Commission on Environment and Development.
Oxford/New York (Oxford University Press), siehe: http://
www.un-documents.net/our-common-future.pdf (zuletzt
abgerufen am 12.02.2019).

Brynjolfsson, Erik; Saunders, Adam (2009): What the GDP
Gets Wrong (Why Managers Should Care). In: MIT Sloan
Management Review, Vol. 51, Nr. 1, S. 95–96, siehe: https://
sloanreview.mit.edu/article/what-the-gdp-gets-wrong-why-
managers-should-care/ (zuletzt abgerufen am 12.02.2019).

Byrne, David M.; Fernald, John G.; Reinsdorf, Marshall B. (2016):
Does the United States Have a Productivity Slowdown or a
Measurement Problem? In: Brookings Papers on Economic
Activity, Spring, S. 109–157, siehe: https://www.brookings.
edu/wp-content/uploads/2016/03/byrnetextspring16bpea.pdf
(zuletzt abgerufen am 12.02.2019).

Bundesagentur für Arbeit (2019): Der Arbeitsmarkt im Februar
2019. Presseinfo Nr. 9 vom 01.03.2019, Nürnberg, siehe:
https://www.arbeitsagentur.de/presse/spr-2019-09-der-
arbeitsmarkt-im-februar-2019-positive-entwicklung-trotz-
konjunktureller-abschwaechung (zuletzt abgerufen am
07.03.2019).

Bundesamt für Migration und Flüchtlinge (BAMF) (2015): Migra-
tionsbericht 2013. Berlin/Nürnberg, siehe: http://www.bamf.
de/SharedDocs/Anlagen/DE/Publikationen/Migrationsberichte/
migrationsbericht-2013.pdf?__blob=publicationFile (zuletzt
abgerufen am 12.02.2019).

Caldera Sánchez, A., et al. (2017): Strengthening Economic Resilience: Insights from the Post-1970 Record of Severe Reces-
sions and Financial Crises. In: OECD Economic Policy Papers,
Nr. 20, OECD Publishing, Paris, siehe: https://www.oecd.
org/eco/growth/Strengthening-economic-resilience-insights-

from-the-post-1970-record-of-severe-recessions-and-financial-crises-policy-paper-december-2016.pdf (zuletzt abgerufen am 12.02.2019).

Christensen, Clayton M. (1977): The Innovator's Dilemma: The Revolutionary Book That Will Change the Way You Do Business. Cambridge (Mass.): Harvard Business School Press.

Coyle, Diane (2014): GDP – A Brief But Affectionate History, Princeton and Oxford: Princeton University Press.

Dahrendorf, Ralf (2003): Auf der Suche nach einer neuen Ordnung. München: Verlag C.H. Beck.

Demary, Vera (2015): Mehr als das Teilen unter Freunden. Was die Sharing Economy ausmacht. In: Wirtschaftsdienst, 95. Jg., H. 2, S. 95–98.

Dengler, Katharina; Matthes, Britta (2015): Folgen der Digitalisierung für die Arbeitswelt: In kaum einem Beruf ist der Mensch vollständig ersetzbar (IAB-Kurzbericht, 24/2015), Nürnberg, siehe: http://doku.iab.de/kurzber/2015/kb2415.pdf (zuletzt abgerufen am 12.02.2019).

Dewenter, Ralf; Lüth, Hendrik (2016): Big Data aus wettbewerblicher Sicht. In: Wirtschaftsdienst, 96. Jg., H. 9, S. 648–654, siehe: https://archiv.wirtschaftsdienst.eu/jahr/2016/9/big-data-aus-wettbewerblicher-sicht/ (zuletzt abgerufen am 12.02.2019).

Diamond, Jared (2005): Collapse. How Societies Choose to Fall or Succeed. New York: Penguin Group.

Dorn, Spencer D. (2015): Digital Health: Hope, Hype, and Amara's Law. In: Gastroenterology, Vol. 149, Issue 3, S. 516–520, siehe: http://www.gastrojournal.org/article/S0016-5085(15)01019-7/abstract (abgerufen am 12.02.2019).

Drösser, Christoph (2002): Stimmt's? Mit dem Handy zum Mond. In: Zeit Online vom 03.01.2002, siehe: https://www.zeit.de/2002/02/200202_stimmts.xml (zuletzt abgerufen am 12.02.2019).

Eckert, Daniel (2018): Deutschland steuert auf eine gigantische Personallücke zu. In: Welt-Online vom 07.05.2018, siehe: https://www.welt.de/wirtschaft/article176120863/Korn-Ferry-Fachkraeftemangel-kostet-Deutschland-mehr-als-eine-halbe-Billion.html (zuletzt abgerufen am 12.02.2019).

Eckert, Daniel (2016): Roboter vernichten Millionen Jobs. In: Die Welt vom 27.08.2016, S. 10.

The Economist (2018): A manifesto for renewing liberalism. Ausgabe vom 13.09.2018, siehe: https://www.economist.com/leaders/2018/09/13/a-manifesto-for-renewing-liberalism (zuletzt abgerufen am 12.02.2019).

The Economist (2017): Reproductive technologies: Gene editing, clones and the science of making babies. Ausgabe vom 18.02.2017, siehe: https://www.economist.com/leaders/2017/02/18/gene-editing-clones-and-the-science-of-making-babies (zuletzt abgerufen am 12.02.2019).

The Economist (2017a): How to Have a Better Death. Death is Inevitable. A Bad Death is Not. Ausgabe vom 29.04.2017, siehe: https://www.economist.com/leaders/2017/04/29/how-to-have-a-better-death (zulezt abgerufen am 12.02.2019).

The Economist (2017b): The world's most valuable resource is no longer oil, but data. Ausgabe vom 06.05.2017, siehe: https://www.economist.com/leaders/2017/05/06/the-worlds-most-valuable-resource-is-no-longer-oil-but-data (zuletzt abgerufen am 12.02.2019).

Erling, Johnny (2018): Totale Kontrolle. Absolute Macht. In: Die Welt vom 21.02.2018, S. 8, siehe: https://www.welt.de/politik/ausland/article173736765/Ueberwachung-in-China-Totale-Kontrolle-Absolute-Macht.html (zuletzt abgerufen am 12.02.2019).

Este, Dominik H.; Hüther, Michael (2011): Verhaltensökonomik und Ordnungspolitik (Zur Psychologie der Freiheit). Institut der deutschen Wirtschaft, Beiträge zur Ordnungspolitik, Nr. 50, Köln.

Europäische Kommission (2018): Zeit für einen modernen, fairen und effizienten Steuerstandard für die digitale Wirtschaft. Brüssel, den 21.03.2018; COM (2018) 146 final. https://ec.europa.eu/transparency/regdoc/rep/1/2018/DE/COM-2018-146-F1-DE-MAIN-PART-1.PDF (zuletzt abgerufen am 12.02.2019).

Europäisches Parlament (Rechtsausschuss) (2016): Entwurf eines Berichts mit Empfehlungen an die Kommission zu zivilrechtlichen Regelungen im Bereich Robotik (2015/2103(INL))

vom 31.05.2016, siehe: http://www.europarl.europa.eu/sides/
getDoc.do?pubRef=-%2f%2fEP%2f%2fNONSGML%2bCOMPARL
%2bPE-582.443%2b01%2bDOC%2bPDF%2bV0%2f%2fDE (zuletzt
abgerufen am 12.02.2019).

Expertenkommission Forschung und Innovation (2018): Jahresgutachten 2018, siehe: https://www.e-fi.de/fileadmin/Gut-
achten_2018/EFI_Gutachten_2018.pdf und frühere Jahresgutachten unter https://www.e-fi.de/ (zuletzt abgerufen am
12.02.2019).

Fehr, Ernst; Schmidt, Klaus M. (2003): Theories of Fairness
and Reciprocity – Evidence and Economic Applications. In:
Dewatripont, M.; Hansen, L. P.; Turnovski, S. J.: Advances in
Economics and Econometrics. Eighth World Congress of the
Econometric Society, Vol. 1, Cambridge: Cambridge University
Press, S. 208–257.

Fehr, Ernst; Schwarz, Gerhard (2002): Psychologische Grundlagen der Ökonomie. Zürich: Verlag Neue Zürcher Zeitung.
2. Auflage.

Felbermayr, Gabriel; Battisti, Michele; Lehwald, Sybille (2016):
Entwicklung der Einkommensungleichheit (Daten, Fakten
und Wahrnehmungen). Stiftung Familienunternehmen,
München, siehe: http://www.familienunternehmen.de/media/
public/pdf/publikationen-studien/studien/Studie_Stiftung_
Familienunternehmen_Einkommensungleichheit.pdf (zuletzt
abgerufen am 12.02.2019).

Felderer, Bernhard (2018): Resilienz von Sozialsystemen. In:
Wirtschaftspolitische Blätter 2/2018, S. 267–273, siehe:
https://www.wko.at/site/WirtschaftspolitischeBlaetter/felderer-
resilienz-von-sozialsystemen.html (zuletzt abgerufen am
12.02.2019).

Flassbeck, Heiner (2017): Universal Basic Income Financing and
Income Distribution. The Questions Left Unanswered by
Proponents. In: Intereconomics, 52. Jg., Nr. 2, S. 80–83.

Foley, Duncan (2004), Rationality and Ideology in Economics.
In: Social Research, Vol. 71, Nr. 2, S. 329–339.

Ford, Martin (2015): Aufstieg der Roboter – Wie unsere Arbeitswelt gerade auf den Kopf gestellt wird und wie wir darauf
reagieren müssen. Kulmbach: Börsenmedien/Plassen Verlag.

Fratzscher, Marcel (2017): Irrweg des bedingungslosen Grundeinkommens. In: Wirtschaftsdienst, 97. Jg., Nr. 7, S. 521–523.

Fratzscher, Marcel (2016): Verteilungskampf: Warum Deutschland immer ungleicher wird. München: Hanser Verlag.

Frey, Bruno, S. (1995): Economic Man and Fairness: Towards
New Frontiers in Institutional Economics. In: Por onde vai
a economia portuguesa? Actas da Conferência realizada por
ocasiâo do jubileu académico de Francisco Pereira de Moura.
Instituto Superior de Economia e Gestâo, Lisboa, Junho 1995,
siehe: http://www.bsfrey.ch/articles/C_267_1995.pdf (zuletzt
abgerufen am 12.02.2019).

Friedman, Milton (1962): Capitalism and Freedom. Chicago:
University of Chicago Press.

Friedman, Thomas L. (2009): Was zu tun ist: Eine Agenda für das
21. Jahrhundert. Frankfurt a.M.: Suhrkamp Verlag.

Fuest, Clemens (2018): Digitalisierung und Steuerpolitik. In: ifo
Schnelldienst, Jg. 71, H. 14, S. 21–25.

Fuest, Clemens; Peichl, A.; Siegloch, S. (2017): Wer trägt die
Lasten von Steuern auf Unternehmensgewinne? (Lehren aus
den Erfahrungen mit der deutschen Gewerbesteuer). In: ifo
Schnelldienst, 70 (24) vom 21.12.2017, S. 22–27.

Fukuyama, Francis (1992): The End of History and the Last Man.
London: Penguin Books.

Gassmann, Michael (2018): Mit dieser Amazon-Idee verpassen Sie nie wieder den Paketboten. In: Welt-Online vom
12.11.2018, siehe: https://www.welt.de/wirtschaft/webwelt/
article183639518/Amazon-Ring-Smarte-Tuerklingel-kann-
Online-Handel-revolutionieren.html (zuletzt abgerufen am
07.03.2019).

Geißler, Max (2010): Eckrentner: Noch zeitgemäß – oder
praxisfernes Konstrukt? In: Süddeutsche Zeitung (online),
siehe: http://www.sueddeutsche.de/geld/eckrentner-noch-
zeitgemaess-oder-praxisfernes-konstrukt-1.180543 (zuletzt
abgerufen am 12.02.2019).

Gersemann, Olaf; Rosenfeld, Dagmar; Zschäpitz, Holger (2019):
Top-Ökonom warnt vor Gefahr für Marktwirtschaft und
Demokratie. In: Welt am Sonntag vom 27.01.2019, siehe:
https://www.welt.de/wirtschaft/article187766858/Top-Oeko-

nom-warnt-vor-dem-Ende-von-Marktwirtschaft-und-Demo-
kratie.html?wtrid=onsite.onsitesearch (zuletzt abgerufen am
07.03.2019).

Gersemann, Olaf (2018): Ökonomenstreit (King Kong gegen
Godzilla – jetzt greift T-Rex ein). In: Welt-Online vom
06.09.2018, siehe: https://www.welt.de/wirtschaft/artic-
le181448204/Joe-Stiglitz-und-Larry-Summers-Schlamm-
schlacht-unter-Oekonomen.html?wtrid=onsite.onsitesearch
(zuletzt abgerufen am 12.02.2019).

Gersemann, Olaf (2014): »Deutsche Unis kamen mir vor wie
Müllhalden«. In: Die Welt vom 16.02.2014, siehe: https://www.
welt.de/wirtschaft/article124902456/Deutsche-Unis-kamen-
mir-vor-wie-Muellhalden.html?wtrid=onsite.onsitesearch)
(zuletzt abgerufen am 12.02.2019).

Gersemann, Olaf; Nicolai, Birger (2016): Post-Chef will die
Arbeit von Robotern besteuern. In: Die Welt am Sonntag
vom 10.07.2016, siehe: http://www.welt.de/wirtschaft/artic-
le156922755/Post-Chef-will-die-Arbeit-von-Robotern-besteuern.
html (zuletzt abgerufen am 12.02.2019).

Giersch, Herbert (1990): Raum und Zeit im weltwirtschaftlichen
Denkansatz (Thünen-Vorlesung). In: Zeitschrift für Wirt-
schafts- und Sozialwissenschaften, 110, S. 1–19.

Giersch, Herbert (1989): Anmerkungen zum weltwirtschaftlichen Denkansatz. In: Weltwirtschaftliches Archiv, 125,
S. 1–16.

Gordon, Robert (2014): The Demise of U.S. Economic Growth: Re-
statement, Rebuttal, and Reflections, National Bureau of Economic Research Working Papers number 19895, siehe: www.
nber.org/papers/w19895 (zuletzt abgerufen am 12.02.2019).

Graeber, David (2018): Bullshit Jobs: Vom wahren Sinn der
Arbeit. Stuttgart: Klett-Cotta.

Grenz, Thorsten (2016): Die Financial Experts Association e.V.
(FEA) fordert mehr Digitalkompetenz in Vorständen und insbesondere in Aufsichtsräten. Pressemeldung vom 12.10.2016,
siehe: http://financialexperts.eu/Infothek/Aktuelles/Post/1105/
FEA-fordert-mehr-Digitalkompetenz-in-Vorst%C3%A4nden-und-
insbesondere-in-Aufsichtsr%C3%A4ten (zuletzt abgerufen am
12.02.2019).

Grömling, Michael (2016): Digitale Revolution. Eine neue Herausforderung für die Volkswirtschaftlichen Gesamtrechnungen? In: Wirtschaftsdienst, 96. Jg., H. 2, S. 135–139.

Grolle, Johann (2017): Alchemie des ewigen Lebens. In: Der Spiegel, Nr. 16/2017 vom 15.04.2017, S. 12–18, siehe: http://www.spiegel.de/spiegel/print/d-150556801.html (zuletzt abgerufen am 12.02.2019).

Haan, Yannick (2019): Vergesst endlich die Arbeiter! In: Welt vom 01.02.2019, siehe: https://www.welt.de/debatte/kommentare/article187975241/Parteien-Krise-SPD-und-Linke-machen-Politik-fuer-nicht-existente-Waehler.html?wtrid=onsite.onsitesearch (zuletzt abgerufen am 07.03.2019).

Hackenberg, Dietrich (2004): Der millionste Gastarbeiter, das Moped und die bundesdeutsche Einwanderungsgesellschaft, siehe: http://www.iberer.angekommen.com/Mio/millionster.html (zuletzt abgerufen am 12.02.2019).

Handelsblatt (2018): Abschwung oder Crash? Die nächste Rezession. Und wie die Anleger mit ihr umgehen sollten. Titelgeschichte. Wochenendausgabe vom 9./10./11.11.2018.

Hannich, Günter (2018): Megacrash. Die große Enteignung kommt: So schützen Sie sich vor der Krise und sorgen für den Crash-Fall vor. Rottenburg: Kopp Verlag.

Hansen, Alvin H. (1938): Full Recovery or Stagnation? New York: W.W. Norton & Co.

Hasenclever, Wolf-Dieter (2018): Bildung ist Bürgerrecht. Durch die voranschreitende Digitalisierung ist das notwendiger denn je. In: liberal (Das Magazin für die Freiheit), Nr. 01/2018 (Berlin: Friedrich-Naumann-Stiftung für die Freiheit), S. 38–41, siehe: https://www.freiheit.org/sites/default/files/uploads/2018/07/23/liberal012018final1.pdf (zuletzt abgerufen am 12.02.2019).

Haucap, Justus (2018): Daten als Wettbewerbsfaktor. In: Wirtschaftsdienst, 98. Jg., H. 7, S. 472–477.

Haucap, Justus; Normann, Hans-Theo (2014): Jean Tirole. Ökonomie-Nobelpreisträger 2014. In: Wirtschaftsdienst, 94. Jg., H. 12, S. 906–911.

Hawking, Stephen (2018): Kurze Antworten auf große Fragen. Stuttgart: Klett-Cotta.

Hayek, Friedrich August von (1975): Die Anmaßung von Wissen. In: ORDO: Jahrbuch für die Ordnung von Wirtschaft und Gesellschaft, Vol. 26 (1975), S. 12–21.

Hayek, Friedrich August von (1969): Der Wettbewerb als Entdeckungsverfahren. In: Freiburger Studien (gesammelte Aufsätze), Tübingen: Mohr, S. 249–265.

Hayek, Friedrich August von (1969a): Persönliche Erinnerungen an Keynes. In: Freiburger Studien (gesammelte Aufsätze), Tübingen: Mohr, S. 90–96.

Helliwell, John F.; Layard, Richard; Sachs, Jeffrey, D. (2018): World Happiness Report 2018, New York (Sustainable Development Solutions Network), siehe: https://s3.amazonaws.com/ happiness-report/2018/WHR_web.pdf (zuletzt abgerufen am 12.02.2019).

Helliwell, John F.; Huang, Haifang; Wang, Shun (2014): Social Capital and Well-Being in Times of Crisis. In: Journal of Happiness Studies, Jg. 15, Nr. 1, S. 145–162.

Hermansen, M.; Röhn, O. (2016): Economic Resilience: The Usefulness of Early Warning Indicators in OECD Countries. In: OECD Journal: Economic Studies, 2016/1, S. 9–35, OECD Publishing, Paris, siehe: http://dx.doi.org/10.1787/eco_studies-2016-5jg2ppjrd6r3 (zuletzt abgerufen am 12.02.2019).

Herrhausen, Alfred (1990): Denken, Ordnen, Gestalten. Berlin: Siedler.

Hinte, Holger; Rinne, Ulf; Zimmermann, Klaus F. (2012): Zuwanderung, Demografie und Arbeitsmarkt: Fakten statt Vorbehalte. In: Heinz, Andreas; Kluge, Ulrike (Hrsg.): Einwanderung – Bedrohung oder Zukunft? Mythen und Fakten zur Integration. Frankfurt a.M.: Campus, S. 263–278.

Hurrelmann, Klaus (2016): Die Generation Y verhält sich fahrlässig. Interview (mit Julia Maria Grass). In: Die Welt vom 01.09.2016, S. 12.

Hüther, Michael; Straubhaar, Thomas (2009): Die gefühlte Ungerechtigkeit. Warum wir Ungleichheit aushalten müssen, wenn wir Freiheit wollen. Berlin: Ullstein-Econ-Verlag.

HWWI-Berenberg (2005): Strategie 2030. Energierohstoffe. Hamburg (Hamburgisches WeltWirtschaftsInstitut, HWWI, und Berenberg), siehe: http://www.hwwi.org/fileadmin/

hwwi/Publikationen/Partnerpublikationen/Berenberg/
Strategie_2030_Energierohstoffe.pdf (zuletzt abgerufen am
12.02.2019).

IAB (2018, Institut für Arbeitsmarkt- und Berufsforschung der
Bundesagentur für Arbeit): Dossier »Digitalisierung«. Nürnberg, siehe: https://www.iab-forum.de/category/dossier/digita-
lisierung/ (zuletzt abgerufen am 12.02.2019).

Ifo (2019, ifo Institut – Leibniz-Institut für Wirtschaftsforschung
an der Universität München): Bildungsrendite, siehe: http://
www.cesifo-group.de/de/ifoHome/facts/Glossar/05-Bildung/
Bildungsrendite.html (zuletzt abgerufen am 12.02.2019).

IMF (2018, International Monetary Fund): World Economic Outlook. April 2018. Washington DC (IMF), siehe: https://www.
imf.org/en/Publications/WEO/Issues/2018/03/20/world-econo-
mic-outlook-april-2018 (zuletzt abgerufen am 12.02.2019).

IMF (2018a, International Monetary Fund): Age of Insecurity.
Rethinking the social contract. In: Finance & Development,
Vol. 55, Nr. 4, December 2018, siehe: https://www.imf.org/
external/pubs/ft/fandd/2018/12/index.htm (zuletzt abgerufen
am 12.02.2019).

Institut Arbeit und Qualifikation (2018): Arbeitsstunden pro
Jahr je Erwerbstätigen 1960 – 2017. Kommentierte Infografik.
Universität Duisburg-Essen, siehe: http://www.sozialpolitik-
aktuell.de/tl_files/sozialpolitik-aktuell/_Politikfelder/Arbeits-
markt/Datensammlung/PDF-Dateien/abbIV3.pdf (zuletzt
abgerufen am 12.02.2019).

Kay, John (2017): The Basics of Basic Income. In: Intereconomics,
52. Jg., Nr. 2, S. 69 – 74.

Keynes, John Maynard (1936): The General Theory of Employment, Interest and Money. London: Palgrave Macmillan, siehe:
http://cas2.umkc.edu/economics/people/facultypages/kregel/
courses/econ645/winter2011/generaltheory.pdf (zuletzt abgerufen am 12.02.2019).

Keynes, John Maynard (1930): Economic Possibilities for our
Grandchildren. In: Essays in Persuasion, New York: W.W.
Norton & Co., 1963, S. 358 – 373, siehe: http://www.econ.
yale.edu/smith/econ116a/keynes1.pdf (zuletzt abgerufen am
12.02.2019).

Klammer, Ute et al. (2017): Arbeiten 4.0. Folgen der Digitalisierung für die Arbeitswelt. In: Wirtschaftsdienst, Jg. 97, H. 17, S. 459–476, siehe: https://archiv.wirtschaftsdienst.eu/jahr/2017/7/arbeiten-40-folgen-der-digitalisierung-fuer-die-arbeitswelt/ (zuletzt abgerufen am 12.02.2019).

Kleinknecht, Alfred (2017): Angebotsökonomie: wenig Innovation – viele Jobs! In: Wirtschaftsdienst, Jg. 97, H. 13, S. 25–27, siehe: https://archiv.wirtschaftsdienst.eu/jahr/2017/13/angebotsoekonomie-wenig-innovation-viele-jobs/ (zuletzt abgerufen am 12.02.2019).

Körber-Stiftung (2016): Ersatzorgane aus der Petrischale. Körber-Preis 2016 an Hans Clevers. Hamburg: Körber-Stiftung, siehe: https://www.koerber-stiftung.de/fileadmin/user_upload/koerber-stiftung/mediathek/pdf/2016/Koerber-Preis-2016.pdf (zuletzt abgerufen am 12.02.2019).

Kretschmann, Winfried (2018): Worauf wir uns verlassen wollen (Für eine neue Idee des Konservativen). Frankfurt a. M.: S. Fischer-Verlag.

Kwasniewski, Nicolai (2016): 50 Euro Steuern für eine Million Euro Gewinn. In: Spiegel-Online vom 30.08.2016, siehe: http://www.spiegel.de/wirtschaft/unternehmen/apple-in-irland-50-euro-steuern-fuer-eine-million-euro-gewinn-a-1110150.html (zuletzt abgerufen am 07.03.2019).

Kwon, Seok-Woo; Adler, Paul S. (2014): Social Capital: Maturation of a Field of Research. In: Academy of Management Review, Jg. 39, Nr. 4, S. 412–422.

Langenmayr, Dominika (2017): Steuerflucht. Ein (lösbares?) Problem. In: Wirtschaftsdienst, 97 (12), S. 830–831.

Levitt, Steven D; Dubner, Stephen J. (2009): Superfreakonomics. London: Penguin Books.

Liessmann, Konrad Paul (2016): Arme Arbeit. In: Neue Zürcher Zeitung vom 27.04.2016, S. 11, siehe: https://www.nzz.ch/meinung/kolumnen/perspektiven-der-digitalen-revolution-arme-arbeit-ld.16211 (zuletzt abgerufen am 12.02.2019).

Lindner, Christian (2018), zitiert nach Gaschke, Susanne: Milliarden für Schulen – aber niemand weiß, was Schüler lernen sollen. In: Die Welt vom 03.12.2018, S. 3, siehe: https://www.welt.de/debatte/kommentare/article184841700/Digitalpakt-

Milliarden-fuer-Schulen-aber-niemand-weiss-was-Schueler-
lernen-sollen.html?wtrid=onsite.onsitesearch (zuletzt
abgerufen am 12.02.2019).

Lossau, Norbert (2018): Die Welt wird untergehen. Das ist sicher.
In: Die Welt vom 30.10.2018, siehe: https://www.welt.de/
wissenschaft/plus182942540/Die-Welt-wird-untergehen-das-
ist-wissenschaftlich-gesichert.html (zuletzt abgerufen am
12.02.2019).

Lotter, Wolf (2018): Innovation. Streitschrift für barrierefreies
Denken. Hamburg: Edition Körber.

Lotter, Wolf (2005): Der Lohn der Angst. In: brand eins, Jg. 7,
H. 7 (September), S. 50 – 59.

Lucas, Robert E. (1976): Econometric Policy Evaluation: A
Critique. In: Brunner, Karl; Meltzer, Allan H. (Hrsg.): Carnegie-
Rochester Conference Series on Public Policy, Vol. 1, S. 41.

Maddison, Angus (2001): The World Economy. OECD Paris.

Mandel, Michael (2012): »Beyond Goods and Services – The
Unmeasured Rise of the Data Driven Economy«, Policy Memo,
Progressive Policy Institute.

Manyika, James et al. (2016): »Digital globalization: The new era
of global flows«, McKinsey Global Institute Report February
2016.

Marx, Karl; Engels, Friedrich (1845 –1846): Die deutsche Ideologie. Unveränderter Neudruck nach dem Originalmanuskript
des Marx-Engels-Lenin-Instituts, Moskau, 1932, siehe: http://
www.mlwerke.de/me/me03/me03_009.htm (zuletzt abgerufen
am 12.02.2019).

Meadows, Dennis et al. (1972): Die Grenzen des Wachstums.
Bericht des Club of Rome zur Lage der Menschheit. Stuttgart:
Deutsche Verlags-Anstalt.

Michler, Inga (2018): OECD fordert mehr Disziplin in Schulen.
In: Die Welt vom 23.10.2018, siehe: https://www.welt.de/
wirtschaft/karriere/bildung/article182552782/Pisa-Studie-
OECD-fordert-mehr-Disziplin-in-Schulen.html?wtrid=onsite.
onsitesearch (zuletzt abgerufen am 12.02.2019).

Milanovic, Branko (2017): Haben und Nichthaben: Eine kurze
Geschichte der Ungleichheit. Darmstadt: Wissenschaftliche
Buchgesellschaft.

Milanovic, Branko (2016): Global Inequality – A New Approach for the Age of Globalization. Cambridge (Mass.): Harvard University Press.

Mokyr, Joel; Vickers, Chris; Ziebarth, Nicolas L. (2015): The History of Technological Anxiety and the Future of Economic Growth: Is This Time Different? In: The Journal of Economic Perspectives, Vol. 29, Nr. 3, S. 31–50.

Monod, Jacques (1971): Zufall und Notwendigkeit. München: Piper.

Monopolkommission (2018): Hauptgutachten XXII: Wettbewerb 2018. Bonn, siehe: https://www.monopolkommission.de/de/gutachten/hauptgutachten/hauptgutachten-xxii.html (zuletzt abgerufen am 12.02.2019).

Morris, Z. David, (2016): »Airbnb Valued at $30 Billion in $850 Million Capital Raise«, In: Fortune vom 06.08.2016.

Mühleisen, Martin (2018): The Long and Short of The Digital Revolution. In: Finance & Development, Vol. 55 (2018), Nr. 2 (Juni), S. 5–8, siehe: http://www.imf.org/external/pubs/ft/fandd/2018/06/impact-of-digital-technology-on-economic-growth/muhleisen.htm (zuletzt abgerufen am 12.02.2019).

Müller, Dirk (2018): Machtbeben: Die Welt vor der größten Wirtschaftskrise aller Zeiten – Hintergründe, Risiken, Chancen. München: Heyne.

Müller-Armack, Alfred (1956): Soziale Marktwirtschaft. In: Handwörterbuch der Sozialwissenschaften, Bd. 9. Wiederabdruck in: Ders., Wirtschaftsordnung und Wirtschaftspolitik, 2. Auflage, 1976. Bern, Stuttgart: Paul Haupt, S. 243–249.

Müller-Armack, Alfred (1950): Soziale Irenik. In: Weltwirtschaftliches Archiv, Band 64. Wiederabdruck in: Ders., Religion und Wirtschaft. Geistesgeschichtliche Hintergründe unserer europäischen Lebensform, 3. Auflage, 1981. Bern, Stuttgart: Paul Haupt, S. 559–578.

Neinhaus, Andreas (2014): Das Feldstein-Horioka-Paradoxon. In: Finanz und Wirtschaft (Zürich) vom 18.11.2014, siehe: https://www.fuw.ch/article/das-feldstein-horioka-paradoxon/ (zuletzt abgerufen am 12.02.2019).

Nicolai, Birger (2018): Der Freizeitwunsch ihrer Mitarbeiter wird für die Post zum Problem. In: Die Welt vom 17.12.2018, siehe:

https://www.welt.de/wirtschaft/article185617372/Deutsche-Post-Jeder-siebte-Post-Beschaeftigte-will-Freizeit-statt-Geld.html (zuletzt abgerufen am 12.02.2019).

Norris, Fran H. et al. (2008): Community Resilience as a Metaphor, Theory, Set of Capacities, and Strategy for Disaster Readiness. In: American Journal of Community Psychology, Vol. 41 (1–2), S. 127–150.

Obstfeld, Maurice (2016): Get on Track with Trade. In: Finance & Development, December 2016, Vol. 53, No 4, S. 12–16.

OECD (2018): Economic Resilience, siehe: https://www.oecd.org/eco/growth/economic-resilience.htm (zuletzt abgerufen am 12.02.2019).

OECD (2017): Resilience in a Time of High Debt. In: OECD Economic Outlook, Volume 2017, Issue 2, Paris (OECD), Chapter 2, S. 55–96, siehe: https://www.oecd.org/eco/outlook/Resilience-in-a-time-of-high-debt-november-2017-OECD-economic-outlook-chapter.pdf (zuletzt abgerufen am 12.02.2019).

Oehler, Andreas; Horn, Matthias (2018): Zur ungleichen ökonomischen Verteilung bei der Datennutzung oder: keine soziale Marktwirtschaft in der digitalen Welt! In: Wirtschaftsdienst, 98. Jg., H. 7, S. 469–472.

Olson, Mancur (1991): Aufstieg und Niedergang von Nationen. Tübingen: Mohr Siebeck.

Ostry, Jonathan; Berg, Andrew; Tsangarides, Charalambos G. (2014): Redistribution, Inequality, and Growth. IMF Staff Discussion Note 14/02. Washington DC (International Monetary Fund).

Petersdorff von, Winand (2014): Der Fluch der frühen Rente. In: Frankfurter Allgemeine Sonntagszeitung vom 19.10.2014, S. 20, siehe: https://www.faz.net/aktuell/wirtschaft/vorruhestand-der-fluch-der-fruehrente-13216810.html (zuletzt abgerufen am 12.02.2019).

Petersen, Thieß (2017): Makroökonomische Effekte eines bedingungslosen Grundeinkommens. In: Wirtschaftsdienst, 97. Jg., Nr. 9, S. 629–636.

Piketty, Thomas (2014): Capital in the Twenty First Century. Cambridge (Mass.): Harvard University Press.

Predöhl, Andreas (1971): Außenwirtschaft. 2. Auflage (1. Auflage 1947), Göttingen: Vandenhoeck u. Ruprecht.

Predöhl, Andreas (1934): Staatsraum und Wirtschaftsraum. In: Weltwirtschaftliches Archiv, 39, S. 1–12.

PwC (2018, PricewaterhouseCoopers): Die 100 wertvollsten Unternehmen der Welt, siehe: https://www.pwc.de/de/kapitalmarktorientierte-unternehmen/die-100-wertvollsten-unternehmen-der-welt-usa-dominiert-das-ranking-europa-ist-weit-abgeschlagen.html (zuletzt abgerufen am 12.02.2019).

Quaas, Friedrun (2005): Soziale Marktwirtschaft: Soziale Irenik, in: Hasse, Rolf H.; Schneider, Hermann; Weigelt, Klaus (Hrsg.): Lexikon Soziale Marktwirtschaft – Wirtschaftspolitik von A–Z. 2. Auflage, Paderborn 2005, S. 408–411, siehe: http://www.kas.de/wf/de/71.10270/ (zuletzt abgerufen am 12.02.2019).

Ramge, Thomas (2015): Die drei Zauberworte Disruption, Plattform, Netzwerkeffekt. In: brand eins, siehe: https://www.brandeins.de/magazine/brand-eins-wirtschaftsmagazin/2015/handel/die-drei-zauberworte (zuletzt abgerufen am 12.02.2019).

Ratcliffe, Susan (Hrsg.) (2016): Roy Amara 1925–2007, American futurologist. Oxford Essential Quotations (4. Auflage). Oxford University Press.

Rifkin, Jeremy (2004): Das Ende der Arbeit und ihre Zukunft: Neue Konzepte für das 21. Jahrhundert. Frankfurt a. M. / New York: Campus Verlag.

Rosling, Hans; Rosling Rönnlund, Anna; Rosling, Ola (2018): Factfulness: Wie wir lernen, die Welt so zu sehen, wie sie wirklich ist. Berlin: Ullstein.

Rürup, Bert; Huchzermeier, Dennis (2018): Pensionssysteme: Von der Nachhaltigkeit zur Resilienz. In: Wirtschaftspolitische Blätter (Wirtschaftskammer Österreich), 2/2018, S. 257–266, siehe: https://www.wko.at/site/WirtschaftspolitischeBlaetter/resilienz.html (zuletzt abgerufen am 12.02.2019).

Rürup, Bert; Huchzermeier, Dennis (2017): Wertschöpfungsabgaben verdienen eine ergebnisoffene Evaluation. In: Arbeiten 4.0. Werkheft 04: Sozialstaat im Wandel. Bundesministerium für Arbeit und Soziales (Berlin), S. 136–138.

Sachverständigenrat für Verbraucherfragen (SVRV) (2018): Verbrauchergerechtes Scoring. Berlin (SVRV), siehe: http://www.svr-verbraucherfragen.de/wp-content/uploads/SVRV_Verbrauchergerechtes_Scoring.pdf (zuletzt abgerufen am 12.02.2019).

Sachverständigenrat (zur Begutachtung der gesamtwirtschaftlichen Entwicklung) (2018): Vor wichtigen wirtschaftspolitischen Weichenstellungen. Jahresgutachten 2018/2019, siehe: https://www.sachverstaendigenrat-wirtschaft.de/fileadmin/dateiablage/gutachten/jg201819/JG2018-19_gesamt.pdf (zuletzt abgerufen am 12.02.2019).

Sachverständigenrat (zur Begutachtung der gesamtwirtschaftlichen Entwicklung) (2017): Verschiedene Jahresgutachten, siehe: http://www.sachverständigenrat-wirtschaft.de/ (zuletzt abgerufen am 12.02.2019).

Saetnan, Ann; Schneider, Ingrid; Green, Nicola (Hrsg.) (2018): The Politics of Big Data (Big Data, Big Brother). Oxon und New York: Routledge.

Saetnan, Ann; Schneider, Ingrid; Green, Nicola (2018a): The Politics of Big Data: Principles, Policies, Practices. In: Saetnan, Ann; Schneider, Ingrid; Green, Nicola (Hrsg.): The Politics of Big Data (Big Data, Big Brother). Oxon und New York: Routledge, S. 1–18.

Sandberg, Sheryl; Grant, Adam (2018): Option B: Wie wir durch Resilienz Schicksalsschläge überwinden und Freude am Leben finden. Berlin: Ullstein Verlag.

Schipper, Lena (2015): »Eine zivilisierte Gesellschaft braucht hohe Steuern«. In: Frankfurter Allgemeine Sonntagszeitung vom 29.03.2015, S. 21, siehe: https://www.faz.net/aktuell/wirtschaft/wirtschaftspolitik/armut-und-reichtum/interview-mit-tony-atkinson-ueber-armut-ungleichheit-und-mindesterbe-13511563.html (zuletzt abgerufen am 12.02.2019).

Schleicher, Andreas (2019): »Lehrer wie Fließbandarbeiter behandelt«. In: Spiegel Online vom 01.01.2019, siehe: http://www.spiegel.de/lebenundlernen/schule/oecd-andreas-schleicher-kritisiert-deutschlands-lehrer-und-das-system-a-1246012.html (zuletzt abgerufen am 12.02.2019).

Schmiechen, Frank (2017): Digitalisierung? Das ist eine Geistes-

haltung! In: Die Welt vom 10.09.2017, siehe: https://www.welt.
de/debatte/kommentare/article168480445/Digitalisierung-
Das-ist-eine-Geisteshaltung.html?wtrid=onsite.onsitesearch
(zuletzt abgerufen am 12.02.2019).

Schneider, Hilmar (2017): Universal Basic Income. Empty Dreams
of Paradise. In: Intereconomics, 52. Jg., Nr. 2, S. 83–87.

Schneider, Ingrid (2018): Bringing the State back in. In: Saetnan,
Ann; Schneider, Ingrid; Green, Nicola (Hrsg.): The Politics of
Big Data (Big Data, Big Brother). Oxon und New York: Rout-
ledge, S. 129–175.

Schneider, Johannes; Vöpel, Henning; Weis, Martin (2018):
Künstliche Intelligenz und die Neuordnung der Wirtschaft,
Ernst & Young, siehe: http://www.hwwi.org/fileadmin/hwwi/
Publikationen/Studien/Screen_EY-18-049_STU_Think_bey-
ond_tomorrow__KI__BKL1809-049-v6.pdf (zuletzt abgerufen
am 12.02.2019).

Schnitzlein, Daniel D. (2013): Wenig Chancengleichheit in
Deutschland: Familienhintergrund prägt eigenen ökonomi-
schen Erfolg. In: DIW Wochenbericht, Nr. 4 vom 23.01.2013,
S. 3–9.

Schössler, Martin (2018): Plattformökonomie als Organisationsform zukünftiger Wertschöpfung: Chancen und Herausforderungen für den Standort Deutschland. Friedrich-Ebert-
Stiftung: WISO-Diskurs 21, Bonn, siehe: http://library.fes.de/
pdf-files/wiso/14756.pdf (zuletzt abgerufen am 12.02.2019).

Schubert, Christian (2017): Die Steuerflucht soll enden. Frankfurter Allgemeine Zeitung vom 07.06.2017, siehe: http://www.faz.
net/aktuell/wirtschaft/recht-steuern/multinationaler-vertrag-
die-steuerflucht-soll-enden-15051038.html (zuletzt abgerufen
am 12.02.2019).

Schumpeter, Joseph A. (1967): Die Analyse von Veränderungen
der Wirtschaft. In: Weber, Wilhelm; Neiss, Hubert (Hrsg):
Konjunktur- und Beschäftigungstheorie, Köln: Kiepenheuer &
Witsch, S. 291–306.

Schumpeter, Joseph A. (1912): Theorie der wirtschaftlichen
Entwicklung, (zitiert nach der 7. Auflage (1987), Berlin:
Duncker & Humblot). Unveränderter Nachdruck der
4. Auflage 1934.

Seibel, Karsten (2018): Jeder vierte Deutsche will Raser automatisch anzeigen lassen. In: Die Welt vom 31.10.2018, siehe: https://www.welt.de/wirtschaft/article183076800/Glaeserner-Buerger-Jeder-vierte-Deutsche-will-Raser-automatisch-anzeigen-lassen.html?wtrid=onsite.onsitesearch (zuletzt abgerufen am 12.02.2019).

Sheffi, Yossi (2015): The Power of Resilience (How the Best Companies Manage the Unexpected). Cambridge: MIT Press.

Sheffi, Yossi (2005): The Resilient Enterprise (Overcoming Vulnerability for Competitive Advantage). Cambridge: MIT Press.

Siems, Dorothea (2015): Schöne neoliberale Welt. In: Die Welt vom 11.04.2015, siehe: https://www.welt.de/print/die_welt/debatte/article139401431/Schoene-neoliberale-Welt.html (zuletzt abgerufen am 12.02.2019).

Sinn, Hans-Werner (2009): Kasino-Kapitalismus: Wie es zur Finanzkrise kam, und was jetzt zu tun ist. Berlin: Econ / Ullstein Verlag.

Sinn, Hans-Werner (2003): Ist Deutschland noch zu retten? Berlin: Econ / Ullstein Verlag.

Sinn, Hans-Werner (1986): Risiko als Produktionsfaktor. In: Jahrbücher für Nationalökonomie und Statistik, Bd. 201, H. 6, S. 557–571.

Smith, Adam (1776): Der Wohlstand der Nationen. München: Deutscher Taschenbuch-Verlag, 11. Auflage 2005.

Solow, Robert (1987): »We'd better watch out«. In: New York Times Book Review vom 12.07.1987.

Solow, Robert (1974): The Economics of Resources or the Resources of Economics. In: American Economic Review, 64 (Papers and Proceedings), S. 1–14.

Spengler, Oswald (1918): Der Untergang des Abendlandes. Umrisse einer Morphologie der Weltgeschichte. Bd. 1: Gestalt und Wirklichkeit. Wien: Braumüller.

Spiegel (2018): Bahn und Gewerkschaft EVG einigen sich im Tarifstreit. Spiegel Online Mitteilung vom 15.12.2018, siehe: http://www.spiegel.de/wirtschaft/unternehmen/deutsche-bahn-und-gewerkschaft-evg-einigen-sich-im-tarifstreit-a-1243904.html (zuletzt abgerufen am 12.02.2019).

Spiegel (2017): Titelblatt Nr. 16 vom 15.04.2017, siehe: http://
www.spiegel.de/spiegel/print/index-2017-16.html.

Spiegel (1972): Weltuntergangs-Vision aus dem Computer. Nr. 21
vom 15.05.1972, S. 126–129, siehe: http://magazin.spiegel.
de/EpubDelivery/spiegel/pdf/42944961 (zuletzt abgerufen am
12.02.2019).

Statista (2018): Absatz von Apple iPhones weltweit in den
Geschäftsjahren 2007 bis 2018, siehe: https://de.statista.
com/statistik/daten/studie/203584/umfrage/absatz-von-apple-
iphones-seit-dem-geschaeftsjahr-2007/ (zuletzt abgerufen am
12.02.2019).

Statista (2018a): Prognose zur Anzahl der Smartphone-Nutzer
weltweit von 2012 bis 2021, siehe: https://de.statista.com/
statistik/daten/studie/309656/umfrage/prognose-zur-anzahl-
der-smartphone-nutzer-weltweit/ (zuletzt abgerufen am
12.02.2019).

Statista (2018b): Statistiken und Umfragen zu Uber, siehe: https://
de.statista.com/themen/3870/uber/ (zuletzt abgerufen am
12.02.2019).

Statista (2018c): Statistiken und Umfragen zu Airbnb, siehe:
https://de.statista.com/themen/2747/airbnb/ (zuletzt abgerufen
am 12.02.2019).

Statistisches Bundesamt (2018): Bevölkerung und Erwerbstätigkeit (Bevölkerung mit Migrationshintergrund. Ergebnisse des
Mikrozensus 2017). Wiesbaden (destatis), siehe: https://www.
destatis.de/DE/Publikationen/Thematisch/Bevoelkerung/
MigrationIntegration/Migrationshintergrund2010220177004.
pdf?__blob=publicationFile (zuletzt abgerufen am
12.02.2019).

Statistisches Bundesamt (2018a): Bildungsausgaben: Budget für
Bildung, Forschung und Wissenschaft 2015/2016. Wiesbaden
(destatis), siehe: https://www.destatis.de/DE/Publikationen/
Thematisch/BildungForschungKultur/BildungKulturFinanzen/
BildungsausgabenPDF_5217108.pdf?__blob=publicationFile
(zuletzt abgerufen am 12.02.2019).

Statistisches Bundesamt (2017): Bruttoinlandsprodukt 2016 für
Deutschland. Begleitmaterial zur Pressekonferenz am
12. Januar 2017 in Berlin, Wiesbaden (destaits), siehe:

https://www.destatis.de/DE/PresseService/Presse/Pressekon-
ferenzen/2017/BIP2016/Pressebroschuere_BIP2016.pdf?__
blob=publicationFile (zuletzt abgerufen am 12.02.2019).

Steingart, Gabor (2011): Das Ende der Normalität. Nachruf auf
unser Leben, wie es bisher war. München: Piper Verlag

Straubhaar, Thomas (2017): Radikal gerecht. Wie das bedin-
gungslose Grundeinkommen den Sozialstaat revolutioniert.
Hamburg: Edition Körber.

Straubhaar, Thomas (2016): Der Untergang ist abgesagt. Wider
die Mythen des demografischen Wandels. Hamburg: edition
Körber-Stiftung.

Strüven, Peter (2003): Der Befreiungsschlag (Gesamtkonzept für
Deutschlands Zukunft). Weinheim: Wiley-VCH.

Summers, Lawrence H. (2016): The Age of Secular Stagnation
(What It Is and What to Do About It). In: Foreign Affairs,
Vol. 95, Nr. 2, S. 2–9, siehe: https://www.foreignaffairs.com/
articles/united-states/2016-02-15/age-secular-stagnation (zuletzt
abgerufen am 07.03.2019).

Summers, Lawrence H. (2014): U.S. Economic Prospects: Secular Stagnation, Hysteresis and the Zero Lower Bound. In:
Business Economics, Vol. 49, Nr. 2, S. 65–73, siehe: http://
larrysummers.com/wp-content/uploads/2014/06/NABE-
speech-Lawrence-H.-Summers1.pdf (zuletzt abgerufen am
07.03.2019).

Suntum, Ulrich, van (2006): Masterplan Deutschland. München:
Beck im dtv.

Taleb, Nassim Nicholas (2010): Der Schwarze Schwan. München:
Deutscher Taschenbuch-Verlag.

Tetlock, Philip E. (2005): Expert Political Judgment: How Good
Is It? How Can We Know? Princeton (New Jersey): Princeton
University Press.

Tobin, James (1966): The Case for an Income Guarantee. In: The
Public Interest, Nr. 4, S. 31–41.

Trebilcock, Michael J. (2014): Dealing with Losers: The Political
Economy of Policy Transitions. New York: Oxford University
Press.

Triplett, Jack E. (1999): The Solow Productivity Paradox: What
do Computers do to Productivity? In: The Canadian Journal

of Economics, Vol. 32, Nr. 2, Special Issue on Service Sector Productivity and the Productivity Paradox (Apr. 1999), S. 309–334.

United Nations (2017): Department of Economic and Social Affairs, Population Division: World Population Prospects: The 2017 Revision. New York: United Nations, siehe: https:// population.un.org/wpp/Publications/ (zuletzt abgerufen am 12.02.2019).

United Nations (2017a): Department of Economic and Social Affairs, Population Division: International Migration Report 2017. New York: United Nations siehe: http://www.un.org/en/ development/desa/population/migration/publications/ migrationreport/docs/MigrationReport2017.pdf (zuletzt abgerufen am 12.02.2019).

van Ark, Bart (2016): »The Productivity Paradox of the New Digital Economy«, International Productivity Monitor, Nr. 31, Fall, S. 3–18.

van der Meer, Tom; Tolsma, Jochem (2014): Ethnic diversity and its effects on social cohesion. In: Annual Review of Sociology, Jg. 40, S. 459–478.

Verbraucherzentrale Brandenburg (2018): Online-Preise: Hochdynamisch, aber selten individualisiert. Pressemitteilung vom 28.11.2018, siehe: https://www.verbraucherzentrale-brandenburg.de/pressemeldungen/verbraucherzentrale/onlinepreise-hochdynamisch-aber-selten-individualisiert-31915 (zuletzt abgerufen am 12.02.2019).

Vergeer, Robert; Kleinknecht, Alfred (2014): Do labour market reforms reduce labour productivity growth? A panel data analysis of 20 OECD countries (1960–2004). In: International Labour Review, 153. Jg. (2014), H. 3, S. 365–394, siehe: http://alfredkleinknecht.nl/wp-content/uploads/2017/03/I-L-R-Vergeer-Kleinknecht.pdf (zuletzt abgerufen am 12.02.2019).

Vogler-Ludwig, Kurt (2017): Beschäftigungseffekte der Digitalisierung. Eine Klarstellung. In Wirtschaftsdienst, 97. Jg., H. 12, S. 861–870, siehe: https://archiv.wirtschaftsdienst.eu/ jahr/2017/12/beschaeftigungseffekte-der-digitalisierung-eine-klarstellung/ (zuletzt abgerufen am 12.02.2019).

Vöpel, Henning (2019): Wahrheit, Wettbewerb und Wohlstand – wie überlebt die Demokratie in digitalen Zeiten? HWWI-Standpunkt vom 30.01.2019, siehe: http://www.hwwi. org/fileadmin/hwwi/Publikationen/Standpunkt/2019/Standpunkt_284.pdf (zuletzt abgerufen am 07.03.2019).

Wambach, Achim; Müller, Hans Christian (2018): Digitaler Wohlstand für alle. Ein Update der Sozialen Marktwirtschaft ist möglich. Frankfurt a.M./New York: Campus Verlag.

Weik, Matthias; Friedrich, Marc (2014): Der Crash ist die Lösung. Warum der finale Kollaps kommt und wie Sie Ihr Vermögen retten. Köln: Eichborn/Bastei Lübbe.

Werner, Götz W.; Weik, Matthias; Friedrich, Marc (2017): Sonst knallt's! Warum wir Wirtschaft und Politik radikal neu denken müssen, Köln: Bastei Lübbe.

Wippermann, Peter (2018): New Work Trendbook. Die 15 wichtigsten Trends zur Arbeitswelt der Zukunft. Hamburg (XING), siehe: https://blog.xing.com/wp-content/uploads/2018/11/ XING-New-Work-Trendbook.pdf (zuletzt abgerufen am 12.02.2019).

Wolter, Mark Ingo et al. (2016): Wirtschaft 4.0 und die Folgen für Arbeitsmarkt und Ökonomie. Szenario-Rechnungen im Rahmen der BIBB-IAB-Qualifikations- und Berufsfeldprojektionen, IAB-Forschungsbericht, Nr. 13/2016, siehe: http://doku.iab. de/forschungsbericht/2016/fb1316.pdf (zuletzt abgerufen am 12.02.2019).

World Bank (2017): All the Ginis-Homepage, siehe: http://www. worldbank.org/en/research/brief/all-the-ginis (zuletzt abgerufen am 12.02.2019).

World Happiness Report (2018): World Happiness Report 2018, siehe: http://worldhappiness.report/ed/2018/ (zuletzt abgerufen am 12.02.2019).

World Inequality Report (2018): World Inequality Report 2018, siehe: https://wir2018.wid.world/ (zuletzt abgerufen am 12.02.2019).

WTO (2017, World Trade Organization): World Trade Report, Verschiedene Jahrgänge. Genf, siehe: https://www.wto. org/english/res_e/reser_e/wtr_e.htm (zuletzt abgerufen am 12.02.2019).

Zervas, Georgios; Proserpio, Davide; Byers, John W. (2017):
The Rise of the Sharing Economy: Estimating the Impact of
Airbnb on the Hotel Industry. In: Journal of Marketing Research: October 2017, Vol. 54, Nr. 5, S. 687–705, siehe: https://
doi.org/10.1509/jmr.15.0204 (zuletzt abgerufen am 12.02.2019).

Zillien, Nicole; Haufs-Brusberg, Maren (2014): Wissenskluft und
Digital Divide. Baden-Baden: Nomos.

Zingales, Luigi (2012): A Capitalism for the People. New York:
Basic Books.

Gesellschaft
besser machen